NEW EDITION

BUONGIORNO ITALIA!

COURSE WRITER:
JOSEPH CREMONA MA PHD, FELLOW OF TRINITY HALL, CAMBRIDGE

LANGUAGE ASSISTANT:
TIZIANA ANDREWS

LANGUAGE CONSULTANT (NEW EDITION):
ELENA WARD MA, UNIVERSITY OF PORTSMOUTH

RADIO PRODUCER:

BBC Active, an imprint of Educational Publishers LLP, part of the Pearson Education Group
Edinburgh Gate, Harlow, Essex CM20 2JE England

ISBN 978-0-563-51945-4

Course writer: Joseph Cremona
Language assistant: Tiziana Andrews
Language consultant (new edition): Elena Ward
Project editor (new edition): Sarah Boas
Radio producer (first edition): Alan Wilding
Audio producer (new edition): Martin Williamson, Prolingua Productions
Television producer: Maddalena Fagandini
Project manager (new edition): Melanie Kramers
Production controller (new edition): Man Fai Lau

Cover designed by Two Associates
Cover photographs: ©Bob Krist/CORBIS (t); ©Jon Arnold Images/ALAMY (b)

Designer: Elizabeth Burns
Concept design: Pentacor book design
Illustrations: © Mark Blade @ New Division 2005
Maps by Kathy Lacey
Illustration p.186 by Caroline Thomson @ Arena

Printed and bound by Graficas Estrella, Spain
The Publisher's policy is to use paper manufactured from sustainable forests.

Also available:
Language pack (course book and three audio cassettes)
Language pack (course book and three audio CDs)
CD pack (three audio CDs)
Buongiorno Italia! TV series is broadcast from time to time on BBC TWO Learning Zone.
Euro worksheets for tutors available online at www.bbcactive.com/languages/tutors/
euroupdates.asp

CONTENTS

Introduction

How to use Buongiorno Italia!

THE COURSE

Buongiorno Italia! is the highly-successful BBC course for beginners learning Italian. The aim of the course is to get you to understand and use simple colloquial Italian. You'll be able to cope with situations like buying things, asking the way, making travel arrangements, or ordering a meal, and you'll also learn the language needed for telling people something about yourself, talking about your family and work, exchanging views and expressing opinions. It is based entirely on conversations and interviews with Italians, many of which were filmed and recorded on location in Italy. It has now been fully revised in this new edition and includes the euro, a number of specially recorded new dialogues, some interesting new extended reading material in Italian, and up-to-date background information about life in Italy.

THE BOOK

The course book is divided into twenty units. Each one opens with a series of authentic dialogues and interviews in Italian, which illustrate the basic structures and vocabulary in an everyday context. These are followed by explanations and notes on the language, cultural information about Italy, and plenty of exercises and activities. There are also four reading sections, Letture, which contain passages on diverse aspects of Italian society and culture, ranging from history and architecture to holidays, sport and employment. These are an opportunity to extend and challenge your reading comprehension, and in the process to discover something about Italy's unique society. At the back of the book there is a reference section with pronunciation advice, grammar notes, answers to the activities and an Italian–English glossary.

THE AUDIO

The accompanying three CDs and cassettes contain pronunciation practice, all the dialogues printed in this book, listening comprehension and interactive exercises. Look out for the audio symbol, which indicates when there is corresponding audio material. In this edition, the book and audio have been closely integrated, to help you get the most from the course. The CDs and cassettes are designed to be used together with the course book, but they can also be used on their own to reinforce learning, as listening and speaking practice.

THE TELEVISION SERIES

This book is accompanied by a TV series, recorded mainly in the towns of Orvieto, Stresa and Vicenza, so many of these texts relate to these particular areas. The series is still broadcast from time to time on BBC TWO Learning Zone. For details of the current broadcast schedule please visit www. bbc.co.uk/learningzone. The TV symbol, which you'll notice throughout the book, means that there is a related dialogue in the TV series, although this has not been updated.

USING THE COURSE

The course has been designed for adults studying at home on their own, or in a class. It is structured to suit a beginner, gradually introducing new language and building up your vocabulary and confidence bit by bit. The new language is presented in the Dialoghi (dialogues) at the beginning of each unit. If you're learning on your own, you may find it useful to spend time on each dialogue separately; first listening to it to see whether you can pick up the gist, as you would in real life; then reading it (out loud if you want to) to follow the phrases and structures more closely; and finally listening to it again to check you have understood everything. The Allora... sections are useful to refer to during this process as you'll find the new structures laid out clearly, and you'll learn essential grammar in context, as you need it. You also have the option to extend your knowledge using the Grammatica section at the back if you so wish.

Once you're confident that you have understood the new language, you can have a go at the activities in the Prova un po' section, which have been designed to help you practise your skill at listening and speaking as well as reading and writing. You can then check your answers in the Chiave esercizi (answer section) at the back of the book. It is suggested that at regular intervals you should try reading one of the linked Letture, and see how well you can understand a piece of modern written Italian. We think you'll find that with the help of what you have studied in the dialogues and background sections, it will not be too difficult to understand the gist even if you don't recognise every word.

Finally, don't try to learn everything all at once, but keep at it, doing a little at a time, as often as possible. It's better to spend half an hour a day with the course than do one long session a week, and if at first you find that you can't say or understand anything very much, don't worry, it's quite normal! With patience and above all, persistence, you'll find yourself remembering and understanding more and more, and you'll be able to speak more confidently as well.

We hope you enjoy learning Italian with *Buongiorno Italia!*

Buona fortuna!

1 Buongiorno!

How to ask for something

Each unit starts with a series of dialogues. These are conversations, interviews and scenes from daily life. They are meant to illustrate the basic structures and vocabulary of Italian. The dialogues are followed by translations of the most important new words and phrases. Between some of the dialogues you'll find brief notes aimed at helping you build up your Italian bit by bit.

For numbers 1–100, see page 31.

1

On the terrace of a café in Vicenza, Gianna and a friend ask the waitress for a black coffee and a cappuccino.

CAMERIERA: **Buongiorno. Prego?**
GIANNA: **Buongiorno. Un caffè e un cappuccino.**
CAMERIERA: **Allora, un caffè e un cappuccino. Va bene.**
GIANNA: **Grazie.**

Buongiorno! Good morning, Good afternoon.
Prego? What would you like?
un caffè a strong black coffee
allora so, right then
va bene fine

> To ask for something in a café you can simply name it:
> Un caffè e un cappuccino.
> To thank people, say: grazie.

2

In Orvieto, Emilia drops into a bar for a mid-morning coffee and a pastry. She goes to the cashier first.

EMILIA: **Buongiorno.**
CASSIERE: **Buongiorno.**
EMILIA: **Una pasta e un cappuccino.**
CASSIERE: **Una pasta e un cappuccino... tre euro.** *(She pays)* **Grazie.**
(Emilia goes to the counter, helps herself to a pastry and asks the barman for a cappuccino)
EMILIA: **Scusi, un cappuccino.**
BARMAN: **Va bene. Ecco lo zucchero.**

una pasta a cake
zucchero sugar

> To attract someone's attention, say: scusi.
> To say please: per favore.

3

Signor and Signora Sala go to their favourite bar-ristorante in Someraro, a small village above Stresa, for a cappuccino and a glass of white wine.

CAMERIERA:	**Buongiorno.**
SIG. SALA:	**Buongiorno, signora.**
SIG.NA SCALA:	**Buongiorno.**
CAMERIERA:	**Desidera?**
SIG.NA SCALA:	**Un cappuccino, per favore.**
CAMERIERA:	*(to Signor Sala)* **E lei?**
SIG. SALA:	**Un bicchiere di vino.**
CAMERIERA:	**Bianco o rosso?**
SIG. SALA:	**Bianco.**
CAMERIERA:	**Va bene. Grazie.**
	(she returns with the cappuccino and wine
SIG. SALA:	**Grazie, signora.**
CAMERIERA:	**Prego.**

signora madam
Desidera? What would you like?
E lei? And for you?
un bicchiere di vino a glass of wine
Bianco o rosso? White or red?
Prego. That's all right, not at all.

4

While waiting for a train, Massimo and a friend go to the station bar for a drink.

CASSIERE:	**Buonasera. Dica.**
MASSIMO:	**Buonasera. Una birra e un'aranciata.**
CASSIERE:	**Sì. Tre euro.**
MASSIMO:	*(paying)* **Grazie.**
	(walks to the counter) **Per favore, una birra e un'aranciata.**
BARISTA:	**Subito.**

Dica? Yes? What can I do for you?
una birra a beer
un'aranciata a sparkling orange drink
sì yes
subito right away

5

A visit to the zoo can be quite tiring. Mariella, her daughter Paola and son Mario, go to the café for refreshments.

CAMERIERE:	**Buongiorno, signori.**
MARIELLA:	**Buongiorno.**
CAMERIERE:	**Desiderano?**
MARIELLA:	**Un tè, per favore.**
CAMERIERE:	**Al latte o limone?**
MARIELLA:	**Latte.**
CAMERIERE:	**Latte.** *(to Paola)* **La signorina?**
PAOLA:	**Una spremuta d'arancia.**
CAMERIERE:	*(to Mario)* **Il signore?**

MARIO: **Una birra, grazie.**

CAMERIERE: **Una birra. Benissimo.**
(he returns with the drinks)

MARIELLA: **Grazie.**

PAOLA: **Grazie.**

MARIO: **Grazie.**

Desiderano? What would you like?
un tè a tea
Al latte o limone? With milk or lemon?
una spremuta d'arancia a freshly squeezed orange juice
Benissimo. Certainly, right.

6

Lucia is in a bar with a friend. After ordering the drinks, she asks the bartender if they've got a toilet.

BARMAN: **Buongiorno, signora. Desidera?**

LUCIA: **Buongiorno. Un cappuccino e una birra.**

BARMAN: **Un cappuccino e una birra. Va bene.**

LUCIA: **Scusi, c'è una toilette qui?**

BARMAN: **Sì, là, in fondo.**

LUCIA: **Grazie.**

BARMAN: **Prego.**

C'è una toilette (qui)? Is there a toilet here?
là, in fondo down there, at the end

> To ask if there's a toilet (here), you can use: Scusi, c'è una toilette (qui)?
> To ask if there's a bank in the vicinity: Scusi, c'è una banca qui vicino?

7

Alberto wants to know if there's a bank nearby: the nearest is in the centre of town.

ALBERTO: **Buongiorno, scusi, c'è una banca qui vicino?**

PORTIERE: **Sì, in centro. Ce n'è una proprio dietro la chiesa.**

ALBERTO: **Grazie. Buongiorno.**

PORTIERE: **Buongiorno. Arrivederla.**

qui vicino near here
Ce n'è una... There's one...
dietro la chiesa behind the church
Grazie. Buongiorno. Thanks. Have a good day.
Arrivederla. Goodbye.

8

At her hotel in town, Iria asks if there's a chemist's nearby.

IRIA: **C'è una farmacia qui vicino?**

PORTIERE: **Subito dopo la chiesa.**

IRIA: **Grazie. Buongiorno.**

PORTIERE: **Buongiorno, signora.**

> **una farmacia** a chemist's
> **subito dopo** just after

9

In Vicenza, Lucia needs to find a cash machine, so she stops and asks a passer-by.

LUCIA: **Scusi, c'è un bancomat qui vicino?**
PASSANTE: **Sì, ce n'è uno in Corso Palladio.**
LUCIA: **Grazie.**
PASSANTE: **Prego.**
LUCIA: **Buongiorno.**
PASSANTE: **Buongiorno.**

un bancomat a cash machine

10

Gianna asks another passer-by if there's a supermarket nearby.

GIANNA: **Scusi, c'è un supermercato qui vicino?**
PASSANTE: **Sì, ce n'è uno in Piazzale Roma.**
GIANNA: **Grazie.**
PASSANTE: **Prego.**

un supermercato a supermarket

11

In a travel agency, *agenzia di viaggi*, on the lake front, Paola asks for a guidebook and a map of Stresa.

PAOLA: **Buongiorno.**
AGENTE: **Buongiorno.**
PAOLA: **C'è una guida di Stresa?**
AGENTE: **No, una guida di Stresa, no.** *(showing one of Lake Maggiore)*
C'è questa sul Lago Maggiore che comprende anche Stresa.
PAOLA: **E una piantina?**
AGENTE: **Sì, eccola.**

una guida a plan
questa this one
che comprende anche Stresa which includes Stresa too
una piantina a town map
Eccola. Here it is.

Allora...

This section is a summary of the basic items of Italian that have appeared in this unit's dialogues: it's what we'd like you to learn. The activities are based on this section too, so it's worth spending a bit of time on it.

The Vocabolarietto is a list of the new words we think are most worth learning, and Parole e usanze will give you a little more information on words and usages. Throughout each Allora... section, there are references to further grammatical explanations at the back of the book. But these are purely optional, and you don't have to read the explanations in order to do the exercises.

VOCABOLARIETTO

un caffè	una birra	un supermercato	un telefono
un cappuccino	un'aranciata	un'agenzia di	una toilette
un tè al latte	una pasta	viaggi	una guida
al limone	zucchero	una banca	una piantina
un bicchiere	un albergo	una chiesa	
di vino bianco	un bar	una farmacia	
rosso	un ristorante	un bancomat	

ASKING FOR THINGS

To ask for something and say please:

Un	cappuccino, caffè,	per favore.
Una	birra, pasta,	per favore.

Per favore can be left out, especially if you've got rather a lot to say:
Un caffè, una birra e un cappuccino. Or you can say it first: Per favore, una birra e un'aranciata. To say thank you: grazie.

> Nouns in Italian are either masculine or feminine.
> Most nouns ending in –o are masculine; many nouns ending in –a are feminine. Nouns ending in –e can be either masculine or feminine.

To attract attention: scusi.
To ask if what you are looking for is here, or nearby:

Scusi, c'è	un telefono qui?
	una banca qui vicino?

> Un is used with masculine nouns, una with feminine nouns.
> Una becomes un' with feminine nouns that begin with a vowel.

11

Want to know more?
See Grammatica 1; 18, 19; 51; 80 at the back of the book.

PAROLE E USANZE

Buongiorno and buonasera are used to say both hello and goodbye. Buongiorno is used till around mid-afternoon, after which people say buonasera. When about to go to bed, you say buonanotte.

Arrivederci and arrivederla are only used to say goodbye. Arrivederla is more formal than arrivederci and is generally used with someone you barely know or with whom you feel you should be, or would like to be, particularly polite.

Prego, which literally means 'I pray', is used in a number of situations. In reply to grazie, it means 'don't mention it' or 'not at all'. And it's also used to ask 'Can I help you?'. Prego or prego, s'accomodi mean 'please do', 'help yourself', or 'sit down'.

Va bene means 'fine', 'certainly', 'all right', 'OK'. You'll often hear a waiter or barman say va bene after you've ordered or asked for something.

Signore is used in much the same way as 'sir' in English. Before a name it's shortened to signor. Signora and signorina, on the other hand, are used much more frequently than 'madam' or 'miss'. They are the usual way of addressing a woman or a girl.

In writing, Signor (Mr) is usually abbreviated to Sig., Signora (Mrs) to Sig.ra., and Signorina (Miss) to Sig.na. There is no equivalent of 'Ms'.

Vita Italiana

This section tells you more about Italian life and customs and gives information you'll find useful on a trip to Italy.

AL BAR

Italian bars normally serve soft drinks, coffee and snacks as well as alcoholic drinks. People tend to mill around the counter, drinking a quick coffee standing up, and often there aren't many tables to sit at. For a more relaxed, leisurely drink, you go to a café.

In big cities and places where there are always a lot of people around, you won't get served unless you first pay at the cash desk. You'll get a receipt, **uno scontrino**, which you then take to the counter, give to the bartender and tell him your order. It's usual to leave a small tip when doing so.

You might prefer to sit down and be served by a waiter or waitress, in which case you pay when you've finished – and it may cost you rather more than standing at the counter.

*UN CAFFÈ AL FRESCO IN THE MAIN PIAZZA
SAN GIMIGNANO, TUSCANY*

UN CAFFÈ O UN CAPPUCCINO?

Coffee-drinking is as much a ritual as tea drinking is in Britain. **Un caffè (espresso)** is two mouthfuls of strong black coffee; **un cappuccino** is the same amount of black coffee, but served with hot frothy milk.

You can have black coffee in a variety of ways: **un caffè lungo** is black coffee with extra hot water; **un caffè doppio** is a double shot of strong black coffee; **un caffè ristretto** is a very small (one mouthful!) but very concentrated black coffee. **Un caffè corretto** is coffee with a dash of brandy. For breakfast you can have **caffelatte**, mild black coffee with hot milk. And in the summer months there is always refreshing iced coffee: **un caffè freddo**, or **un cappuccino freddo**. Help yourself to sugar, **lo zucchero**, or sweetener, **il dolcificante**, from the counter.

UN SUCCO DI FRUTTA O UN BICCHIERE DI ACQUA MINERALE?

The alternatives to traditional fruit juices, **succo di frutta**, are plentiful. A **spremuta** is made with freshly squeezed oranges or grapefruit, while a **frullato** is similar to a smoothie, and can contain different varieties of fruit. **Granite** are delicious crushed ice drinks, popular with all ages.

LA BIRRA

As for alcoholic drinks, beer, **la birra**, is served draught – **alla spina** – or bottled – **in bottiglia** – with a huge selection to choose from. Not for the faint-hearted is the popular ice-cold drink **limoncello**, originally from Sorrento, a heady mix of the sweetness of sugar, the bitterness of lemons and the strength of alcohol, which is drunk after eating to help digest the richest of meals.

Prova un po'

These activities have been written to give you a chance to see how much you've learnt so far. Don't worry if you don't get all the answers: the Chiave esercize at the back of the book is there to put you right. And if you still can't work things out, re-read the Allora... section, or glance back through the dialogues. Every fifth unit or so you'll find special revision activities, and for these the answer section tells you exactly where to look to brush up on anything you get wrong.

1 One, and only one, of the words listed will fit appropriately into each of the blanks. Can you complete the sentences?

1 Scusi, c'è una _____ qui?
2 Un cappuccino e una _____ , per favore.
3 Scusi, c'è _____ farmacia qui vicino?
4 Un _____ di vino _____ e un caffè, per favore.
5 Scusi, c'è un _____ qui vicino?
6 Una birra e un' _____ , per favore.
7 Sì, signora, c'è un' _____ in centro.
8 Scusi, c'è una _____ di Stresa, per favore?

pasta	supermercato	bicchiere
aranciata	toilette	una
guida	agenzia di viaggi	bianco

2 Can you reorder these sentences to make a conversation in a bar?

– Al latte o limone?
– Buonasera.
– Un tè, per favore.
– Grazie.
– Va bene. Un euro e cinquanta.
– Limone, grazie.
– Ecco, un euro... e cinquanta.

3 Listen to the conversation. Patrizia is sitting in a café with a friend. What does she order and how much is the bill? Listen again to see if you were right. How does she ask if there's a chemist's nearby?

4 Now it's your turn to do the asking. Listen to your cues and play your part in the conversation. You're looking for a bar.

YOU: _____?
PASSANTE: **Sì, ce n'è uno proprio qui in Corso Roma.**
YOU: _____.
You've found the bar, now ask for a beer.
YOU: _____.
BARMAN: **Subito... Ecco una birra.**

The beer arrives – thank the barman.

YOU: _____ __

BARMAN: **Prego.**

Now call him back and ask if there's a cash machine nearby.

YOU: _____?

BARMAN: **Sì, ce n'è uno subito dopo il supermercato.**

YOU: _____.

BARMAN: **Prego.**

Did you understand where the cash machine is?

5 Try this puzzle: all the words you need are in this unit's Vocabolarietto, p.11.

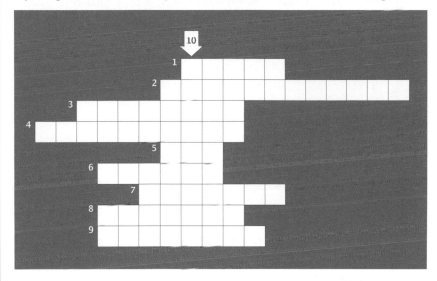

CLUES

You'll need to find a _____ if you want:

1 to change some money
2 to do some food shopping
3 to phone someone up
4 to eat
5 to go out for a drink
6 to find the times of church services
7 information about a holiday
8 a bed for the night
9 a packet of painkillers

If you've got all the answers correct, the vertical column numbered 10 will spell out a common greeting or farewell.

2 Dov'è?

How to ask where something is

For numbers 1–100, see page 31.

1

Iria wants to know if there's a market in Stresa...

IRIA: **Scusi, c'è un mercato qui a Stresa?**
PORTIERE: **Sì, signora, ogni venerdì.**
IRIA: **E dov'è?**
PORTIERE: **Qui vicino, in Piazzale Cadorna.**
IRIA: **Grazie.**

ogni venerdì every Friday
E dov'è? And where is it?

2

... and Paola asks the travel agent where the boat station is.

PAOLA: **Scusi, dov'è l'imbarcadero?**
AGENTE: **L'imbarcadero è qui a cento metri a sinistra, in fondo alla piazza.**
PAOLA: **Ho capito, grazie. Buongiorno.**
AGENTE: **Prego, buongiorno.**

a cento metri 100 metres away
a sinistra on the left
in fondo alla piazza at the far end of the square
Ho capito. I see (I've understood).

To ask where something is:	
Scusi, dov'è	il mercato?
	l'imbarcadero?
	la stazione?

3

Maddalena is looking for the Orvieto Tourist Office, l'Azienda di Turismo.

MADDALENA: **Signora! Signora, scusi!**
SIGNORA: **Sì?**
MADDALENA: **Dov'è l'Azienda di Turismo?**
SIGNORA: **Non è qui; è in centro, vicino al duomo.**
MADDALENA: **È lontana?**
SIGNORA: **No. Da qui è a cinque minuti a piedi.**
MADDALENA: **Grazie.**
SIGNORA: **Prego.**

Non è qui. It isn't here.
in centro in the centre
il duomo cathedral
a cinque minuti a piedi five minutes on foot

To ask if it's far (from here):

| È | lontano (da qui)? |
| | lontana? |

4

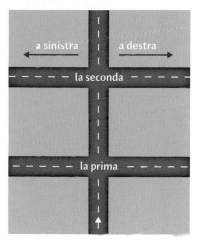

Carlo asks the way to the Conference Centre, il Palazzo dei Congressi, in Stresa.

CARLO: **Scusi, signora, dov'è il Palazzo dei Congressi?**

SIGNORA: **Giù di qui, la prima a sinistra, poi la seconda a sinistra, e Il Palazzo dei Congressi è subito lì sulla destra.**

CARLO: **È lontano da qui?**

SIGNORA: **No, a due passi.**

CARLO: **Grazie, signora. Buongiorno.**

SIGNORA: **Prego. Buongiorno.**

giù di qui down here
la prima a sinistra the first (street) on the left
poi then
sulla destra on the right
a due passi very near (two steps)

5

Sometimes you need transport to get somewhere. The station at Orvieto is outside the town, at Orvieto Scalo, as Maddalena finds out from a policewoman.

MADDALENA: **Buongiorno.**

VIGILESSA: **Buongiorno.**

MADDALENA: **Scusi, dov'è la stazione?**

VIGILESSA: **È ad Orvieto Scalo.**

MADDALENA: **È lontana?**

VIGILESSA: **Sì, abbastanza, ma c'è l'autobus.**

MADDALENA: **Dov'è la fermata?**

VIGILESSA: **È proprio qui.**

MADDALENA: **Grazie.**

VIGILESSA: **Prego.**

la stazione station
abbastanza fairly, quite
c'è there is
la fermata bus stop
proprio qui just here

6

At Stresa there's a cable car that takes you up the mountain. Lucia asks about it at the tourist office.

LUCIA: **C'è una piantina di Stresa, per piacere?**

IMPIEGATO: **Sì...** *(giving her one)* **Ecco.**

LUCIA: *(looking at the map)* **Scusi, dov'è l'Alpino?**

IMPIEGATO: *(pointing)* **Qua.**

LUCIA: **E la stazione della funivia?**

IMPIEGATO: **All'Alpino... qua,** *(pointing)* **e a Stresa, a Stresa-Lido.**
LUCIA: **La stazione è lontana da qui?**
IMPIEGATO: **A piedi?**
LUCIA: **Sì.**
IMPIEGATO: **Dieci minuti circa.**
LUCIA: **Grazie. Arrivederci.**
IMPIEGATO: **Arrivederci.**

per piacere please
qua here
la stazione della funivia cable car station
a piedi on foot
dieci minuti circa about ten minutes

7

The Teatro Olimpico, the work of the architect Palladio, is one of Vicenza's most famous tourist attractions. Gianna went there to interview some of the visitors.

GIANNA: **Scusi, dov'è il Teatro Olimpico?**
PASSANTE: **Sempre dritto, la prima a sinistra.**
GIANNA: **È vicino?**
PASSANTE: **Circa a trecento metri.**
GIANNA: **Grazie.**
PASSANTE: **Prego.**

sempre dritto straight on
circa about

To ask someone's name: Come si chiama?
And to ask where they're from: Di dov'è?

8

GIANNA: **Scusi, signora, come si chiama?**
SIGNORA: **Be', io sono Luisa Spinatelli.**
GIANNA: **Di dov'è?**
SIGNORA: **Di Milano.**
GIANNA: **È qui per lavoro o in vacanza? Per lavoro?**
SIGNORA: **Per lavoro, sì.**
GIANNA: **Grazie.**
SIGNORA: **Prego.**
GIANNA: **Buongiorno.**
SIGNORA: **Arrivederci.**

be'... well...
io sono I am
È qui per lavoro? Are you here for work?
... o in vacanza? ... or on holiday?

9

GIANNA: **Scusi, signore, come si chiama?**
SIGNORE: **Mi chiamo Marco Bragadin.**
GIANNA: **È di Vicenza?**
SIGNORE: **No, sono di Venezia.**

GIANNA: È qui in vacanza o per lavoro?
SIGNORE: No, sono qui in vacanza.
GIANNA: Grazie.
SIGNORE: Prego.
GIANNA: Buongiorno.
SIGNORE: Buongiorno.

Mi chiamo... My name is...
sono I am

Another way of asking someone's name is: Il suo nome?
To ask someone's surname: Il cognome?

10

Anna interviewed some of the people who live and work in Stresa. First she speaks to Giacomo Carioli, the manager of the local tourist office. He comes from Novara, the provincial capital.

ANNA: Buonasera.
SIG. CARIOLI: Buonasera, signora.
ANNA: Il suo nome, scusi?
SIG. CARIOLI: Sono Giacomo Carioli.
ANNA: E qual è il suo lavoro qui?
SIG. CARIOLI: Sono il direttore dell'Azienda Autònoma di Soggiorno e Turismo di Stresa.
ANNA: Lei è di qui, di Stresa?
SIG. CARIOLI: No, io sono di Novara.

Qual è il suo lavoro? What's your job?
lei you

To ask a child his or her name: Come ti chiami?
To ask where he or she is from: Di dove sei?

11

Here Anna is talking to a couple of 11-year-olds in the local secondary school. Antonio lives in Stresa, but comes originally from Vicenza.

ANNA: Ciao! Come ti chiami?
ANTONIO: Antonio Mazzetti.
ANNA: Sei di qui, di Stresa?
ANTONIO: No.
ANNA: Di dove sei?
ANTONIO: Di Vicenza.
ANNA: Di Vicenza.
ANTONIO: Nel Veneto.
ANNA: Nel Veneto. Ma Vicenza è lontana.
ANTONIO: Sì.
ANNA: Però abiti a Stresa.
ANTONIO: Sì.

Sei di qui? Are you from here?
nel Veneto in the Veneto region
però but
abiti you live
tu you

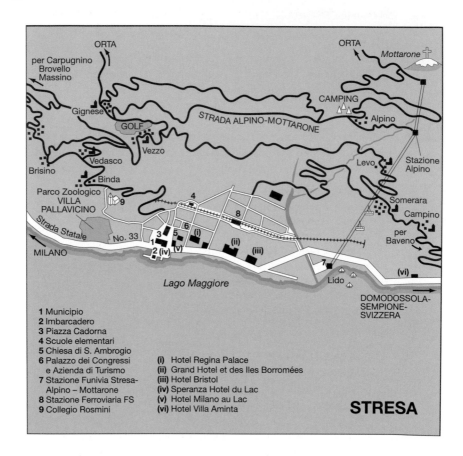

ORTA
per Carpugnino
Brovello
Massino
Gignese
GOLF
Vezzo
Vedasco
Brisino
Binda
Parco Zoologico
VILLA
PALLAVICINO
Strada Statale   No. 33
MILANO

ORTA
Mottarone
CAMPING
STRADA ALPINO-MOTTARONE
Alpino
Levo
Stazione
Alpino
Somerara
Campino
per
Baveno

Lago Maggiore

Lido

DOMODOSSOLA-
SEMPIONE-
SVIZZERA

1 Municipio
2 Imbarcadero
3 Piazza Cadorna
4 Scuole elementari
5 Chiesa di S. Ambrogio
6 Palazzo dei Congressi
  e Azienda di Turismo
7 Stazione Funivia Stresa-
  Alpino – Mottarone
8 Stazione Ferroviaria FS
9 Collegio Rosmini

(i)   Hotel Regina Palace
(ii) Grand Hotel et des Iles Borromées
(iii) Hotel Bristol
(iv) Speranza Hotel du Lac
(v)   Hotel Milano au Lac
(vi) Hotel Villa Aminta

STRESA

Allora...

VOCABOLARIETTO

la piazza	il lavoro	la stazione	il chilometro
il mercato	la vacanza	l'imbarcadero	italiano
il duomo	l'autobus	il nome	inglese
il teatro	la fermata	il cognome	scozzese
l'Azienda di	dell'autobus	il minuto	gallese
Turismo	la funivia	il metro	irlandese

ASKING WHERE THINGS ARE

To ask where something is:

Dov'è	il mercato?
	la fermata dell'autobus?
	l'Azienda di Turismo?

> When talking about only one of something, 'the' is il with most masculine nouns, la with most feminine nouns and l' with all nouns beginning with a vowel, whether masculine or feminine.

To ask if it's far:

| È | lontano (da qui)? |
| | lontana? |

You might be told that it's on the right or the left:

| È | qui | a/sulla destra. |
| | lì | a/sulla sinistra. |

Or which street to take:

| la prima | a destra |
| la seconda | a sinistra |

Or how far it is (from here):

È a	due passi	(da qui).
	cento metri	
	cinque minuti	
	due chilometri	

TALKING ABOUT WHERE YOU'RE FROM

To ask where someone comes from: Di dov'è (lei)?

Or if someone is a local inhabitant: (Lei) è di qui?

> Lei, 'you', isn't strictly necessary: in this case è means 'you are', and is sufficient on its own

To the question È di qui? you may be answered:

| Sì, | sono di qui. |
| No, non | |

To tell someone where you are from:

(Io) sono di	Venezia.
	Londra.
	Birmingham.

> Io, 'I', isn't necessary: in this case sono means 'I am' and is sufficient on its own.

Or to give your nationality:

| (Io) sono | italiano, -a; tedesco, -a; americano, -a; inglese; scozzese; gallese; irlandese; francese. |

An Italian is italiano for a man, italiana for a woman. If your nationality ends –e like inglese, then there's no change whether you're a man or a woman.

You may be asked your name: Il suo nome?

Or what you're called: Come si chiama?

You can simply state your name, or say:

| sono | + your name |
| mi chiamo | |

Want to know more?
See Grammatica 3; 34; 36; 66; 68; 73, 74; 78; 80.

PAROLE E USANZE

| (Lei) è di qui, di Stresa? | Are you from here, from Stresa? |
| (Tu) sei di qui, di Stresa? | |

In English there's basically only one way of addressing somebody, but in Italian there are two: the tu form, used with family, friends and young people in general, and the lei form, which is used with everyone else. The form of address that you use also affects the form of the verb.

The words tu and lei are often left out, but other words show which form is being used:

| (Lei) di dov'è? | Come si chiama? |
| (Tu) di dove sei? | Come ti chiami? |

Young people always use tu amongst themselves whether they've met before or not, and in recent years the tendency is to use tu much more widely. But when visiting the country, it's probably more polite to use lei unless invited to use tu by Italians.

Ciao! This is for saying hello or goodbye to someone with whom you're using tu.

Vita Italiana

IL TEATRO OLIMPICO, VICENZA

ANDREA PALLADIO

Vicenza is the city of Andrea Palladio (1508-80), one of the great architects of the late Italian Renaissance. In England Inigo Jones was greatly influenced by him, and admiration for his work gave rise to the 18th-century Palladian movement.

Palladio's designs are based on Greek and Roman architecture and Vicenza contains many fine examples of his work. Among the best known is the **Teatro Olimpico**, built to his designs between 1580 and 1584 on the model of the theatres of antiquity. It is the best surviving example of a Renaissance theatre; the stage has a remarkable permanent painted set representing a piazza and streets in ancient Thebes, which cleverly uses perspective to give an impression of depth.

THE REGIONS AND PROVINCES OF ITALY

Italy is divided into twenty regions. These often correspond to ancient political divisions, some of which go back to Roman or even pre-Roman times (e.g. Tuscany, Latium, Campania) and many correspond to natural divisions of the land (e.g. Sicily, Sardinia). Each region has its own capital, for example, Veneto (capital: Venice), Emilia-Romagna (capital: Bologna) and Tuscany (capital: Florence). Vicenza is also in Veneto, Stresa is in Piedmont and Orvieto is in Umbria.

Each region is divided into a number of provinces, which are named after the main towns. Stresa is in the province of Novara, Orvieto in the province of Terni and Vicenza is the capital of its own province.

The smallest administrative unit is the **comune**, which can range in size from a large town to a country village.

An outlying hamlet of a **comune** is called a **frazione**. In the mountains above Stresa, for instance, there are several hamlets, **frazioni di Stresa**: Binda, Vedasco, Someraro, Levo, Gignese.

ORVIETO SCALO

The railway station serving a provincial town may well be some distance away, especially if the town is on top of a hill. This is the

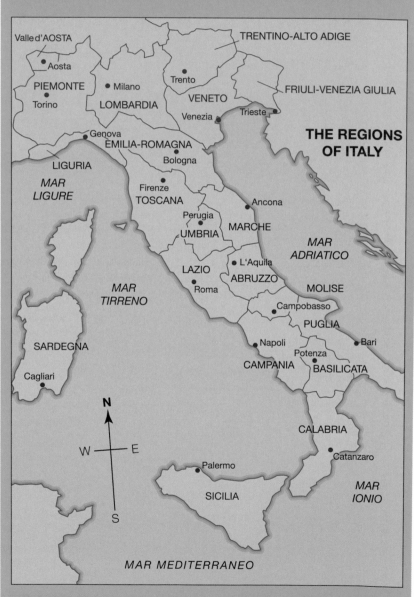

THE REGIONS OF ITALY

Valle d'AOSTA
Aosta
PIEMONTE
Torino
Milano
LOMBARDIA
Trento
VENETO
Venezia
TRENTINO-ALTO ADIGE
FRIULI-VENEZIA GIULIA
Trieste
Genova
LIGURIA
EMILIA-ROMAGNA
Bologna
MAR LIGURE
Firenze
TOSCANA
Perugia
UMBRIA
MARCHE
Ancona
MAR ADRIATICO
LAZIO
L'Aquila
ABRUZZO
Roma
MOLISE
MAR TIRRENO
Campobasso
PUGLIA
SARDEGNA
Napoli
Potenza
Bari
CAMPANIA
BASILICATA
Cagliari
N
W E
S
CALABRIA
Catanzaro
Palermo
MAR IONIO
SICILIA
MAR MEDITERRANEO

case at Orvieto, where the station is known as Orvieto Scalo, "the place where you get off for Orvieto". Such outlying stations often attract hotels, restaurants, small factories, etc., around themselves to form quite a sizeable suburb.

Prova un po'

1 Can you match the following questions and answers?

1 Come si chiama?
2 È di Venezia?
3 Di dov'è Lei?
4 È irlandese?

A Sono di Edimburgo.
B Mi chiamo Giulia.
C No, sono scozzese.
D No, non sono di Venezia, sono di Bologna.

Now try asking the same questions using the informal form of the verbs.

2 From the answers on the right can you work out the questions?

DOMANDE:

1 Scusi, _____
_____?
_____?

2 _____?
_____
_____?
_____?

3 _____
_____?
_____?

RISPOSTE:

Il duomo è giù di qui, la prima a sinistra, in fondo alla piazza.
No, a due passi.

La stazione è a Orvieto Scalo.
Eh, sì, a circa tre chilometri. Ma c'è l'autobus.
La fermata è proprio qui, sulla destra.

Il Teatro dell'Opera è in centro, vicino al duomo.
No, cinque minuti a piedi.

3 It's your first trip to Rome and you don't know your way around. How would you ask people for the information you need?

1 First thing in the morning you need some money. Any bank will do.
2 Now for a coffee and something to eat, but you can't see a bar from where you're standing.
3 On the phone to your friend Clara, she asks you to meet her at the Caffè Greco. Ask her where it is.
4 She tells you it's near the Piazza di Spagna. Ask her if it's far.

5   Apparently you've got to get a bus; ask the waiter where the bus stop is.
6   You get off in the Piazza di Spagna. No sign of the café. Ask where it is.
7   You've found it at last. Why not have another coffee while you're waiting for Clara?

4

Starting from the red arrow each time, if you follow the directions on the map below, where do you end up?

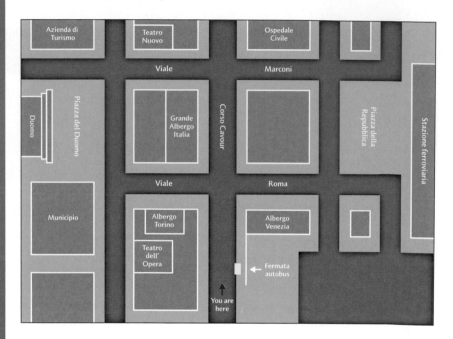

1   Sempre dritto per il Corso Cavour, la seconda a sinistra poi la prima a destra, ed è proprio lì sulla destra.
2   Dritto qui, la prima a destra, in fondo alla piazza.
3   La prima a sinistra, poi a destra, subito dopo il duomo, sulla sinistra.
4   È proprio qui sulla destra.

5

1   You've booked into the Albergo Torino, but when you get off the bus you're not sure how to get there, so you ask a passer-by. She thinks she knows, but has she got the right hotel? Listen and check the map.
2   You also want to get to the **Teatro dell'Opera**. The same helpful person gives you directions. But are they correct? Listen and check the map.

6

Ask for the following, using **Scusi, c'è...?** or **Scusi, dov'è...?** depending on what you're looking for.

1   l'Albergo Venezia
2   un bar qui vicino
3   il Teatro Olimpico
4   l'Azienda di Turismo

5 una toilette qui
6 la stazione
7 Corso Palladio
8 il Bar Gigi
9 una banca qui vicino
10 una piantina di Vicenza

7 You want to know where the market is. Listen and play your part in the conversation.

3 Quanto costa?

Buying things and asking the price

For numbers 1-100 see page 31.

1 Lucia is buying entrance tickets for Palladio's Rotonda in Vicenza.

LUCIA: **Scusi, quanto costa il biglietto d'entrata?**
BIGLIETTAIO: **Cinque euro.**
LUCIA: **Allora, due biglietti, per favore.**
BIGLIETTAIO: **Dieci euro...** *(Lucia pays)* **Grazie.**
LUCIA: **Grazie.**
BIGLIETTAIO: **Prego.**
LUCIA: **Buongiorno.**
BIGLIETTAIO: **Buongiorno.**

il biglietto ticket

2 In a shop she sees an umbrella she likes, so she asks the shopkeeper the price.

LUCIA: **Scusi, quanto costa questo ombrello?**
NEGOZIANTE: **Costa quindici euro.**
LUCIA: **E questo?**
NEGOZIANTE: **Quindici anche questo.**
LUCIA: **Grazie.**
NEGOZIANTE: **Prego.**

questo this, this one
anche too, also

To ask the price of one thing, say: Quanto costa?
To ask about more than one thing: Quanto costano?

3 At a travel agency in Stresa, Paola buys a guidebook and a photograph; the map of the town is free.

PAOLA: **Quanto costa la guida?**
AGENTE: **La guida costa dieci euro.**
PAOLA: **E la piantina?**
AGENTE: **La piantina è gratuita.**
PAOLA: **E queste fotografie?**
AGENTE: **Queste costano quattro euro le grandi, e due euro e settantacinque le piccole.**
PAOLA: **Prendo questa.**
AGENTE: **Va bene.**
PAOLA: **Quant'è?**

AGENTE: **Dieci la guida e due e settantacinque la fotografia.**
PAOLA: **Va bene.**
AGENTE: **Allora, dodici e settantacinque.** *(Paola pays)* **Grazie.**
PAOLA: **Buongiorno.**

gratuita free
le grandi the big ones
le piccole the small ones
Prendo questa. I'll have this one.

To ask how much it comes to: Quant'è?

4

At a tobacconist's, Marco buys some postcards to send to friends.

MARCO: **Buongiorno. Queste due cartoline e due francobolli per la Gran Bretagna, per piacere.**
TABACCAIO: **Sì.**
MARCO: **Quant'è?**
TABACCAIO: **Allora sono: uno e ventiquattro i francobolli e due le cartoline... tre e ventiquattro in tutto.**
MARCO: *(paying)* **Grazie.**
TABACCAIO: *(giving change)* **Uno e settantasei di resto a lei. Grazie mille.**
MARCO: **Arrivederci.**
TABACCAIO: **Buongiorno, grazie.**

due cartoline two postcards
due francobollli two stamps
sono it comes to (they are)
in tutto in all, altogether
di resto change
Grazie mille. Many thanks.

5

In the market in Orvieto, Emilia asks the price of fruit and vegetables.

EMILIA: **Scusi, quanto costano i pomodori?**
FRUTTIVENDOLO: **Un euro e sessanta.**
EMILIA: **E le pere?**
FRUTTIVENDOLO: **Due e trenta.**
EMILIA: **E... quanto costano le banane?**
FRUTTIVENDOLO: **Queste due e dieci, e queste due e quaranta.**
EMILIA: **Grazie.**
FRUTTIVENDOLO: **Prego.**

i pomodori tomatoes
le pere pears
queste these ones

6

Then she decides what she wants to buy.

FRUTTIVENDOLO: **Cosa voleva?**
EMILIA: **Tre pere.**
FRUTTIVENDOLO: **Tre pere. Una, due... e tre. Va bene così?**
EMILIA: **Sì, e anche un melone.**
FRUTTIVENDOLO: **Benissimo. Allora va bene così, uno solo?**
EMILIA: **Sì, uno solo.**
FRUTTIVENDOLO: **Benissimo. Basta così, signora? Altro?**
EMILIA: **Un chilo di queste banane.**
FRUTTIVENDOLO: **Benissimo. Subito, eh! Allora, un chilo di banane. Basta così, signora?**
EMILIA: **Sì, grazie. Quant'è?**
FRUTTIVENDOLO: **Allora sono... uno e quaranta, due e cinquanta, e due e dieci – sono sei euro in totale.**
EMILIA: **Grazie. Buongiorno.**
FRUTTIVENDOLO: **Buongiorno.**

Cosa voleva? What would you like?
Va bene così? Is that all right?
Uno solo? Just one?
Altro? Anything else?
Basta così? Is that enough?
un chilo a kilo

To ask someone to give you something: Mi dà...?

7

In Stresa, Paola buys some fruit at one of the greengrocer's stalls in the market.

FRUTTIVENDOLO: **Buongiorno.**
PAOLA: **Buongiorno. Quanto costano le mele?**
FRUTTIVENDOLO: **Due e trenta... e due e novantacinque.**
PAOLA: **Mi dà un chilo di queste? E le arance?**
FRUTTIVENDOLO: **Le arance, due e dieci, e due e venticinque.**
PAOLA: **Mezzo chilo di queste. E un pompelmo.**
FRUTTIVENDOLO: **E un pompelmo.**
PAOLA: **E le fragole quanto costano?**
FRUTTIVENDOLO: **Le fragole sono uno e ottanta e due e cinquanta.**
PAOLA: **Mi dà due cestini di queste? Quant'è?**
FRUTTIVENDOLO: **Le mele, due e trenta; le arance, un euro e cinque; le fragole, cinque euro; il pompelmo, cinquanta centesimi: otto e ottantacinque in totale.**
PAOLA: **Ecco.** *(paying)* **Grazie.**

le mele apples
le arance oranges
mezzo chilo half a kilo
il pompelmo grapefruit
le fragole strawberries
due cestini two punnnets, baskets

Allora...

VOCABOLARIETTO

la mela	il cestino	grande	la lira
la pera	il chilo	piccolo	il resto
l'arancia	il mezzo chilo	l'ombrello	la Gran Bretagna
la banana	la cartolina	la borsa	inglese
la fragola	il francobollo	la chiave	irlandese
il pompelmo	la fotografia	il biglietto	tedesco
il pomodoro	questo	quanto	francese

I NUMERI DA UNO A CENTO

1 uno	11 undici	21 ventuno	31 trentuno
2 due	12 dodici	22 ventidue	32 trentadue
3 tre	13 tredici	23 ventitré	
4 quattro	14 quattordici	24 ventiquattro	40 quaranta
5 cinque	15 quindici	25 venticinque	50 cinquanta
6 sei	16 sedici	26 ventisei	60 sessanta
7 sette	17 diciassette	27 ventisette	70 settanta
8 otto	18 diciotto	28 ventotto	80 ottanta
9 nove	19 diciannove	29 ventinove	90 novanta
10 dieci	20 venti	30 trenta	100 cento

ASKING FOR THINGS IN A SHOP

To ask for 'this..., please':

Questa cartolina,	per favore.
Questo cestino,	

Or for 'these..., please':

Queste due cartoline,	per favore.
Questi due cestini,	

You can also ask for something by saying:

Mi dà	una borsa,	per favore?
	due biglietti,	
	queste cartoline,	

When talking about more than one of something, the endings of nouns change: most masculine nouns end in –i, many feminine nouns in –e.

ASKING THE PRICE

To ask the price of one thing:

| Quanto costa | il pompelmo? |
| | la guida? |

Or of more than one:

| Quanto costano | i pomodori? |
| | le banane? |

> The words for 'the' also change: il becomes i and la becomes le. For all forms of the words for 'the', see p.245-6.

BEING SPECIFIC ABOUT WHAT YOU WANT

To describe the thing:

Mi dà	il cestino	piccolo/grande.
	la fotografia	piccola/grande.
	i cestini	piccoli/grandi.
	la fotografie	piccole/grandi.

> Adjectives ending –e (like grande, inglese, scozzese, francese) do not have separate masculine and feminine forms.

When buying things by weight, you say:

Un chilo	di	mele, per favore.
Due chili		pere, per favore.
Mezzo chilo		arance, per favore.

When buying stamps, you can state the destination:

| Un francobollo | per | la Gran Bretagna, per favore. |
| Due francobolli | | gli Stati Uniti, per favore. |

Or, if you know it, the value:

| Tre francobolli | da | sessantadue, per favore. |
| Un francobollo | | ottanta, per favore. |

ASKING WHAT IT COMES TO

And when you've bought several things, you can ask what it all comes to:

Quant'è?

> **Want to know more?**
> See Grammatica 3, 4; 8; 20; 22; 24, 25; 27; 29; 73.

PAROLE E USANZE

People often quote prices without adding the word euro:
Questi pomodori costano un euro e cinquanta or uno e cinquanta.
Note that the word euro does not change in the plural in Italian:
€250 = duecentocinquanta euro.

You'll have noticed by now that there are many ways in which you'll be asked
what you want…:
Prego?
Cosa voleva?
Dica!
Desidera?

… that there are various ways in which you'll be asked if you want
anything else…:
Altro?
Basta così?
Va bene così?

… and that when you're handed something, goods or money, you'll often hear:
Ecco (a lei)!

A NOTE ON SPELLING

Remember that c and g, followed by a, o or u, have the hard sound of the
English 'c' as in 'cat', or 'g' as in 'got' (see p.243):
banca
bianco
albergo

In the plural, an h is added in writing to indicate that the hard sound is
maintained:

una banca	due banche
un vino bianco	due vini bianchi
un grande albergo	due grandi alberghi

Without the h, c followed by e or i sounds like the English 'ch' in 'chat':
arrivederci
farmacia
centro

and g sounds like the 'g' in 'gin':
agenzia
Gino
Genova

Vita Italiana

L'EURO

The euro is the official currency in Italy. **1 euro = 100 centesimi**. There are seven denominations of euro notes: €5, €10, €20, €50, €100, €200 and €500, which are the same in all member countries. Coins have national features on one side. Motifs on Italian coins include Leonardo da Vinci's drawing of the human body on the €1 coin, Botticelli's *Birth of Venus* on the 10 cent coin and the Flavious amphitheatre on the 5 cent coin.

The metric system is used in Italy and the basic unit of weight is the gram, **il grammo**. For everyday purposes, the weights you'll need to know are:

un chilo (1 kg) or **1.000 grammi**
mezzo chilo or **500 grammi**
un etto or **100 grammi**

TABACCHI

The manufacture and sale of tobaccos, **tabacchi**, in Italy is a monopoly of the state – **un Monopolio di Stato**.

All Italian cigars, cigarettes and tobaccos are made in state factories and all foreign brands are imported by the state. A tobacconist, **un tabaccaio**, trades under government licence, and his shop, **la tabaccheria**, can be identified by its sign: a white 'T' on a black background. Postage stamps, **francobolli**, also a state monopoly, can be bought at a tobacconist's and there's usually a postbox, **una buca delle lettere**, just outside the shop.

IL SALE

Until recently, **il sale**, salt, was also a state monopoly, sold by tobacconists alongside cigarettes and stamps. Even after this monopoly was relaxed, Italians remained keen to keep this old custom alive, and tobacconists now have the exclusive licence to sell salt made in Italy.

AUTOBUS

Bus tickets are not sold on board in Italy, so you'll need to visit the tobacconist or a newsagent to buy your ticket, whether for a short trip – **un biglietto di corsa urbana** – or for long distances – **di corsa extraurbana**. In cities you can buy **il citypass**, a travelcard that allows you to use the bus a certain number of times. Once on the bus, you need to validate your ticket in the **macchina obliteratrice** (stamping machine).

Prova un po'

1

Can you fill in the gaps with the correct form of the words given in the brackets?

1 Mi dà due cestini _____ di fragole, per favore? *(grande)*
2 Vicenza è una provincia _____ . *(italiano)*
3 Le fotografie _____ costano tre euro, le _____ costano
   cinque euro. *(piccolo, grande)*
4 Ci sono sempre molti turisti _____ a Venezia. *(inglese)*
5 Il Valpolicella e il Chianti sono due vini _____ _____ . *(rosso, italiano)*
6 Quanto costa _____ borsa? *(questo)*
7 E _____ ombrello? *(questo)*
8 Mi dà una birra, per favore?
   Sì signore. Desidera una birra _____ , _____ , _____ , _____ ?
   (italiano, inglese, irlandese, tedesco)

2

Only one of the items mentioned in the list below fits each space. Can you
complete the sentences?

1 Quanto costa un cestino di _____ ?
2 Due _____ per la Gran Bretagna, per piacere.
3 Quanto costa questa _____ ?
4 Queste tre _____ , per favore.
5 Mi dà una bottiglia di _____ , per favore.
6 Due chili di _____ , per favore.
7 Un _____ da sessantadue, per favore.
8 Quanto costa il _____ d'entrata?

vino rosso   pomodori   biglietto   fragole
francobollo   borsa   cartoline   francobolli

3

Ask the price of these items. Example: Quanto costa questa guida?

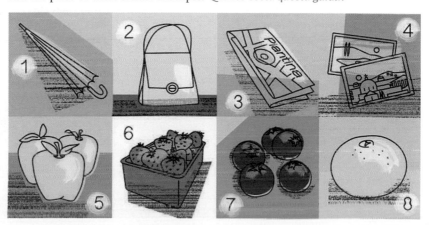

Now can you select the appropriate answer for each of the questions you have just asked?

A Questa è gratuita.
B Queste costano €2,30 al chilo.
C 85 euro.
D Questi costano €1,60 al chilo.
E Questo costa 18 euro.
F Questo? 70 centesimi.
G Costano €0,45 l'una.
H €1,30 al cestino.

4

Iria has gone back to her hotel and asks the porter for her room key. Listen to the conversation and say whether her hotel room is:

1 No 422
2 No 402
3 No 412

5

Listen to the conversation and say whether the following statements are true or false:

1 The postcards cost 1 euro 15 cents each.
2 A stamp for Britain costs 62 cents.
3 The total comes to 6 euros 78 cents.
4 The shopkeeper gives her the correct change.

6

Can you sort out this dialogue between a customer and a tobacconist? The customer starts.

CLIENTE:	TABACCAIO:
Buongiorno.	**Per l'Italia?**
Grazie. Quant'è?	**Un euro e settantanove di resto.**
Allora, queste tre e tre francobolli, per favore.	**Buongiorno. Desidera?**
Grazie. Buongiorno.	**45 centesimi l'una.**
No, per la Francia.	**Tre euro e ventuno in tutto.**
Quanto costano le cartoline?	**Grazie a lei. Buongiorno.**
Ecco cinque euro.	**Allora, tre da sessantadue.**

7

You're in the market one morning. Listen and play your part in the conversation.

8

Also on your shopping list are potatoes, le patate, onions, le cipolle, and carrots, le carote. Read the following conversation and play your part.

FRUTTIVENDOLO: **Buongiorno. Desidera?**

YOU: *(Ask him to give you a kilo of potatoes.)*

FRUTTIVENDOLO: **Va bene. Ecco un chilo.**

YOU: *(Ask how much they are.)*

FRUTTIVENDOLO: **Un euro e novanta al chilo. Altro?**

YOU: *(Ask how much the onions are.)*

FRUTTIVENDOLO: **Costano due e dieci al chilo.**

YOU: *(Ask him to give you a kilo of these.)*

FRUTTIVENDOLO: **Subito. Altro?**

YOU: *(Say, half a kilo of carrots.)*

FRUTTIVENDOLO: **Ecco a lei. Altro?**

YOU: *(Say no thanks, what does it come to?)*

FRUTTIVENDOLO: **Allora, le patate uno e novanta, le cipolle due e dieci, le carote uno e venti... Sono cinque e venti in tutto.**

YOU: *(Say, here you are.)*

FRUTTIVENDOLO: **Grazie.**

4 Buono, buonissimo!

How to say you like something

To say something's good, or extremely good:

È	buono/buonissimo.
	buona/buonissima.

1

On Thursday and Saturday mornings, Orvieto's open-air market buzzes with life, and what first catches Massimo's eye is the roast whole pig, la porchetta.

MASSIMO: **Buongiorno, signora.**
SIGNORA: **Buongiorno.**
MASSIMO: **È buona questa porchetta?**
SIGNORA: **Buonissima, buonissima!**
MASSIMO: **E quanto costa al chilo?**
SIGNORA: **Due all'etto, venti al chilo.**
MASSIMO: **Grazie.**
SIGNORA: **Prego.**

all'etto per 100 grams

To say something's lovely, but expensive:

È	bello, ma è caro.
	bella, ma è cara.

And maybe a bit (too) expensive!

È un po'	caro!
(troppo)	cara!

2

Lucia is in a leather shop in Vicenza, when an expensive looking leather bag catches her eye.

NEGOZIANTE: **Buongiorno, signora. Prego?**
LUCIA: **Buongiorno. Quanto costa questa borsa?**
NEGOZIANTE: **Questa borsa costa centoquaranta euro.**
LUCIA: **È di pelle?**
NEGOZIANTE: **Tutta vera pelle, signora.**
LUCIA: *(studying the bag)* **Sì, è bella, mi piace ma... è un po' troppo cara.**
NEGOZIANTE: *(offering another one)* **C'è questa che costa novantanove.**
LUCIA: *(spotting another)* **E questa?** *(picking it up and examining it)* **Bella, è spaziosa, è pratica. Sì, mi piace. Quanto viene?**
NEGOZIANTE: **Ottantadue euro.**
LUCIA: **Sì, la prendo, grazie... Ecco.** *(paying)* **Va bene?**
NEGOZIANTE: **Grazie, signora.**

LUCIA: **Buongiorno.**
NEGOZIANTE: **Arrivederla, grazie. Buongiorno.**

(vera) pelle (real) leather
bella, spaziosa lovely, roomy
pratica practical
Quanto viene? How much does it come to?
La prendo. I'll take it.

To say you like one thing: mi piace.
To say you like more than one thing: mi piacciono.

3

In a shoe shop in Stresa, Carla tries on a pair of brown shoes she's seen in the window. Although they are a bit expensive, they're very comfortable and she decides to have them.

CARLA: **Buongiorno, signora.**
NEGOZIANTE: **Buongiorno, signora.**
CARLA: **Vorrei un paio di scarpe, come quelle in vetrina.**
NEGOZIANTE: **Sì? Vuole farmele vedere?**
CARLA: *(pointing to brown shoes on display)* **Quelle lì, quelle marroni.**
NEGOZIANTE: **Sì, signora. Che numero, signora?**
CARLA: **Trentasette.** *(they're brought and she tries them on)*
Sono comode... Quanto costano?
NEGOZIANTE: **Centocinquanta euro.**
CARLA: **Un po' care, eh?!**
NEGOZIANTE: **Ma sono belle. Sono di ottima qualità, signora.**
CARLA: **Mi piacciono molto. Le prendo. Grazie.**
NEGOZIANTE: **Va bene, signora. Vuole la scatola, o preferisce di no?**
CARLA: **Sì, grazie, mi dia la scatola.** *(counting the money)*
Cento... cinquanta.
NEGOZIANTE: **Grazie, signora.**
CARLA: **Grazie a lei. Buongiorno.**
NEGOZIANTE: **Buongiorno. Arrivederla, signora.**

come quelle in vetrina like those in the window
Vuole farmele vedere? Could you show me?
quelle marroni those brown ones
Che numero? What size?
sono comode they're comfortable
di ottima qualità of excellent quality
Le prendo. I'll take them.
Vuole la scatola? Would you like the box?

To say you'd like a pair of shoes: Vorrei un paio di scarpe.
Or that you'd like to try on those blue sandals:
Vorrei provare quei sandali blu.

To find out what someone does for a living, you can ask: Che lavoro fa?
Or: Qual è il suo lavoro?

4

Gianna did a quick survey of customers in a bar drinking coffee early one morning. She asked what work they did and if they enjoyed it. First a man in a white coat, who looked as though he might be delivering things.

GIANNA: **Buongiorno.**
SIGNORE: **Buongiorno.**
GIANNA: **Scusi, che lavoro fa, lei?**
SIGNORE: **Faccio il commerciante di frutta e verdura.**
GIANNA: **Le piace il suo lavoro?**
SIGNORE: **Sì, molto.**
GIANNA: **Grazie.**
SIGNORE: **Prego.**

Che lavoro fa? What's your job?
Faccio il commerciante di frutta e verdura I've got a fruit and vegetable business.
(I'm a dealer in...).
Le piace il suo lavoro? Do you like your job?

5

Turning to another customer...

GIANNA: **Scusi, che lavoro fa, lei?**
SIGNORE: **Faccio il cameriere di ristorante.**
GIANNA: **Le piace il suo lavoro?**
SIGNORE: **Moltissimo.**
GIANNA: **Grazie.**

6

And now a woman...

GIANNA: **Scusi, che lavoro fa, lei?**
SIGNORA: **Faccio la cuoca in un ristorante.**
GIANNA: **Le piace?**
SIGNORA: **Così, così.**
GIANNA: **Grazie.**
SIGNORA: **Prego. Buongiorno, signora.**

cuoco, -a cook
così, così so so

7

In and around Stresa, Anna asked various people what their job was. Gianfranco Giustina is head gardener of the botanical gardens on Isola Madre.

ANNA: **Il suo nome, scusi?**
GIANFRANCO: **Gianfranco Giustina.**
ANNA: **È di qui, del Lago Maggiore?**
GIANFRANCO: **Sì, qui della zona.**
ANNA: **Di dove?**

GIANFRANCO: **Di Borgomanero.**
ANNA: **Dov'è Borgomanero?**
GIANFRANCO: **È qui vicino a Stresa.**
ANNA: **E dove abita?**
GIANFRANCO: **A Borgomanero sempre.**
ANNA: **Qual è il suo lavoro qui?**
GIANFRANCO: **Capogiardiniere.**
ANNA: **Lei cura tutto il giardino?**
GIANFRANCO: **Sì.**

della zona from this area, from around here
Dove abita? Where do you live?
sempre always
Qual è il suo lavoro? What is your job?
capogiardiniere head gardener
Lei cura tutto il giardino? Do you look after the whole garden?

8

Francesco Zacchera runs the Bristol Hotel in Stresa.

ANNA: **Lei è di qui, di Stresa?**
SIG. ZACCHERA: **Di Baveno.**
ANNA: **E dov'è Baveno?**
SIG. ZACCHERA: **Baveno è a due chilometri da Stresa.**
ANNA: **Però lei abita qui?**
SIG. ZACCHERA: **Abito qui durante la stagione di otto mesi.**
ANNA: **E qual è la sua professione?**
SIG. ZACCHERA: **Albergatore.**

Abito qui. I live here.
durante la stagione during the season
otto mesi eight months
albergatore hotelier

9

Anna asked another hotelier, Bruno dell'Era, if he liked his work.

ANNA: **È interessante il lavoro d'albergo?**
SIG. DELL'ERA: **È molto interessante, molto vario.**
ANNA: **Le piace?**
SIG. DELL'ERA: **Mi piace moltissimo.**
ANNA: **Ma non è un lavoro difficile?**
SIG. DELL'ERA: **Be', come tutti i lavori, ci sono i lati facili e i lati difficili.**

ci sono there are
un lavoro difficile a difficult job
i lati facili easy sides

10

Lucia is talking to two college students in Vicenza.

LUCIA: **Questo è il primo anno che studi l'inglese, vero?**
STUDENTE 1: **Sì.**
LUCIA: **Ti piace l'inglese?**
STUDENTE 1: **Sì ma... è un po' difficile!**
LUCIA: **E a te, ti piace studiare l'inglese?**

> STUDENTE 2: **A me, sì, mi piace molto.**
> LUCIA: **È facile o difficile?**
> STUDENTE 2: **Be', abbastanza facile.**
>
> **Studi l'inglese, vero?** You study/ are studying English, aren't you?
> **Ti piace studiare?** Do you like studying?
> **mi piace molto** I like it very much

Allora...

VOCABOLARIETTO

il negozio	il mese	buono	imparare
la scarpa	blu	ottimo	facile
il sandalo	marrone	caro	difficile
il paio	comodo	il lavoro	interessante
il numero	stretto	la scuola	
provare	pratico	la classe	
l'anno	bello	studiare	

SAYING WHAT YOU'D LIKE

To say you'd like (to have) something:

Vorrei | un paio di scarpe.
| una borsa di pelle.

To say you'd like to try something on: Vorrei provare quei sandali.

That...: quel paio di scarpe
  quella borsa

Those...: quei sandali
  quelle scarpe

Want to know more? For all forms of the words for 'that' and 'those' see Grammatica 9, 10, 11.

LIKES AND DISLIKES

To say you like, or don't like something:

Mi piace | questo vino.
Non mi piace | quel ristorante.
| l'acqua minerale.

And if you're talking about more than one thing:

Mi piacciono	quelle scarpe.
Non mi piacciono	le banane.

To ask someone else if they like something:

Le	piace il suo lavoro?
Ti	piacciono i vini italiani?

To say how much you like, or don't like, something:

Mi	piace	moltissimo.	very much indeed
	piacciono	molto.	a lot
		abbastanza.	quite a lot
		così così.	so so
Non mi	piace	molto.	not much
	piacciono		

Moltissimo, molto, etc. can be used on their own:

Le piace Stresa? Molto!

Le piace il suo lavoro? Moltissimo!

Queste scarpe le piacciono? Non molto.

> **Want to know more about placere? See Grammatica 04.**

SAYING WHAT YOU THINK OF SOMETHING

To tell the shop assistant what you think of the goods:

Queste scarpe	sono	belle.
		comode.
		strette.
		care.

And if you want to elaborate:

Queste scarpe	sono	care.	expensive
		un po' care.	rather expensive
		molto care.	very expensive
		carissime.	very expensive indeed
		troppo care.	too expensive

buono	molto buono	buonissimo
bello	molto bello	bellissimo
comodo	molto comodo	comodissimo
caro	molto caro	carissimo

And to tell the assistant you'll take 'it' or 'them':

(l'ombrello)	lo prendo
(i sandali)	li prendo
(la borsa)	la prendo
(le scarpe)	le prendo

TALKING ABOUT JOBS

To ask what someone's job is:

| Qual è | il suo lavoro? |
| | la sua professione? |

Or: Che lavoro fa?

The answer might be:

Sono	albergatore.
	giardiniere.
	scultore.

Or: Faccio	il commerciante.
	il cuoco.
	il cameriere.

Sono means 'I am…'; faccio is equivalent to 'I work as…'

Want to know more?
See Grammatica 4, 5; 25; 60; 69; 81; 84; 88.

SAYING WHERE YOU LIVE

To ask someone where he or she lives:
Dove abita? (formal)
Or: Dove abiti? (informal)

To reply:

| abito | a Stresa | in Italia |
| | a Londra | in Inghilterra |

Want to know more? See Grammatica 72; 75.

PAROLE E USANZE

Come sta? At the beginning of a conversation after saying buongiorno or buonasera, people often ask Come sta? or Come stai?: How are you? The answer is Bene, grazie, e lei? or e tu? which in turn is usually answered by Bene, grazie.

Ci sono. The plural of c'è, there is, is ci sono, there are:
C'è una banca qui vicino?
Ci sono due banche in Corso Palladio.

Vita Italiana

LA PORCHETTA

Porchetta is a speciality of central Italy, where it's a popular mid-morning snack. It's a whole young pig, boned, flavoured with rosemary and roasted on a spit. It's served cold, and you can buy it in food shops, in the street or in open-air markets, when it's usually carried on a barrow or in a van. Many porchetta sellers travel with a market between towns. The meat is held on the spit on which it was roasted, and slices are cut as needed and placed in chunks of bread, with a pinch of the rosemary stuffing.

SCARPE E SANDALI

The Italian shoe industry enjoys a worldwide reputation for quality and design. Italy is the biggest producer of shoes in the European Union and the area around Varese (across the lake from Stresa) comes fourth after the Marche, Tuscany and the Veneto. Smart boutiques can be daunting, but you can pick up a pair of good quality shoes at a bargain price in many street markets.

LA SCUOLA

In Italy, school is compulsory between the ages of five and fifteen, and the state education system is run on comprehensive lines. It is non-fee paying, though parents usually have to pay for books and stationery. In addition, parents can choose to enrol their children in a scuola materna, or nursery school, from the age of two and a half.

At primary school, scuola primaria or elementare, children study a full range of subjects including two foreign languages and IT skills. At the age of 11, they move on to scuola secondaria di primo grado. On leaving at 13, students must pass a formal exam, to be able to start the scuola secondaria di secondo grado. Here, they can choose between vocational training and an academic path at a liceo. Vocational training includes elements of practical study and prepares students for specific jobs in agriculture, tourism, catering, fashion etc. The liceo, on the other hand, offers eight different options: classics, science, languages, human sciences, business, music, art and technology. The whole school cycle lasts up to the age of 18, when students take another formal exam, after which they can continue their education at university.

In recent years, Italians have abolished some of the more anachronistic aspects of the old school system, for example, the custom of re-sitting exams in September, or repeating school years until the required grades were achieved. The traditional uniform of the grembiule – an overall which was worn over normal clothes, white, pink or pale blue for younger children and black for older ones – is no longer compulsory. However, some parents with more traditional leanings are campaigning for its return.

In line with the more modern thinking, the government is also aiming to integrate children with learning difficulties into mainstream schools. Tempo pieno, that is, extra time in school after closing time, which involves both tuition and extra curricular activities, is not compulsory and paid for by the State. Those children who stay on after their morning classes are provided with school meals.

The Christmas and Easter holidays are very short, but the long summer break – from mid June to mid September – more than compensates. There are other days off on significant dates, such as the end of the Second World War or important Saints' days. Many families, especially in the north, also take their children away for a week during January to March for la settimana bianca, the traditional skiing holiday. Over the summer working parents can rely on a state-run system of child-care called colonia estiva.

Prova un po'

1 Can you match the following questions and answers?

1	Cosa fa?	A Sono di Orvieto.
2	È cuoco?	B Bene, grazie, e lei?
3	Le piace il suo lavoro?	C Faccio il medico.
4	Come sta?	D No, sono albergatore.
5	Dove abita?	E Sì, mi piace... è interessante
6	Di dov'è lei?	F A Stresa.

Now try asking the same questions using the tu form of address.

2 Expressing your personal tastes, tell someone:
that you don't much like...
1 this white wine
2 these shoes
3 the green umbrella

that you like...
4 the blue sandals
5 the whole roast pig
6 Stresa

that you like these things a lot but they are a little too expensive...
7 the bag
8 the strawberries
9 this restaurant

and that you like these things very much indeed...
10 these black shoes
11 Italy
12 this pizza

3

Claudia wants to buy a handbag. Listen to the conversation and say whether the following statements are true or false.

1 She wants to buy a blue leather bag.
2 The first bag she is shown is too small.
3 The second bag is too expensive.
4 The bag she buys costs 125 euros.

4

Can you complete this conversation in a shoe shop? The words you need are in blue below – you'll need some of them more than once.

COMMESSO: **Buongiorno. Desidera?**
CLIENTE: **Vorrei un _____ ____ di _____ __.**
COMMESSO: **Sì. Di che colore?**
CLIENTE: **_____.**
COMMESSO: **Che numero?**
CLIENTE: **Quarantaquattro.**
COMMESSO: **Vediamo, allora. Sì, ecco, nel quarantaquattro abbiamo _____ scarpe. Le piacciono?**
CLIENTE: **Sì, _____ molto.** *(trying them on)* **Ma non sono molto _____**
COMMESSO: **Non sono _____ ?**
CLIENTE: **No, sono un po' _____ Ha il _____ ?**
COMMESSO: **No, nel quarantacinque abbiamo soltanto questo tipo qua.** *(tries them on)* **Sono _____ ?**
CLIENTE: **Sì, queste sono _____ comode ma non __ _____**
COMMESSO: **Oh, mi dispiace, ma nel quarantacinque in _____ non abbiamo altro.**
CLIENTE: **Grazie. Buongiorno.**
COMMESSO: **Buongiorno. Arrivederla.**

mi piacciono (2)	quarantacinque	nere	abbastanza
comode (3)	strette	nero	
scarpe	queste	paio	

5

Can you make sensible phrases using one word from each column?

una borsa		viaggi
due etti		vino bianco
un paio		resto
un cestino		pelle
un'agenzia	di	francese
tre chili		scarpe
un professore		porchetta
un biglietto		pomodori
trenta centesimi		fragole
una bottiglia		entrata

6

You're in your local Italian café in London. Listen and play your part in the conversation.

5 Ripassiamo un po'

Revision 1

1

You should now be able to ask the price of things. Here's Lucia asking about some pottery in a shop in Vicenza.

NEGOZIANTE: **Buongiorno, signora.**
LUCIA: **Buongiorno.**
NEGOZIANTE: **Cosa desidera?**
LUCIA: **Questo piatto, quanto costa?**
NEGOZIANTE: **Sette euro.**
LUCIA: **E questa tazzina e il piatto, quanto costano?**
NEGOZIANTE: **La tazzina e il piatto, undici e cinquanta.**
LUCIA: **Grazie. E il vaso?**
NEGOZIANTE: **Questo vaso è sedici e cinquanta.**
LUCIA: **Va bene. Grazie.**
NEGOZIANTE: **Prego.**
LUCIA: **Buongiorno.**
NEGOZIANTE: **Buongiorno, signora.**

piatto plate
tazzina coffee cup
vaso vase

2

In Stresa, Signora de Maria is shopping for ham, butter, mozzarella and bread.

SIG.RA DE MARIA: **Buongiorno.**
NEGOZIANTE: **Buongiorno, signora. Cosa le do oggi?**
SIG.RA DE MARIA: **Mi dà un po' di prosciutto, per favore?**
NEGOZIANTE: **Cotto o crudo?**
SIG.RA DE MARIA: **Crudo.**
NEGOZIANTE: **Quanto?**
SIG.RA DE MARIA: **Due etti.** *(the ham is cut and weighed)*
NEGOZIANTE: **Voleva altro, signora, dopo il prosciutto?**
SIG.RA DE MARIA: **Sì... del burro.**
NEGOZIANTE: **Che burro le do?**
SIG.RA DE MARIA: *(pointing to a particular type)* **Questo, il 'Casalingo'.**
NEGOZIANTE: **Il 'Casalingo'. Altro, signora?**
SIG.RA DE MARIA: **Due mozzarelle.**
NEGOZIANTE: **La 'Monate' o la 'Santa Lucia'?**
SIG.RA DE MARIA: *(indicating the 'Monate' brand)* **No, queste.**
NEGOZIANTE: **Va bene.** *(serving her)* **Altro, signora?**
SIG.RA DE MARIA: **E sei panini.**
NEGOZIANTE: *(bringing the bread)* **Voleva altro, dopo il pane, signora?**
SIG.RA DE MARIA: **No, basta.**
NEGOZIANTE: **Nient'altro?**
SIG.RA DE MARIA: **Basta così per oggi. Quant'è?**

NEGOZIANTE: *(adding it up)* **Il prosciutto crudo... le mozzarelle...**
il pane... e il burro. Sei e sessantadue in totale... Grazie, signora.
SIG.RA DE MARIA: **Prego. Buongiorno.**
NEGOZIANTE: **Buongiorno. Arrivederci.**

Cosa le do oggi? What can I get you today?
prosciutto cotto/crudo cooked/cured ham
burro butter
Nient'altro? Nothing else?
panini bread rolls
pane bread

3

In a shop window Gianna has seen some black shoes she likes, but when she tries them on she finds they're a size too small.

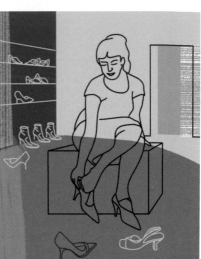

GIANNA: **Buonasera.**
COMMESSA: **Buonasera.**
GIANNA: **Vorrei vedere quelle scarpe in vetrina, nere.**
COMMESSA: **Sì, si accomodi.**
GIANNA: **Grazie.**
COMMESSA: **Che numero calza?**
GIANNA: **Trentotto.**
COMMESSA: **Sì.** *(fetches the shoes)* **Eccole.**
GIANNA: *(puts them on)* **C'è uno specchio, per favore?**
COMMESSA: **Sì, signora.** *(indicating the mirror)* **Prego.**
GIANNA: **Grazie.** *(studying the shoes)* **Mi piacciono ma... sono troppo strette. La destra è troppo stretta. Ha il trentanove?**
COMMESSA: **No, è l'ultimo paio che abbiamo.**
GIANNA: **Allora mi dispiace ma... non le prendo.**
COMMESSA: **Va bene.**
GIANNA: **Grazie lo stesso.**
COMMESSA: **Buonasera, grazie.**
GIANNA: **Buonasera.**

Vorrei vedere... I'd like to see...
Che numero calza? What size do you take?
l'ultimo paio che abbiamo the last pair we have
Mi dispiace. I'm sorry.
Non le prendo. I won't take them.
Grazie lo stesso. Thanks all the same.

4

In Stresa, Anna talks to people about their work. First, Ambrogio Citterio, who works in the giardino zoologico.

ANNA: **Le piacciono gli animali?**
AMBROGIO: **Moltissimo!**

Then, Gianfranco Giustina, a capogiardiniere.

ANNA: **Le piacciono le piante?**
GIANFRANCO: **Sì, tantissimo!**
ANNA: **Quale le piace di più?**
GIANFRANCO: **Tutte.**
ANNA: **Tutte?**
GIANFRANCO: **Tutte!**

tantissimo very much indeed
di più most

5

Of the many foreign tourists who come to Stresa every summer, very few speak much Italian, so it's essential for local people to speak other languages, such as French, English and German. Anna speaks to Liliana Borroni, who works in the travel agency.

ANNA: **C'è sempre molto lavoro qui?**
LILIANA: **Abbastanza.**
ANNA: **Vengono molti stranieri?**
LILIANA: **Sì, parecchi.**
ANNA: **Parlano l'italiano?**
LILIANA: **Non molto ...**
ANNA: **Allora lei parla altre lingue?**
LILIANA: **Sì.**
ANNA: **Per esempio?**
LILIANA: **Francese e inglese, tedesco.**
ANNA: **È necessario per questo lavoro?**
LILIANA: **Ah, è assolutamente necessario, molto necessario!**

stranieri foreigners
parecchi quite a lot
Lei parla altre lingue? Do you speak other languages?
tedesco German
francese French

6

Lucia chats to Cesare Paulon, who runs a tobacconist's shop.

LUCIA: **C'è molto lavoro d'estate?**
CESARE: **D'estate c'è abbastanza lavoro, sì. D'inverno, naturalmente, meno.**
LUCIA: **E lei parla anche altre lingue?**
CESARE: **Parlo abbastanza bene il francese e un po' l'inglese.**
LUCIA: **Solo un po'?**
CESARE: **Un po', sì.**

d'estate in summer
d'inverno in winter
meno less

Allora...

This is a revision chapter. The best way of finding out what language you personally need to revise is by doing the special activities in Prova un po'. The Allora... section here is just to help fill in a few gaps in vocabulary.

VOCABOLARIETTO

il piatto	il prosciutto cotto	il giorno	necessario
la tazzina	il burro	la settimana	indispensabile
il vaso	il pane	d'estate	parlare
il prosciutto crudo	il panino	d'inverno	la lingua

I GIORNI DELLA SETTIMANA

I sette giorni della settimana sono:

lunedì	venerdì
martedì	sabato
mercoledì	domenica
giovedì	

All except domenica are masculine. All are spelt with a small initial letter.

I NUMERI DA CENTO A CINQUEMILA

100	cento
200	duecento
300	trecento
400	quattrocento
500	cinquecento (etc)
1000	mille
2000	duemila
3000	tremila
4000	quattromila
5000	cinquemila (etc)

Want to know more? See Grammatica 4; 48; 53; 72.

PAROLE E USANZE

Mi dispiace, I'm sorry, is used to express regret when, for instance, you can't oblige in some way, or you've caused someone an inconvenience. You can also use it to show sympathy for someone who has had some bad news.

Scusi, and particularly oh, scusi, or mi scusi, as well as being used to attract attention, mean 'I'm sorry', if you accidentally bump into someone, or you realise you've made a silly mistake.

Vita Italiana

PROSCIUTTO CRUDO E PROSCIUTTO COTTO

There are two types of ham in Italy, **prosciutto cotto**, cooked ham, and **prosciutto crudo**, raw, cured Parma ham. The latter has a stronger flavour than cooked ham and is normally bought in very thin slices. It can make an excellent starter when served with fresh fruit like melon or figs.

MOZZARELLA

Mozzarella is a fresh, leavened cheese, originally from the area around Naples and made from the milk of the Italian buffalo cow. The varieties you'll find in supermarkets will be either buffalo mozzarella, **mozzarella di bufala**, or **fior di latte** (flower of milk), where the cheese is mostly made from the milk of ordinary cows. Mozzarella forms the basis of many dishes, for example **pizza alla napoletana** or **mozzarella in carrozza**, but also works well in salads, uncooked.

PANE

Italian bread comes in many varieties. **Ciabatta** gets its name from its unusual shape – it means 'slipper' – which makes it ideal for dipping in olive oil. **Focaccia**, a soft bread similar to a pizza base, often comes with sundried tomatoes and olives baked into it. A thin white bread is used for toasted sandwiches, **panini**.

Prova un po'

These exercises are meant to help you discover what you've remembered and what you've forgotten. In the key at the back of the book we've given page references so that you can look up and revise anything you got wrong.

Only one of the choices in these sentences is correct. Which is it?

1

1 Scusi, c'è | un / una / un' | caffè qui vicino?

2 Questo ombrello mi piace. | Lo / La / Li | prendo.

3 Queste scarpe sono troppo | stretto. / stretti. / strette

4 Quei sandali mi | piace / piacciono | molto.

4 Now ask your new Italian acquaintance:

1 where he comes from
2 what his job is
3 if he is here on holiday or for work
4 if he likes his job
5 if he likes this restaurant
6 if he likes French wines
7 if this red wine is good
8 if Italian shoes are expensive

5 Ask a passer-by:

1 if there's a | bank / tobacconist's / chemist's | nearby

2 where the | bus stop / market / tourist office | is

3 **Ask a tobacconist to give you:**
one stamp for Italy
two 62 centesimi stamps
three stamps for Great Britain

4 **Ask a greengrocer to give you:**
half a kilo of apples
three punnets of strawberries
four bananas

5 **Ask a grocer to give you:**
100 grams of butter
150 grams of porchetta
200 grams of cooked ham

6 **Now ask a shop assistant the price of:**
100 grams of cured ham
this guide book of Orvieto
those black shoes in the window

7 **Tell the assistant in the shoe shop that:**
you'd like to try on the black shoes
they are very comfortable
you'll take them

8 **Then say that:**
you like that leather bag
but it's too expensive
you won't take it

Letture A

Reading passages 1–4

Some of these texts are based on the documentary part of the television series, others have been specially written for reading practice. They're designed to help you to understand rather more of the language than you can learn to speak in a short period of time.

Try to read one a week, and use the introduction and the vocabulary lists at the end to help you get the gist of the text, which is all that's required. When you've read one through, you should be able to have a go at the related activity.

Remember that these passages are not meant to be translated word for word, so try to avoid looking everything up – though if you really must, you'll find most words in the Vocabolario at the back of the book.

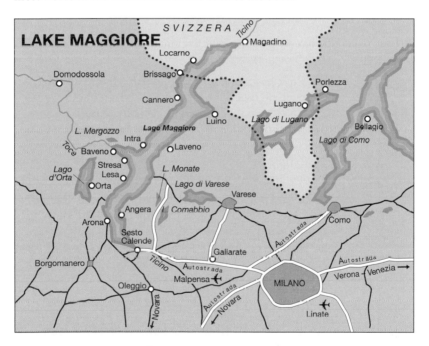

1. STRESA: UNA LOCALITÀ TURISTICA

Stresa is a small, charming holiday resort on the shores of Lake Maggiore. Because of its proximity to Milano Malpensa and other airports in north west Italy and the excellent road and rail links, it is a thriving centre for conferences and cultural events, as well as a hotspot for foreign tourists and house-buyers. In addition, the imposing art deco villas and hotels, breathtaking views across the lake and its three islands combine to give Stresa a unique atmosphere.

1 How many people live in Stresa?
2 What percentage of the tourists are foreigners?
3 Is Stresa conveniently located?
4 Does the trip around three lakes include Lake Orta?
5 Can you get an ice-cream at the zoo?

Stresa, sul Lago Maggiore, è una cittadina elegante e tranquilla. Ha meno di 5.000 abitanti, ma da aprile ad ottobre arrivano turisti da tutto il mondo, in particolare europei. Il 90 per cento dei turisti sono stranieri, soprattutto tedeschi e britannici. Anche molti italiani passano il sabato e domenica a Stresa, in particolare i milanesi e i torinesi che hanno una seconda casa sul lago.

La posizione di Stresa è eccezionale: si può raggiungere facilmente in treno da tutte le maggiori città italiane ed estere; si trova infatti sulla linea Milano Parigi e Milano Zurigo. L'aeroporto internazionale di Milano Malpensa è a solo 20 chilometri.

In centro c'è un municipio, un imbarcadero e una chiesa. C'è anche un ospedale e il famoso Palazzo dei Congressi. A Stresa ci sono molti alberghi, ristoranti e negozi che vendono prodotti locali, articoli di abbigliamento e da regalo. Ogni venerdì c'è un mercatino. Dopo lo shopping è bello riposarsi sulla terrazza di un bar con vista del lago. Desidera un caffè, un cappuccino? Prego, s'accomodi!

Da Stresa si può prendere un battello che parte ogni mezz'ora e visitare le tre incantevoli Isole Borromee. Con la moderna funivia è possibile salire fino all'Alpino e al Mottarone ed ammirare il magnifico panorama. Ci sono anche gite organizzate ai laghi: Maggiore, Lugano e Como e c'è anche una gita al Lago d'Orta.

Da visitare a Stresa c'è il Parco Zoologico della Villa Pallavicino, con molti animali, un parco giochi per bambini con una casa delle bambole a forma di fungo, un ristorante e naturalmente un bar. Desidera un gelato, un'aranciata? Prego, s'accomodi!

Il parco della villa è molto bello e molto grande, con una bella cascata, grandi alberi e moltissimi fiori. A Stresa ci sono sempre moltissimi fiori.

2. PIANIFICARE UNA VACANZA

There is accommodation in Stresa and its surroundings to suit all pockets and tastes. It ranges from luxury or family-run hotels to apartments for rent, and from campsites to agriturismo – a holiday on a working farm in one of the lush valleys around the lake. It is easy to look up the type of accommodation that suits you on the Internet. Look at the following advertisement and try to gather as much information as you need to plan your holiday.

1 Where is Il Poderino?
2 What type of apartments are available?
3 Is it suitable for children?
4 How far is the Golf Club?
5 Does the special offer at Villa Verde include the use of the spa pool?
6 What does Villa Verde offer as a welcome gift?

Azienda agricola Il Poderino

Situato nelle immediate vicinanze del Lago Maggiore e immerso nel verde della campagna, l'agriturismo 'Il Poderino' dispone di monolocali o bilocali con angolo cottura e bagno privato. Gli appartamenti sono stati ristrutturati con cura e sono dotati di tutti i comforts.

A disposizione degli ospiti c'è la nuova piscina e biciclette per escursioni nelle vicinanze, giochi per bambini e una scuola d'equitazione western.

Il Poderino è facilmente raggiungibile da Milano e Torino e costituisce un punto di partenza ideale per visite ai laghi, al vicino

monte Mottarone e alle Isole Borromee. A pochi chilometri si trova uno dei Golf Clubs più famosi d'Italia.

Il negozio de Il Poderino vende specialità gastronomiche locali, inclusi gli eccezionali vini delle colline piemontesi.

Centro di benessere
Villa Verde

Offerta speciale weekend

- Tre notti (da venerdì alla domenica inclusa)
- Tre cene (alcolici esclusi) e tre prime colazioni
- Fiori e bottiglia di spumante di benvenuto
- Uso della piscina, idromassaggio e sauna

Extra: Massaggi • Trattamenti di estetica • Riflessologia • Reiki

Chiara phones Il Poderino to ask about accommodation.
Listen to the conversation and tick the facilities that are available.

☐ idromassaggio   ☐ golf   ☐ vela

☐ equitazione   ☐ ristorante   ☐ piscina

☐ sauna   ☐ spa   ☐ biciclette

Now listen to the same dialogue again, and complete the transcript using the words in blue below.

RECEPTIONIST: Fattoria Il Poderino, buonasera!

CHIARA: Buonasera. Avete un bilocale ____ per la prima settimana di maggio?

RECEPTIONIST: La prima settimana... mm... vediamo... Sì.

CHIARA: Quanto costa?

RECEPTIONIST: Per una settimana, sono _____ euro.

CHIARA: C'è la piscina?

RECEPTIONIST: Sì, ma in ____ fa ancora freddo. La piscina apre in giugno.

CHIARA: La scuola di _____ è aperta?

RECEPTIONIST: Certamente, tutti i giorni a parte il _____.

CHIARA: C'è un ristorante?

RECEPTIONIST: No, noi non abbiamo un ristorante, ma ci sono molti ristoranti _____.

CHIARA: Stresa è lontana?

RECEPTIONIST: Be' _____ sì. In auto è a 10 minuti da qui. In bicicletta _____ mezz'ora. Noi abbiamo delle biciclette.

CHIARA: Benissimo, grazie.

RECEPTIONIST: Prego, arrivederci.

lunedì   maggio   ci vuole   equitazione   libero   nelle vicinanze   250   a piedi

3. IL DOLCE FAR NIENTE

The year-round mild climate and relaxed pace of life in Stresa ensure that tourists experience true Italian-style rest and relaxation. Aside from the simple pleasures of enjoying a meal of freshly-caught fish washed down with locally-produced wine, before a gentle stroll around the lake, there are islands to visit, as well as the famous Villa Taranto just outside the town, and even a well-established jazz festival at the end of July.

FISHING ON
LAGO MAGGIORE

La temperatura a Stresa è mite, grazie all'influenza del Lago
Maggiore. Il ritmo di vita rilassato è ideale per una vacanza
tranquilla e contemplativa, che alterna piccole passeggiate
a soste al bar o al ristorante. Non è necessario viaggiare per
chilometri per visitare attrazioni turistiche come le verdissime
isole Borromee, che sono di fronte alla città di Stresa. I battelli
per le isole partono dall'imbarcadero ogni mezz'ora.

Sull'Isola Bella, nei giardini a terrazze della Villa Borromeo,
potete ammirare piante di ogni provenienza e visitare il
Palazzo dei Principi Borromeo, costruito nel Seicento e ancora
abitato dalla famiglia Borromeo in agosto e settembre. L'Isola
Madre è quasi interamente coperta dai giardini botanici con
piante ed animali esotici, come il cedro atlantico, il pino
messicano, la palma del Cile e un loto. La pittoresca Isola
Pescatori, che prende il nome dalla comunità di pescatori
che vi abitava, è uno degli itinerari più romantici del Lago
Maggiore e vanta buonissimi ristoranti.

I battelli della Compagnia del Lago Maggiore o il servizio autobus fanno anche sosta a Villa Taranto, a pochi chilometri da Stresa. Le condizioni climatiche eccezionali della zona hanno sempre attirato entusiasti del giardinaggio, italiani e stranieri, come l'eccentrico e appassionato botanico scozzese Captain McEacham, creatore dei Giardini di Villa Taranto. Questi giardini, realizzati negli anni Trenta, rappresentano un piccolo capolavoro e combinano l'amore del proprietario per l'Italia e per la nativa Scozia. Per i visitatori, la Villa immersa tra magnifici fiori e piante, è una sorta di Eden. È vietato calpestare l'erba, ma non dormire sulle panchine!

L'attività peschiera fino a venti anni fa era vitale per l'economia del Lago Maggiore. Oggi nei ristoranti di Stresa si possono ancora gustare i tradizionali piatti a base di pesce di lago: filetto di pesce persico alla Borromea (perch in butter with lemon, capers and mushrooms) o altre varietà di pesce d'acqua dolce con salse straordinarie. Anche per i dolci, c'è una specialità locale eccellente: i biscotti chiamati margheritine. A Stresa ci sono birrerie, enoteche (wine bars and shops), pizzerie e gelaterie per soddisfare una clientela cosmopolita.

I negozi locali offrono prodotti italiani tradizionali: vini della regione, liquori, olio di oliva e altri souvenirs, non necessariamente gastronomici. Un prodotto tipico dell'industria della zona era l'ombrello. Al Museo dell'Ombrello e del Parasole di Gignese è possibile imparare la storia dell'ombrello e la sua importanza per l'economia del Lago Maggiore. Oggi giorno, gli ombrellifici sono stati sostituiti dalla produzione industriale di rubinetti.

Stresa è un paradiso per gli amanti della musica. Sul Lago Maggiore si tengono numerosi festival musicali. Alla fine di luglio, Stresa ospita un famoso festival di musica jazz. Durante l'anno, ci sono altri festival di musica – specialmente classica – nei paesi della zona. Rilassati, ascolta la musica e guarda le stelle...

ombrellifici umbrella makers
rubinetti taps

Maggie and Sarah have spent a week in Stresa. They send their Italian teacher back in England a postcard to show how much their Italian has improved. Unfortunately, they have forgotten a few key words. Can you complete the sentences? Use **Lettura 3** to refresh your memory.

Caro Roberto,

Come va? Noi stiamo bene e Stresa è bellissima. Ci sono tante cose da fare.
C'è un _____ che va alle Isole.
Sull'Isola Madre e Bella ci sono due magnifici _____.
Anche Villa Taranto è stupenda, ci si va con l'_____.
Il cibo è veramente buono, in particolare il filetto di _____. Nelle _____ si beve vino squisito! Te ne compriamo una bottiglia quando andiamo a fare un po' di shopping nei locali. Oggi pomeriggio andiamo a visitare il _____ dell'Ombrello, qui vicino. Stasera invece andiamo ad un concerto di _____ jazz. Che vacanza fantastica!
Salutoni e a presto,

Maggie   Sarah

4. PER I PIÙ ENERGETICI

It's not all about lounging around. With so many activities on offer in the Stresa area you can feel spoilt for choice. Whether a keen hiker, golfer, or equestrian, or looking to keep children entertained, you'll find something to suit you.

Stresa, il Lago Maggiore e i dintorni offrono numerose opportunità per i visitatori più avventurosi in ogni stagione dell'anno. Il lago si estende dalla Lombardia a sud al Piemonte e alla Svizzera a nord. Questa zona dell'Italia settentrionale ha un notevole interesse naturalistico e storico ed è ricca di castelli, che si possono raggiungere facilmente in automobile.

*ISOLA BELLA,
LAGO MAGGIORE*

Dalla primavera all'autunno si possono fare molte
passeggiate, anche lunghe, come quella che dalla città
di Stresa sale al monte Mottarone (1941 metri). Nelle
vicinanze della città ci sono due rinomati parchi naturali:
il Parco Nazionale della Val Grande in provincia di
Verbania, creato nel 1991, dove si può fare trekking, anche
organizzato, e il Parco dell'Alpino, la fermata intermedia
della funivia che da Stresa raggiunge il Mottarone e può
portare fino a quaranta persone. Incredibile è la varietà
della vegetazione dei parchi, che includono piante
mediterranee e conifere.

È bello salire al Mottarone, a piedi, in funivia o in
automobile e ammirare il panorama, il Monte Rosa
all'orizzonte e la vista dei sette laghi. È bello anche
scendere a valle velocemente con la mountain bike o
in parapendio, che si possono noleggiare dal monte.

Gli appassionati di nuoto possono esercitarsi nel lago o nelle numerose piscine di Stresa. Se vi piacciono le emozioni forti, potete andare in canoa o in barca a vela, provare a fare windsurf o sci nautico o prendere un motoscafo a noleggio dal Consorzio Motoscafisti di Stresa Lido. Se all'acqua preferite i verdi campi da golf, visitate il Golf Club Alpino di Stresa e il Golf Club des Iles Borromées, situati nelle colline sopra a Stresa, e il Golf & Sporting Club di Verbania, sulle rive del Lago Maggiore.

Se invece vi piacciono i cavalli, ci sono molte scuole d'equitazione per principianti ed esperti cavallerizzi. Anche il ciclismo su strada o con la mountain bike è uno sport estremamente popolare sulle rive del Lago Maggiore.

In inverno Stresa si trasforma in un punto di partenza per il turismo bianco. Il Mottarone infatti ha ventisette piste da sci, ideali per principianti e bambini. L'automobile si può lasciare nel parcheggio, collegato alle piste con un trenino che parte tutti i weekend ad intervalli di trenta minuti. Questo monte è stato definito 'il balcone di Stresa' a causa della vista magnifica che vi si può ammirare. Prima di partire, potete controllare le condizioni metereologiche sui siti metereologici del Lago Maggiore su Internet.

L'Italia è una destinazione perfetta per le famiglie: gli italiani adorano i bambini, anche se le nascite in Italia sono molto diminuite negli ultimi anni! In ogni caso, Stresa e i dintorni costituiscono una vacanza ideale per i bambini: nella rocca di Angera, in provincia di Varese, c'è un museo della bambola; nel parco naturale di Villa Grande c'è l'Acquamondo, dedicato all'ecosistema del Lago Maggiore. Lo Zoosafari di Pombia permette ai bambini di vedere degli animali esotici in libertà e di giocare nel parco dei dinosauri. Un'occasione meravigliosa per tutti i genitori che vogliono un momento di pace!

Can you match the symbols to the corresponding sports?

6 A che ora parte...?

Going places

1

Lucia has to go to Padua. It's only about 30 kilometres from Vicenza and she decides to go by coach. At the ticket office, she asks when the coach leaves.

LUCIA: **Scusi, quando parte il pullman per Padova?**

BIGLIETTAIO: **Ce n'è uno ogni mezz'ora. Il prossimo parte alle sette e cinque.**

LUCIA: **Quanto ci vuole?**

BIGLIETTAIO: **Circa mezz'ora.**

LUCIA: **E quanto costa il biglietto?**

BIGLIETTAIO: **Andata o andata e ritorno?**

LUCIA: **Andata.**

BIGLIETTAIO: **Allora quindici euro.**

LUCIA: **Va bene. Mi dà un biglietto di andata...?** *(taking the ticket and paying)* **Ecco, quindici. Grazie.**

BIGLIETTAIO: **Buonasera e grazie a lei.**

Quando parte il pullman? When does the coach leave?
ogni mezz'ora every half-hour
il prossimo per Padova the next for Padova
andata single
andata e ritorno return
Quanto ci vuole? How long does the journey take?
mezz'ora half an hour

> **To ask when something leaves:**
>
> | Quando | parte...? |
> | A che ora | |

2

In Stresa, Iria decides to visit Isola Bella. She goes to the boat station to get a ticket.

IRIA: **Mi dà un biglietto per l'Isola Bella, per favore?**

BIGLIETTAIA: **Sì. Andata e ritorno?**

IRIA: **Sì. Quant'è?**

BIGLIETTAIA: **Cinque euro.**

IRIA: **Grazie. A che ora parte il battello?**

BIGLIETTAIA: **Alle due.**

IRIA: **Grazie. Buongiorno.**

BIGLIETTAIA: **Prego. Buongiorno.**

A che ora parte? What time does it leave?
il battello boat

8

In Vicenza Lucia talks to one of the hoteliers about his working hours.

LUCIA: **E lei, quando comincia a lavorare?**
ALBERGATORE: **Be', comincio abbastanza presto, alle sette e mezzo.**
LUCIA: **E a che ora finisce, la sera?**
ALBERGATORE: **Il nostro lavoro non ha orari. Si può andare a mezzanotte, all' una, alle due...**
LUCIA: **E non prende un giorno di riposo?**
ALBERGATORE: **Be', purtroppo in stagione, no.**

Quando comincia? When do you start?
comincio I start
A che ora finisce? What time do you finish?
Il nostro lavoro non ha orari. Our work doesn't have fixed hours.
si può andare a... one might go on till...
purtroppo unfortunately, sadly

9

The season in Stresa lasts eight months, during which time most people work seven days a week. Here's Liliana from the touist office again.

ANNA: **Quanto dura la stagione qui?**
LILIANA: **Eh, la stagione dura otto mesi.**
ANNA: **Otto mesi. Lei è qui tutti i giorni?**
LILIANA: **Sì, tutti i giorni, sette giorni alla settimana.**
ANNA: **Anche la domenica?**
LILIANA: **Sì, anche la domenica.**

Quanto dura? How long does it last?
la stagione season
otto mesi eight months
tutti i giorni every day
anche la domenica even on Sundays

Allora...

VOCABOLARIETTO

il treno	la classe	aprire	la notte
il binario	quando	chiudere	mezzogiorno
il battello	A che ora?	cominciare	mezzanotte
il pullman	arrivare	l'ora	
l'orario	partire	la mattina	
il ritardo	cambiare	la sera	

TALKING ABOUT TIMES OF ARRIVAL AND DEPARTURE

To ask when, or what time, something leaves:

Quando	parte	il primo	treno per Roma?
A che ora		il prossimo	battello per Locarno?
			pullman per Padova?

Or when it arrives:

Quando	arriva	il treno da Milano?
A che ora		il battello da Stresa?

Or when someone starts work in the morning:

Quando	comincia a lavorare la mattina?
A che ora	

The answer could be:

Il treno parte	all'una.
L'aliscafo arriva	alle dodici e trenta.
Comincio	alle sette e mezzo.

a, at, combines with l' to give all', and with le to give alle.

To ask how long a boat or a train takes:
Quanto (tempo) ci mette?

Or how long a journey takes: Quanto (tempo) ci vuole?

You might be told:

(circa)	venti minuti
	mezz'ora
	un'ora
	due ore

To ask if something is on time:

È in orario	il treno?
	il pullman?

VERB FORMS: I, YOU, HE/SHE/IT

For 'I', the ending is always –o.

	parlare arrivare	prendere chiudere	partire aprire
I (io)	parlo arrivo	prendo chiudo	parto apro

For 'you' (lei) and 'he', 'she' or 'it', the ending is –a for verbs ending in –are and -e for verbs ending in –ere and –ire.

he/she/it you (lei)	parla arriva	prende chiude	parte apre

For 'you' (tu), the ending is always –i.

you (tu)	parli arrivi	prendi chiudi	parti apri

Want to know more? See Grammatica, 2, 3, 5, 6; 17; 22; 53; 74; 87, 89.
For the present tense of regular verbs, see Grammatica 53.

PAROLE E USANZE

La mattina and il mattino both mean 'the morning'. La mattina is the more usual.

La mattina and la sera can also mean 'in the morning' and 'in the evening', though you'll also hear people say alla mattina and alla sera.

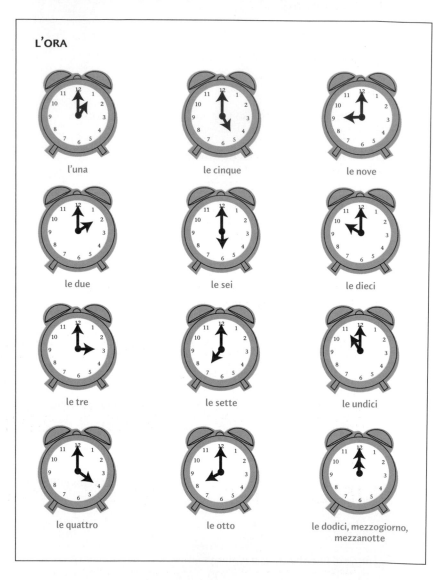

L'ORA

l'una

le cinque

le nove

le due

le sei

le dieci

le tre

le sette

le undici

le quattro

le otto

le dodici, mezzogiorno, mezzanotte

To ask the time: Che ore sono? Or: Che ora è?

To tell the time:

È l'una.   Or: Sono le due.
mezzogiorno.   le tre.
mezzanotte.   le quattro, etc.

To say 'it's half past…':

È l'una	e	mezzo (or mezza).
Sono le tre		trenta.
È mezzogiorno		

To say 'it's a quarter past…'

Sono le sei e	un quarto.
	quindici.

To say 'it's a quarter to…'

Sono le sette meno un quarto.

Or: Sono le sei e	tre quarti.
	quarantacinque.

To say 'it's twenty past…'

Sono	le due	meno venti.
	le cinque	

To say whether it's am or pm:

Sono	le cinque della mattina.
	le tre del pomeriggio.
	le sette di sera.
	le due e mezzo di notte.

The 24-hour clock is used a lot more in Italy than in Britain.
After 12 o'clock, midday, it continues:

13:00	**16:00**	**19:00**	**22:00**
le tredici	le sedici	le diciannove	le ventidue
14:00	**17:00**	**20:00**	**23:00**
le quattordici	le diciassette	le venti	le ventitré
15:00	**18:00**	**21:00**	**24:00**
le quindici	le diciotto	le ventuno	le ventiquattro

With the 24-hour clock, the words quarto and mezzo aren't used:

13:15	**19:30**	**22:45**
le tredici e quindici	le diciannove e trenta	le ventidue e quarantacinque

Vita Italiana

I TRENI

The railway system in Italy has undergone extensive modernisation in recent years. **Trenitalia** has replaced the old state-run railway company, and it is now easy to book tickets and obtain travel information on the Internet. If you need to ask for information at a station, make sure you take a numbered ticket and then wait for your number to flash up at the desk.

Eurostar (ES): high-speed trains linking the largest cities in Italy, although work is still underway to complete the high-speed sections of the line. **Eurocity (EC)**: connect important towns in Europe to major Italian cities. **Intercity (IC)**: connect the main cities in different Italian regions. **Espresso (EX)**: connect cities and also serve smaller towns in different regions. **Regionali, interregionali**: local trains.

The former only stop at major centres within a region, while the latter stop just about everywhere!

Train tickets need to be validated before starting your journey. Look out for the yellow machine in every station. If the ticket office is closed or the ticket vending machine is out of order, play safe by reporting it to the ticket inspector as soon as you board the train, to avoid a fine.

L'ORA ITALIANA

If you want to telephone Italy from Britain, it's worth remembering that Italian time is one hour ahead of British time all year round. In the winter months Italy operates on **l'ora solare**, the real time (ie by the sun) and is one hour ahead of GMT. In the summer the time is known as **l'ora legale** (ie changed by law) and is one hour ahead of BST.

Prova un po'

1

1 A che ora parte? Using the 24-hour clock, can you say in Italian what time each of these trains leaves? Parte alle...

| 08:45 | 10:30 | 13:02 | 17:17 |

2 A che ora arriva? What time do these trains arrive? Arriva alle...

| 13:53 | 15:47 | 21:09 | 22:59 |

2

Gianna wants to go to Desenzano, on Lake Garda, by train, so she goes to the station in Vicenza. Can you fill the gaps in her conversation with the ticket clerk? One of them is used more than once.

GIANNA: Scusi, a che _____ parte il _____ treno per Desenzano?
BIGLIETTAIO: _____ nove e cinquanta.
GIANNA: _____ tempo ci vuole?
BIGLIETTAIO: Circa _____ e venti. Arriva _____
Desenzano _____ undici e dieci.
GIANNA: E quanto costa il _____ ?
BIGLIETTAIO: _____ o andata e ritorno?
GIANNA: Andata e ritorno.
BIGLIETTAIO: _____ o seconda?
GIANNA: Seconda.
BIGLIETTAIO: Ventiquattro euro.
GIANNA: Allora, _____ un biglietto _____ andata
e ritorno, _____ piacere.

per	biglietto	prima	prossimo
ora	di	un'ora	alle (2)
mi dà	a	andata	quanto

3

You're waiting at Vicenza station on platform three for the 11.30 intercity train to Venice. It's just gone half past eleven, when you hear a station announcement. Listen carefully.

Now can you answer these questions in English? Listen again if you need to.

1 Where is the train arriving at 11.30 coming from?
2 Will you get on this train?
3 If you did, what's the first place you could get off?
4 Would you advise someone wanting to go to Bologna to take this train?
5 Anything else you'd tell him?
6 Are you on the right platform for Venice?
7 Which platform should you be on?
8 Is your train on time?

4

You are at Milan station booking a ticket to Florence for Saturday. Listen and play your part in the conversation.

5

Look at the web page below and answer the following questions:

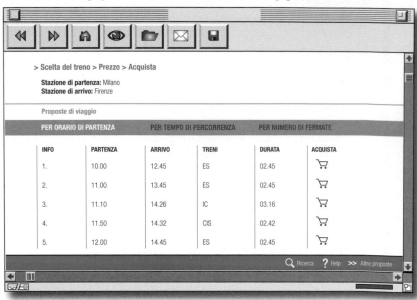

> Scelta del treno > Prezzo > Acquista

Stazione di partenza: Milano
Stazione di arrivo: Firenze

Proposte di viaggio

PER ORARIO DI PARTENZA		PER TEMPO DI PERCORRENZA		PER NUMERO DI FERMATE	
INFO	PARTENZA	ARRIVO	TRENI	DURATA	ACQUISTA
1.	10.00	12.45	ES	02.45	🛒
2.	11.00	13.45	ES	02.45	🛒
3.	11.10	14.26	IC	03.16	🛒
4.	11.50	14.32	CIS	02.42	🛒
5.	12.00	14.45	ES	02.45	🛒

🔍 Ricerca   ? Help   >> Altre proposte

1 What do the words **partenza**, **arrivo** and **durata** mean?
2 Which train would you catch if you didn't want to leave before 11am and needed to be in Florence by 3pm?
3 What are the Italian words for 'price', 'journey' and 'number of stops'?

6

You're on a local train on your way to a small town called Bassano. You decide to check whether this is your stop with the passenger opposite.

YOU: *(Say, excuse me, and ask if this is the stop for Bassano.)*
PASSEGGERO: **No, questa è Rosà. Bassano è la prossima fermata.**
YOU: *(Ask him if it's far.)*
PASSEGGERO: **No, sono cinque minuti. Lei non è italiano, vero?**
YOU: *(Tell him no, you're Scottish.)*
PASSEGGERO: **Ah, ma parla benissimo l'italiano – complimenti! Dove abita?**
YOU: *(Tell him you live in London.)*
PASSEGGERO: **A Londra? Ma Londra è in Inghilterra, non in Scozia!**
YOU: *(Say yes, but you work in London.)*
PASSEGGERO: **Ho capito! Eh, anche qui molta gente va a lavorare in città come Milano, Torino... Vanno anche a Londra a lavorare.**
YOU: *(Ask him where he comes from.)*
PASSEGGERO: **Io? Sono di Venezia. Lei è qui in vacanza?**
YOU: *(Tell him yes, for two weeks.)*
PASSEGGERO: **Ma bene! Ecco Bassano. Arriviamo alla sua stazione. Buona vacanza!**
YOU: *(Thank him and say goodbye.)*

7 Cosa c'è da vedere?

Getting there and looking around

1

At the tourist office in Stresa, Carlo asks about trains to Florence.

CARLO: **Buongiorno. Vorrei un' informazione. Per andare a Firenze c'è un treno diretto che parte da Stresa?**

SIGNORA: **No, da Stresa non c'è un treno diretto. Deve cambiare a Milano. Quando parte?**

CARLO: **Devo essere a Firenze domani sera.**

SIGNORA: **Allora, c'è un treno da Stresa alle undici e cinque che arriva a Milano alle dodici e venticinque; da Milano parte alle tredici e arriva a Firenze alle quindici e quarantacinque.**

CARLO: **Va bene. Allora, devo prenotare i posti, vero?**

SIGNORA: **Sì, signore.**

Vorrei un'informazione. I'd like some information.
Deve cambiare... You have to change...
Devo essere a Firenze... I must be in Florence...
domani sera tomorrow afternoon
Devo prenotare? Do I have to book?

To ask how to get to…: **Per andare a…?**
To ask if you have to do something:

Devo	prenotare i posti?
	cambiare a Milano?
	girare a destra?

2

It's easy enough to get to Orvieto by train or by motorway, but if you take the country roads you may need to ask the way.

ANNA: **Signora, scusi, per andare a Orvieto?**

SIGNORA: **Senta, qui c'è un incrocio.**

ANNA: **Sì.**

SIGNORA: **Giri a sinistra, poi vada sempre dritto. Poi c'è un altro incrocio e deve girare a destra, e poi si trova su a Orvieto.**

ANNA: **Grazie, signora. Buongiorno.**

Senta... Listen...
un incrocio crossroads
giri, vada turn, go
sempre dritto straight on
deve girare you've got to turn
si trova su a Orvieto you'll find yourself up in Orvieto

Having gone a little way, Anna decides to ask again.

ANNA: **Buongiorno, scusi, per andare a Orvieto?**

SIGNORE: **Al bivio, a sinistra; dopo la Fiat, a destra.**

ANNA: **A destra. Grazie, buongiorno.**
SIGNORE: **Buongiorno.**

al bivio at the fork
dopo la Fiat after the Fiat garage

3

Massimo needs to find the motorway to get to Rome.

MASSIMO: **Signora, mi scusi, l'autostrada per Roma?**
SIGNORA: **Sì, ecco. Prenda questa strada. A cento metri c'è un incrocio. Prenda la prima strada che trova a sinistra. Dopo duecento metri ci sono le segnalazioni.**
MASSIMO: **È lontano?**
SIGNORA: **Con la macchina, no. Cinque minuti.**
MASSIMO: **Grazie.**

Prenda questa strada. Take this road.
Prende la prima strada che trova. You take the first road you come to.
le segnalazioni road signs
la macchina car

4

Lucia is collecting information about Vicenza in the local tourist office.

LUCIA: **Buongiorno.**
SIGNORA: **Buongiorno.**
LUCIA: **C'è una piantina della città?**
SIGNORA: **Questa è una piantina della città e questo è un opusculo con le informazioni sui principali monumenti della città.**
LUCIA: **C'è anche un elenco degli alberghi?**
SIGNORA: **Sulla piantina c'è un elenco degli alberghi, delle pensioni e delle locande.**
LUCIA: **Grazie. Che cosa c'è da vedere in due ore?**
SIGNORA: **Il Teatro Olimpico, o la casa del Palladio o la Piazza dei Signori.**
LUCIA: **Dov'è il Teatro Olimpico?**
SIGNORA: *(pointing)* **Sulla piantina è qui.**
LUCIA: **E la Piazza dei Signori, dov'è?**
SIGNORA: **È qui, nel cuore della città.**
LUCIA: **Quando è aperto il Teatro Olimpico?**
SIGNORA: **Qui sulla piantina c'è un elenco degli orari di visita.**
LUCIA: **Ah, grazie.**
SIGNORA: **Prego. Buongiorno.**
LUCIA: **Buongiorno.**

un opusculo leaflet
un elenco list
Cosa c'è da vedere? What is there to see?
la casa del Palladio, esterno Palladio's house, the outside
nel cuore della città in the heart of the city

When you've arrived somewhere, to ask what there is to see:
Cosa c'è da vedere?

Or: Quali sono	i monumenti	più importanti?
	le cose	

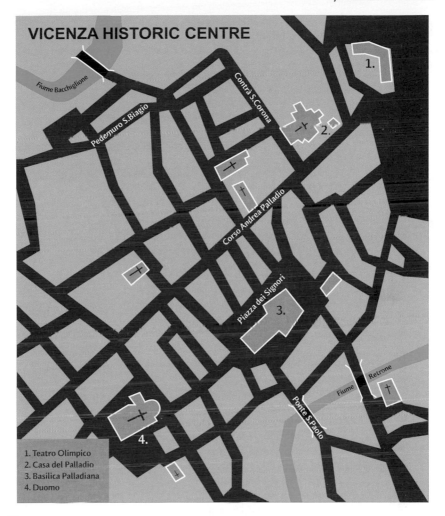

VICENZA HISTORIC CENTRE

Fiume Bacchiglione

Pedemuro S.Biagio

Contrà S.Corona

1.

2.

Corso Andrea Palladio

Piazza dei Signori

3.

Fiume Retrone

Ponte S.Paolo

4.

1. Teatro Olimpico
2. Casa del Palladio
3. Basilica Palladiana
4. Duomo

5

🎧

Emilia finds out what there is to see in Orvieto. She goes to the tourist office.

SIGNORA: **Buongiorno. Desidera?**

EMILIA: **Buongiorno. Avete una piantina della città?**

SIGNORA: **Sì, eccola, prego.**

EMILIA: **Grazie. Eh... e quali sono i monumenti più interessanti della città?**

SIGNORA: **Eh, il Duomo** *(indicating on map)* **qui, e il Pozzo di San Patrizio...**

EMILIA: **È molto lontano?**

SIGNORA: **Dieci minuti a piedi. E qui c'è il Quartiere Medievale, è molto interessante.**

EMILIA: **Grazie.**

Avete una piantina della città? Do you have a map of the town?
il pozzo well
a piedi on foot, walking

6

Bars, cafés and restaurants in Italy usually remain closed one day a week. In Vicenza, Lucia speaks to a waiter in La Caneva, a snack bar in the centre of town.

LUCIA: Signore, scusi, quale giorno è chiuso questo bar?
SIGNORE: È chiuso la domenica.
LUCIA: E gli altri giorni, quando è aperto?
SIGNORE: Dalle nove del mattino fino alle sette di sera.
LUCIA: E lei, quando lavora?
SIGNORE: Io tutto il giorno. Comincio alle otto del mattino e finisco alle sette di sera.

finisco I finish

7

Gianna speaks to Antonio Bonato, proprietor of La Taverna di Marostica, a smart restaurant in a converted medieval castle near Vicenza.

GIANNA: Scusi, in quali giorni della settimana resta chiuso il ristorante?
SIG. BONATO: Eh, d'inverno rimane chiuso lundì pomeriggio e al martedì. D'estate invece rimane chiuso solamente al martedì.
GIANNA: E gli altri giorni, a che ora è aperto?
SIG. BONATO: Da mezzogiorno alle quattordici e trenta.
GIANNA: E la sera?
SIG. BONATO: Alla sera dalle diciannove alle ventidue. Ma il bar resta aperto tutto il giorno, dalle nove al mattino fino alle ventiquattro o l'una.
GIANNA: E lei è il proprietario?
SIG. BONATO: Sì, il proprietario, sì.
GIANNA: E lei quando lavora?
SIG. BONATO: Io lavoro dalle sette alla mattina alle ventiquattro di sera, minimo.
GIANNA: Tutti i giorni?
SIG. BONATO: Tutti i giorni, compreso il lunedì e anche martedì.
GIANNA: (laughing) Grazie.
SIG. BONATO: Prego, signora.

rimane stays
invece on the other hand
compreso il lunedì Mondays included

Allora...

VOCABOLARIETTO

la città	la lista	il bivio	prenotare
la pianta	l'informazione	la segnalazione	vedere
il monumento	il posto	destra	finire
la casa	la macchina	sinistra	aperto
la pensione	la strada	dritto	chiuso
il campeggio	l'autostrada	andare	importante
il dépliant	l'incrocio	girare	principale

ASKING THE WAY AND UNDERSTANDING DIRECTIONS

To ask how to get somewhere:

Per andare	a Firenze?
	a Orvieto?
	all'autostrada?

You may be told to go straight on: Vada sempre dritto.

Or to turn right or left:

Giri	a destra.
	a sinistra.

Or to take a particular route:

Prenda questa	strada	a destra.
	la prima	a sinistra.
	la seconda	

ASKING AND SAYING WHAT YOU HAVE TO DO

To ask if you have to do something:

Devo	prenotare i posti?
	cambiare treno?
	girare a destra?

You may be told what you have to do:

Deve	prenotari i posti.
	cambiare a Milano.
	girare a destra.

(Io) devo... I have to   (Lei) deve... You have to…

Want to know more? For dovere (to have to), see Grammatica 53.

MAKING ENQUIRIES

To ask what there is to see:

| Cosa c'è da vedere | a Vicenza? |
| | a Orvieto? |

Or you could be more specific:

| Quali sono | i monumenti | più | interessanti? |
| | le cose | | importanti? |

> To say what's most important, interesting, beautiful:
> (i monumenti) più importanti, interessanti, belli
> (le cose) più importanti, interessanti, belle

To ask 'Have you got...?':

Ha	una piantina della città?
	un elenco degli alberghi?
	una lista dei campeggi?

Like a (p.71), di also combines with il, la, etc. to form one word.

	il	lo	la	l'	i	gli	le
di	del	dello	della	dell'	dei	degli	delle

Da, in and su also combine in the same way: the full forms are given on p.247.

> **Want to know more?** See Grammatica 6; 58; 72, 73; 77.

PAROLE E USANZE

Ha...? and Avete...? both mean 'Have you got...?' You say ha when asking an individual if he or she personally has got something, and avete when talking to more than one person, or, in a shop or establishment of some kind, when you're asking if they've got something. At the tourist office, Emilia asks: Avete una piantina della città?

The word informazione means information; un'informazione means a piece of information: Vorrei un'informazione: I'd like some information, please. Vorrei is already a polite way of requesting something, so you don't need to add per favore.

Piantina is commonly used for a town map. You may also hear mappa and pianta, which both mean map – the former refers to detailed geographical plans, while the latter is more technical.

TWO FOR THE PRICE OF ONE

The Greeks have a word for it, the saying goes, but the Italians seem to have two, and sometimes three! You will have noticed, for instance, that: 'the morning' can be il mattino or la mattina, though la mattina is more usual; 'it stays open' can be resta aperto or rimane aperto.

'Mondays included' can be incluso il lunedì or compreso il lunedì. You can say le nove della mattina or di mattina for '9am', and le nove della sera or di sera for '9pm'.

And when people ask 'What would you like?', you may hear Desidera?, Che desidera?, Cosa desidera? or Che cosa desidera?

All languages show something of this feature, but Italian perhaps a little more than most. There are several examples throughout the book.

Vita Italiana

GIORNI DI CHIUSURA

Cafés, restaurants and most bars in Italy normally stay closed one day a week. A rota system is operated, chiusura per turno, by which bars and restaurants take it in turn to close so that there is always at least one open in the vicinity. A notice is normally displayed giving the day of closure.

During the summer, particularly in August, many bars, restaurants and shops in the large towns close down for the summer holidays, chiusura estiva, for a period of up to four weeks. It can sometimes be quite hard, even in big cities, to find a restaurant open during August, because of the combination of chiusura estiva and chiusura per turno!

I MUSEI

Few countries can equal Italy in the variety and wealth of its artistic treasures and the evidence can be found in museums, galleries, palaces and archaeological remains all over the country. The treasures of Rome, Florence and Venice are world-renowned but almost every town, including quite small ones, has a museum, castle or palace of which it can be proud.

The price of admission to state museums varies. Museums used to be free to the public on Sundays, but, in the majority of cases, this is no longer true. Most museums are closed on Mondays, and it's also worth checking their websites for specific opening times. You can book tickets online, particularly useful for a popular gallery such as the Galleria degli Uffizi in Florence, to guarantee entrance.

LE STRADE E AUTOSTRADE IN ITALIA

Driving in Italy can be at once both a pleasurable and a stressful experience. The motorway system is well developed, adding up to a total of around 6,000 kms. The most famous is the A1, l'Autostrada del Sole, which spans the whole length of the country, from Milan in the north to Reggio Calabria in the south – a stretch of almost 1,400 kilometres.

THE STELVIO PASS, HIGHEST ROAD IN THE ALPS, NORTHERN ITALY

Because Italy is essentially a mountainous country, its motorways are often spectacular and a tribute to the country's civil engineers: long stretches of road frequently tunnel through the hillsides and emerge as viaducts raised above the valley, with views so stunning that they tempt drivers to take their eyes off the road.

With the exception of a few sections around city boundaries, all motorways are toll paying, and there are entrance and exit gates at regular intervals to serve major and minor towns along the route. When you join the motorway you'll be given a ticket, which you hand in at the exit, **l'uscita**. You will be charged according to the distance covered. Do not take the exits where they accept only drivers with special motorway charge cards, or you'll create an obstruction. Service stations with snack bars, restaurants, motels and shops are frequent, and there are also plenty of parking and picnic areas, often enjoying a beautiful panoramic view.

The speed limit on most **autostrade** is 130 kph. However, if the motorway has three lanes plus a hard shoulder, it goes up to 150 kph. There is a tolerance threshold of ten kph if you are caught speeding on camera. The introduction of cameras has partially dampened the national love affair with very fast cars.

Apart from the question of speed, life is becoming more difficult in other ways. The high level of air pollution is monitored constantly and local authorities have introduced several measures in attempt to reduce it, including a system of **targhe alterne**, whereby on particular days of the week only cars with a number plate starting with an odd or even number can enter the city centre. When combined with the scarcity of parking facilities and the zeal of traffic wardens, this is clearly an incentive to leave the car in the outskirts and take public transport instead.

Prova un po'

1 di/ del/ della/ dei/ degli etc. We've left them all out. What would you expect to hear in this conversation?

TURISTA: **Scusi, c'è una piantina _____ Orvieto?**

SIGNORINA: **Sì, certo. Questa è una piantina _____ città. C'è anche un elenco _____ alberghi, _____ pensioni e ____ ristoranti. E qui ci sono le fotografie _____ principali monumenti: il duomo, il museo _____ duomo, il museo etrusco, il Pozzo _____ San Patrizio...**

TURISTA: **Quando sono aperti?**

SIGNORINA: **Qui c'è un elenco _____ orari _____ visita.**

TURISTA: **Grazie.**

2 Lucia is talking to the assistant at the tourist office in Perugia. Can you match the questions and the answers?

1 Buongiorno. Avete una piantina di Perugia?
2 Cosa c'è da vedere?
3 E dov'è la Fontana?
4 È lontano?
5 È aperto adesso?
6 Si possono vedere gli affreschi di Perugino?

A No, siamo qui, la Piazza IV Novembre è qui. A piedi sono cinque minuti circa.
B No. Chiude dalle dodici e trenta alle quindici.
C Certo. Deve visitare il Collegio del Cambio.
D Allora, c'è il duomo, il Palazzo dei Priori, il Collegio del Cambio con gli affreschi di Perugino, e la Fontana Maggiore.
E Certo. Eccola.
F È qui in Piazza IV Novembre.

3 You want to visit the museum in the **Palazzo dei Papi**, next to the cathedral. But when you get there at eleven on Tuesday morning, you find this notice pinned to the door.

DURANTE IL PERIODO DI RESTAURO, GLI ORARI DI VISITA SONO I SEGUENTI:

LUNEDÌ E MARTEDÌ CHIUSO TUTTO IL GIORNO
DA MERCOLEDÌ A VENERDÌ APERTO DALLE 10.00 ALLE 12.30 E DALLE 15.00 ALLE 18.00
SABATO E DOMENICA APERTO DALLE 11.00 ALLE 13.00
VISITE GUIDATE VENERDÌ MATTINA
ENTRATA € 2,50: INTERO € 1,85: RIDOTTO

Now answer these questions:
1 Can you get in today?
2 When is the next time it will be open?
3 If you're not free then, can you go at four o'clock on Friday afternoon?
4 Your friend wants to go and has planned it for Saturday. What are you going to tell her?
5 Why is the museum closed?
6 Would it be a good idea to go on Sunday afternoon?

85

7 When would you go if you wanted a guided tour?

8 And what is the latest you could stay that morning?

4 Here are some questions you might need to ask. Can you choose the appropriate answers from the list below?

1 Scusi, signora, quando apre il negozio?
2 Ma lei, deve proprio partire subito?
3 È la prima volta che visito Vicenza; cosa c'è da vedere?
4 Senta; per il treno per Roma delle 13.50 devo prenotare i posti?
5 Il prossimo treno per Napoli è un espresso?
6 Senta, scusi, per andare a Venezia?
7 Ma questo bar, quando è aperto?
8 Il Palazzo del Capitano del Popolo, è lontano?
9 È aperto il ristorante oggi?
10 Per andare a Orvieto devo cambiare?

A No, quello è un rapido.
B Tutto il giorno dalle 7 del mattino fino a mezanotte.
C No, oggi è chiuso per turno.
D Apre tutte le mattine alle 8.30, esclusa la domenica.
E Be', tante cose! C'è la Piazza dei Signori, il Teatro Olimpico, il Museo...
F No, solo cinque minuti a piedi.
G Sì, a Bologna.
H No, non è necessario, è un diretto.
I Sì, devo essere a Milano prima di sera.
J Prenda l'autostrada al primo incrocio a destra.

5 You've got lost in the countryside and need directions. Listen and play your part in the conversation.

6 You've arrived in Orvieto and you need some information. Can you take part in the following conversation with the assistant at the tourist office?

AGENTE: **Buongiorno. Desidera?**
YOU: *(Say good morning and ask if he has a plan of the town.)*
AGENTE: **Certo. Ecco una piantina di Orvieto con un elenco degli alberghi, e questo è un opusculo che dà informazioni sui principali monumenti.**
YOU: *(Thank him and ask what there is to see in two or three hours.)*
AGENTE: **Allora, c'è il duomo, il quartiere di San Patrizio, il pozzo medievale che è molto interessante...**
YOU: *(Ask if the well is far.)*
AGENTE: **No. Circa cinque minuti.**
YOU: *(Ask if it's open now.)*
AGENTE: **No, è chiuso. Apre alle due del pomeriggio.**

8 Ha una camera?

Finding a room

1

Walter wants a single room for three nights. He goes to the Europa Hotel in Orvieto Scalo.

WALTER: **Buongiorno. Ha una camera, per favore?**
DIRETTORE: *(checking the register)* **Sì. Come la vuole?**
WALTER: **Singola.**
DIRETTORE: **Va bene. Per quante notti?**
WALTER: **Per tre notti.**
DIRETTORE: **Va bene, sì. È la camera trecentosette al terzo piano.**
(giving Walter the key) **Ecco. Mi dà un documento, per favore?**
WALTER: **Sì, certo.** *(gives him his passport)*
DIRETTORE: **Grazie.**
WALTER: **Quant'è la camera?**
DIRETTORE: **Sessanta euro a notte.**
WALTER: **Tutto compreso?**
DIRETTORE: **Sì, tutto compreso.**
WALTER: **E per la prima colazione?**
DIRETTORE: **C'è il bar qui accanto. Si paga a parte.**
WALTER: **Grazie.**

Ha una camera? Do you have a room?
Come la vuole? What kind of room? (lit. how do you want it?)
singola single
per tre notti for three nights
al terzo piano on the third floor
Mi dà un documento? Could you give me some ID?
Quant'è la camera? How much is the room?
la prima colazione breakfast
qui accanto just here, next door
Si paga a parte. You pay separately.

una camera...
... singola
... doppia (a due letti)
... doppia (matrimoniale)

To ask at a hotel if they have a room:

| Ha | una camera, per favore? |
| Avete | |

2

There's also a Hotel L'Europa in Vicenza, and Lucia goes there to book a room for herself and a friend.

DIRETTRICE: **Buonasera.**
LUCIA: **Buonasera. Avete una camera libera per questa sera?**
DIRETTRICE: **Sì. Singola o doppia?**
LUCIA: **Doppia.**
DIRETTRICE: **Con letto matrimoniale?**

LUCIA:	Non, a due letti.
DIRETTRICE:	Sì. Un attimo. *(checking the register)* Con bagno o con doccia?
LUCIA:	Quanto costa?
DIRETTRICE:	Centoventi euro con bagno e cento con doccia.
LUCIA:	Va bene. La prendo con bagno. C'è l'aria condizionata?
DIRETTRICE:	Certo, signora, in ogni stanza c'è l'aria condizionata.
LUCIA:	È compresa la prima colazione?
DIRETTRICE:	No, la prima colazione è a parte. Sono otto euro in più. Posso avere un documento, per favore?
LUCIA:	Sì. Ecco. *(hands over her ID card)*
DIRETTRICE:	Grazie. *(taking key from hook)* Numero centoventuno, primo piano. Ecco la chiave.
LUCIA:	Grazie.
DIRETTRICE:	Prego.

doppia double
letto matrimoniale double bed
un attimo a moment
con bagno with a bath
con doccia with a shower
l'aria condizionata air conditioning
in più extra
Posso avere un documento? Could I have some ID?

3

Signor and Signora Salafia are checking into the Aquila Bianca hotel, where they have booked a room.

CESARE:	Mi può lasciare i documenti, per favore?
SIG. SALAFIA:	Sì. *(giving him their identity cards)* Ecco, per me e per mia moglie.
CESARE:	Grazie.
SIG. SALAFIA:	Qual è il prezzo della camera?
CESARE:	Centodieci a notte.
SIG. SALAFIA:	Va bene.
CESARE:	Camera numero venticinque. Ha auto e bagagli?
SIG. SALAFIA:	Sì, la macchina è qui.
CESARE:	Bene, allora le prendiamo il bagaglio. Abbiamo un parcheggio privato.
SIG.RA SALAFIA:	Grazie. È tranquilla la camera?
CESARE:	Sì, la camera dà sul retro; è molto silenziosa.
SIG.RA SALAFIA:	Bene. E per la colazione?
CESARE:	La colazione la serviamo dalle sette e trenta alle dieci.
SIG.RA SALAFIA:	Benissimo, grazie.

mia moglie my wife
Qual è il prezzo della camera? What's the price of the room?
bagagli, bagaglio luggage
dà sul retro gives (looks) on to the back
La colazione la serviamo. We serve breakfast.

4

Having booked into his hotel, Walter asks if he can pay by credit card when he leaves.

WALTER: **Senta, quando vado via, posso pagare con la carta di credito?**
DIRETTORE: **Sì, certo.**
WALTER: **Grazie. Allora vado a prendere la valigia in macchina.**
DIRETTORE: **Va bene.**

vado a prendere la valigia I'll go and get my suitcase

> To ask if you can, or are allowed to, do something:
>
> Posso | pagare con una carta di credito?
> | telefonare da qui?

5

Lucia wants to contact a Mr Cremona at his hotel, so she asks for him at the reception desk.

LUCIA: **Buonasera.**
SIGNORA: **Buonasera, signora.**
LUCIA: **C'è il signor Cremona in albergo?**
SIGNORA: *(seeing the key on its hook)* **No, è fuori, signora.**
LUCIA: **Posso lasciare un messaggio?**
SIGNORA: **Sì, mi dica.**
LUCIA: **Può dirgli di telefonare alla signora Rossi stasera?**
SIGNORA: **Va bene. Ha il suo numero?**
LUCIA: **No, il numero è zero trenta...**
SIGNORA: *(writing it down)* **Zero trenta...**
LUCIA: **...cinquanta...**
SIGNORA: **...cinquanta...**
LUCIA: **...quarantuno...**
SIGNORA: **...quarantuno...**
LUCIA: **...venticinque.**
SIGNORA: **...venticinque. D'accordo, va bene.**
LUCIA: **Grazie.**

una camera..

... con doccia

... con bagno

C'è il signor Cremona? Is Mr Cremona in?
No, è fuori. No, he's out.
Posso lasciare un messaggio? Can I leave a message?
Mi dica... Tell me, go ahead...
Può dirgli... Tell him...
Ha il suo numero? Has he got your number?
d'accordo fine

Allora...

VOCABOLARIETTO

una camera	silenzioso	il prezzo	telefonare
singola	la televisione	pagare	il numero
doppia	il piano	tutto compreso	il prefisso
a due letti	il primo piano	la colazione	lasciare un
matrimoniale	il secondo piano	il bagaglio	messaggio
con bagno	il terzo piano	la valigia	
con doccia	l'ascensore	il documento	
tranquillo	il garage	la carta di credito	

ASKING FOR A ROOM

To ask for a room in a hotel:

Ha	una camera, per favore?
Avete	

You'll be asked what kind of room:

Come la	vuole?
	desidera?

It could be: singola/doppia. And if you want una camera doppia, it could be:
a due letti
matrimoniale

You'll be asked for how long: Per quante notti?

It could be:
per una notte

per	due	notti
	tre	

per una settimana

If it's for something like five or ten days, you'd say:

per	cinque	giorni
	dieci	

To ask the price:

Quant'è	la camera?
Quanto costa	

To ask if it's inclusive: Tutto compreso?

ASKING IF YOU CAN DO SOMETHING

To ask if you can do something:

Posso	pagare con una carta di credito?
	lasciare un messaggio?

Posso... I can, I am able to...

Want to know more? See Grammatica 4, 5; 17; 75; 82.
For avere (to have) and potere (to be able) see Grammatica 53.

PAROLE E USANZE

La prima colazione, breakfast, literally means first lunch, though it is enough to
say just colazione when it's obvious you're referring to breakfast. Colazione is
one of two words for lunch: the other, pranzo, is more usual. (For more about
names of meals, see p.180.)

TWO FOR THE PRICE OF ONE

Camera and stanza both mean 'room', but camera in particular is used to refer
to a bedroom or hotel room. Solo, soltanto and solamente all mean 'only'.

Vita Italiana

ALBERGHI, PENSIONI, LOCANDE

If you arrive in a place and haven't
booked a room in advance, the
best thing to do is to go to the
local tourist office – the Azienda
di Turismo, or Azienda di
Soggiorno. You will find one in
most towns. Although they tend
to keep office hours, you might
find that some are closed for
lunch or stay open well after 5pm.

Employees generally speak
English and will give information
on all types of accommodation
available in the area.

Italian hospitality is renowned
and the Italian Tourist Board
estimates that there are at least
30,000 hotels and 35,000 other
types of accommodation on offer,
including 1,600 well-equipped

campsites, campeggi, or camping
as they're often called.

Italian hotels are classified
according to the five-star system;
there are also three categories
of pensioni and one of locande
– una locanda generally being a
restaurant or trattoria with a few
rooms to let (camere in affitto).

If a hotel is described as a **meublé**, it means there is no restaurant, though there will be a bar either on the premises or nearby where you will be directed to have breakfast.

Hotel prices are always quoted

tutto incluso, meaning inclusive of taxes and service charges, but they do not include breakfast.

Unless you are having full or half board, **pensione completa** or **mezza pensione**, breakfast is charged separately.

Prova un po'

1 La mia camera. Here are some adjectives which could be used to describe your hotel room and the furniture in it. Can you link the opposites, using a word from each column? Then make up two sentences using one or more of these adjectives.

1	grande	cattivo
2	tranquillo	economico
3	stretto	vecchio
4	moderno	ampio
5	buono	piccolo
6	pulito	duro
7	caro	rumoroso
8	eccellente	sporco
9	comodo	terribile

2 Sitting in a café you overhear a conversation between two people at the next table who are talking about their hotel, the Albergo Roma. Listen and read.

SIGNORA: ... ma la sua camera, com'è, grande?

SIGNORE: No, anche la mia è piccolissima, è stretta. E poi di notte il rumore è terribile.

SIGNORA: Eh, sì. Il traffico è veramente intenso. Non so dove vadano tutte queste macchine tutta la notte.

SIGNORE: Ma qui vicino c'è l'autostrada Roma – Napoli!

SIGNORA: Poi il letto è così duro! Io non riesco a dormire.

SIGNORE: Neanch'io. C'è un bambino nella camera accanto che piange tutta la notte.

SIGNORA: Poverino! L'unica cosa buona è che le camere sono pulite.

SIGNORE: Sì, quello sì, sono pulite...

SIGNORA: E senta, per la colazione, lei cosa fa? La fa in albergo?

SIGNORE: No, io prendo solamente un caffè la mattina. Vado al bar di fronte.

SIGNORA: Però in albergo il caffè è abbastanza buono.

SIGNORE: Sì, ma è così caro!

SIGNORA: Ha ragione. Senta, com'è l'Hotel Milano? Lo conosce?...

Now answer these questions, in English.

1 Would you book into this hotel if you wanted a good night's sleep? And if not, why?
2 What are the rooms like?
3 What sounds could you expect to hear from outside ...?
4 ... and from next door?
5 Are the beds comfortable at least?
6 Where does the man have breakfast?
7 Why?
8 But what's the coffee like in the hotel?
9 What's the only good thing they have to say about the hotel?
10 What does the man eat for breakfast?
11 Do you think they might change hotels?

3

Complete the following sentences, using the words in blue.

1 Il signor Cerrone non è in camera. Posso _____ un messaggio?
2 Devo prendere il rapido delle dodici e trenta. Posso _____ qui il posto?
3 Devo partire subito. Posso_____ con una carta di credito?
4 Fa un po' freddo qui dentro. Posso _____ la finestra?
5 Qui non c'è acqua calda! Posso _____ con il direttore?
6 Vorrei mangiare un'altra pasta. Posso _____ una di queste?
7 Vorrei arrivare prima dell'una. Posso _____ con il treno delle undici?
8 Mi dà la chiave, per favore? Non posso _____ la porta.

chiudere	parlare	aprire	prendere
partire	lasciare	prenotare	pagare

4

Can you make sense of this conversation at a hotel reception desk? The manager's part of the conversation is in the right order, but the customer's is all jumbled up. The manager starts.

DIRETTORE:
Buonasera. Prego?
Sì, come la desidera?
Con bagno o con doccia?
Benissimo. Per quante notti?
Va bene, sì. Camera 240 al secondo piano.
Cento euro per notte.
No, la colazione è a parte.
Ha un documento, per favore?
Grazie. Ha i bagagli da prendere?

CLIENTE:
Per due notti.
Sì, certo.
La colazione è compresa?
Sì, sono in macchina.
Va bene con doccia.
Benissimo.
Ha una camera per favore?
Quanto costa la camera?
Matrimoniale.

5

You're asking for a room in a hotel. Listen and play your part in the conversation with the receptionist.

6

You and your partner have arrived in Assisi and are looking for a room for the night that isn't too expensive. Can you take part in the following conversation with the manager?

DIRETTORE: **Buonasera. Desidera?**

YOU: *(Ask him if they've got a room.)*

DIRETTORE: **Per questa notte?**

YOU: *(Yes, for one night.)*

DIRETTORE: **Come la vuole? Singola o doppia?**

YOU: *(Double)*

DIRETTORE: **Un attimo ... sì, abbiamo una doppia con bagno oppure con doccia.**

YOU: *(Ask him how much the room costs.)*

DIRETTORE: **Con bagno centodieci euro. Con doccia è un po' meno: novantacinque.**

YOU: *(Tell him a room with a shower is fine.)*

DIRETTORE: **Va bene. Mi dà i documenti, per piacere?**

YOU: *(Ask him if he wants the two passports.)*

DIRETTORE: **Sì, sì, tutti e due.**

antipasti	Antipasto misto Bruschetta Prosciutto con melone o fichi
primi piatti	Minestrone Tortellini in brodo Risotto ai funghi Spaghetti al pomodoro Tagliatelle al ragù/in bianco Spaghetti alla carbonara Cannelloni al forno Lasagne al forno
secondi piatti	Trota al forno Fritto di scampi e di calamari Cotoletta alla milanese Bistecca alla griglia Braciole di maiale Petti di pollo alla griglia Agnello arrosto Vitello arrosto Osso buco Pollo arrosto Scaloppine al marsala o al vino bianco Saltimbocca alla romana Bollito misto Pollo alla cacciatora Fegato alla veneziana
contorni	Spinaci all'agro o al burro Patate fritte Zucchini all'olio Pomodori ripieni Fagiolini Piselli al prezzemolo Melanzane fritte Insalata verde Insalata mista
desserts	Frutta di stagione Macedonia Profiteroles Gelati assortiti Torta della casa Zabaglione Formaggi

ITALIAN MENUS

A meal in an Italian restaurant would normally consist of the following courses:
un primo piatto: a first course, which would most commonly be a soup or
a pasta or rice dish.
un secondo piatto: a second course, which would normally be meat, poultry or fish.
un contorno: vegetables or salad.
un dolce or un dessert: a dessert, which might be fruit, cheese or ice cream
and, in some restaurants, gâteaux.

You can of course choose to have more dishes. Many Italians might start with
un antipasto, a starter or hors d'œuvre (literally, something 'before the meal').
Starters of ham and salami are usually served with grissini, breadsticks.

Local specialities vary enormously from one region to another, and individual
restaurants will often invent names for their own particular specialities, so you
may want to ask what a particular dish is or how it's prepared.

The menu at the start of the unit contains fairly standard dishes found in most
parts of Italy. Individual words can be found in the Vocabolario, but below is a
guide to help you work out some of them.

ANTIPASTI
Antipasto misto: a selection of appetisers which might consist of a combination
of ham, salami, mortadella, raw vegetables, olives, marinated mushrooms, etc.
Prosciutto: very fine slices of Parma ham.

PROSCIUTTO
WITH OLIVES

PRIMI PIATTI
The most common ways of serving pasta are:
al pomodoro: with a tomato sauce.
al ragù: with a Bolognese sauce of minced meat.
in bianco: served simply with butter and parmesan.

Certain kinds of pasta (e.g. cannelloni, lasagne, maccheroni) are prepared al forno,
ie baked in the oven with a filling of mincemeat, tomato and béchamel sauce.

Depending on the restaurant and the region, other common ways of
serving pasta are:

ai funghi: with a mushroom sauce.
alla panna: with a cream sauce which will probably also contain ham or mushrooms or both.
alle vongole: with clams.
alla carbonara: (literally, in the charcoal burner's style) seved with a sauce of smoked pork belly, egg and a lot of freshly ground black pepper.
all'arrabbiata: (literally, in the style of an angry person) served with a hot sauce of tomato with chillies.

SECONDI PIATTI E CONTORNI

al, alla etc. might refer to the main ingredient of the sauce: al vino bianco, al marsala, all'olio, al burro, all'agro.

It might refer to the method of cooking:
alla griglia or ai ferri or alla brace all mean grilled (though literally alla brace means over an open fire).

Or it might refer to a style of preparation:
alla cacciatora ('hunter's style'): cooked in a sauce containing onions, tomatoes, mushrooms, peppers and red or white wine.
Cotoletta alla milanese: a veal cutlet dipped in egg and breadcrumbs and then fried.
Saltimbocca alla romana: slices of ham and veal seasoned with sage, fried in butter and then braised in white wine.
Osso buco: pieces of knuckle of veal with the marrow still in the bone, stewed in wine, onions, tomatoes and parsley.
Bollito misto: mixed boiled meats – usually beef, tongue, cotechino sausage, veal and chicken, served with a green sauce.
Fegato alla veneziana: calf's liver cut into small slices and fried with onion.

DESSERTS

Torta della casa: anything della casa, in this case a cake, means that it is particular to the restaurant.
Assortito: a selection.
Zabaglione: a rich creamy dessert made from egg yolks, marsala wine and sugar.
Profiteroles: balls of puff pastry filled with custard and coated with chocolate.

1

In Orvieto, Massimo goes to La Palomba, a little family restaurant, for lunch. When he has studied the menu, the waitress comes to take his order.

CAMERIERA: **Signore, buongiorno.**
MASSIMO: **Buongiorno.**
CAMERIERA: **Desidera?**
MASSIMO: **Per primo, mi porti il minestrone, per favore.**
CAMERIERA: **Va bene. E di secondo?**
MASSIMO: **Di secondo, una cotoletta alla milanese.**
CAMERIERA: **Va bene, e di contorno?**
MASSIMO: **Di contorno, un po' di spinaci e delle patate fritte.**
CAMERIERA: **Va bene. Da bere?**
MASSIMO: **Da bere, del vino bianco.**

CAMERIERA: **E acqua minerale?**
MASSIMO: **Sì, grazie, mezzo litro.**

Per primo... For the first course... (soup or pasta)
Di secondo... To follow... (main course)
una cotoletta alla milanese veal cutlet dipped in egg and breadcrumbs
Di contorno... For vegetables...
delle patate fritte some fried potatoes
Da bere? To drink?

When ordering a dish, you can simply name it and say please:
Una zuppa di verdura, per favore.

Or you can use a set phrase, like:
| Mi porti | una zuppa di verdura. |
| Prendo | |

2

Italian families go out a lot for Sunday lunch. Giovanni and Raffaella go to Cocco's restaurant with their daughter Laura and a friend.

CAMERIERE: **Cosa prendono per primo?**
GIOVANNI: **Allora, cosa prendiamo? Prendiamo i tortellini?**
RAFFAELLA: **Eh, i tortellini al certosino?**
LAURA: **Sì, sono buoni.**
CAMERIERE: **Tortellini per tutti?**
RAFFAELLA: **Tortellini per me va bene.**
GIOVANNI: **Sì, per tutti e quattro.**
CAMERIERE: **Bene. Come secondo?**
GIOVANNI: **Prendiamo la specialità della casa?**
RAFFAELLA: **Sì, la bistecca alla Cocco.** *(to the waiter)* **È con i funghi, vero?**
CAMERIERE: **Sì, funghi e salsa al vino bianco.**
RAFFAELLA: **Per me, va bene.**
LAURA: **Anche per me, sì.**
CAMERIERE: **Quattro bistecche alla Cocco. E como contorno?**
GIOVANNI: **Che verdura c'è?**
CAMERIERE: **Insalata, patate, e pomodori, spinaci, zucchini.**
LAURA: **Per me, patatine fritte.**
RAFFAELLA: **Io vorrei un po' di spinaci.**
CAMERIERE: **Spinaci all'agro o al burro?**
RAFFAELLA: **All'agro, grazie.**
ROSA: **Io, un po' di zucchini, grazie.**
GIOVANNI: **Anche per me, zucchini.**
CAMERIERE: **Vino bianco o rosso?**
GIOVANNI: **Vino bianco di Orvieto e una bottiglia di acqua minerale, gassata.**
CAMERIERE: **Va bene.**

Cosa prendono?	What will you have?
Prendiamo...?	Shall we have...?
i tortellini	type of pasta
per tutti	for everybody

per tutti e quattro	for all four (of us)
la specialità della casa	the house speciality
spinaci al burro	spinach in butter
per me zucchini	for me, courgettes
anche per me	for me too

In company, if you're all having the same thing, instead of Prendo…, you say: Prendiamo la specialità della casa.

But if you're having something different from the others, you say:

Per me	un po' di zucchini.
Io (vorrei)	

3

Marco and Emilia have lunch together at La Primavera, a small locanda outside Orvieto. There's no printed menu so the waiter tells them what's on.

CAMERIERE: Signori, buongiorno.

MARCO: Buongiorno.

EMILIA: Buongiorno.

CAMERIERE: Come primo abbiamo: dei ravioli al ragù, delle tagliatelle, degli spaghetti, e cannelloni al forno.

EMILIA: È possibile avere dei ravioli in bianco?

CAMERIERE: Sì, con burro e parmigiano?

EMILIA: Sì, vanno bene.

CAMERIERE: Va bene.

MARCO: E per me… dei cannelloni al forno, per favore.

CAMERIERE: Cannelloni al forno. Allora, ravioli burro e parmigiano, e cannelloni al forno.

EMILIA: Sì.

CAMERIERE: Per secondo, ci sono braciole di maiale, petti di pollo, agnello arrosto, bistecca alla brace, saltimbocca alla romana, cotolette alla milanese.

EMILIA: Come sono i petti di pollo?

CAMERIERE: Sono alla griglia.

EMILIA: Oh, no, meglio una cotoletta alla milanese.

CAMERIERE: Allora, una cotoletta alla milanese…

MARCO: E per me, una bistecca, però, ben cotta.

CAMERIERE: Va bene. Allora, una cotoletta alla milanese e una bistecca ben cotta.

MARCO: Sì.

CAMERIERE: Come contorno, ci sono dei fagiolini, oppure spinaci all'agro, patate arrosto, insalata verde.

MARCO: Per me, delle patate arrosto.

EMILIA: Anche per me.

CAMERIERE: Allora, due patate arrosto. Va bene, grazie. E da bere, vi consiglio il vino bianco di Orvieto.

MARCO: Sì. Allora, basta mezza bottiglia, e anche una bottiglia di acqua minerale.

CAMERIERE: Benissimo.

braciole di maiale pork chops
petti di pollo chicken breasts

You can also say 'I'll have...', or 'Please bring me...':

Come primo,	prendo	una zuppa di verdura.
	mi porti	

If you're ordering the same thing for yourself and others, you say:

Come primo,	prendiamo	la zuppa di verdura.
	ci porti	

If you're all having different things, specify what you want like this:

Io,	una zuppa di verdura.
Io vorrei	
Per me,	

And if you're ordering for other people:

Per	il signore,...
	la signora,...
	la signorina,...

SOME OR ANY

To ask in a restaurant or shop if they have any...?

Ha	del pecorino?
Avete	delle tagliatelle?
	degli spinaci?

You may be told they do have some...:

Ho	del pecorino dolce o delicato.
Abbiamo	delle tagliatelle al burro e parmigiano.
	degli spinaci all'agro.

And to say you'd like some...

Vorrei	del pecorino.
	delle tagliatelle.
	degli spinaci.

To talk about an unspecified quantity (ie 'some...'), you use the combination of di and il, la, lo etc. shown on p.82.

the ...	some ...
il pecorino	del pecorino
lo zucchero	dello zucchero
l'olio	dell'olio
l'insalata	dell'insalata
la mozzarella	della mozzarella
i cannelloni	dei cannelloni
gli spaghetti	degli spaghetti
le patate	delle patate

All words for the various shapes of pasta are plural:
Mi piacciono molto gli spaghetti.
Le tagliatelle sono fatte in casa.
I ravioli al ragù sono buoni.

> **Want to know more?** See Grammatica 7; 26; 37; 39; 72.

PAROLE E USANZE

Tutti is the word for 'everybody':
Tortellini per tutti? Sì, per tutti e quattro.
Tutti e due, tutti e tre, tutti e quattro mean 'both', 'all three', 'all four', etc.

Buono, good, becomes buon when it comes before a masculine noun in the singular.

Questo vino è buono.	È un buon vino.
Abbiamo del pecorino molto buono.	Abbiamo del buon pecorino.

Buon appears in quite a lot of set expressions where Italians are wishing each other a good time.

buon appetito! Enjoy your meal!
buon Natale! Happy Christmas!
buon anno! Happy New Year!
buon viaggio! Have a good journey!
buon lavoro! Hope the work goes well!
but:
buona vacanza! Have a good holiday!

Ecco, 'here', 'here it is', is often said when you've just remembered or thought of something in the sense of 'Oh yes, that's it!'
Desidera altro? Sì, ecco, vorrei un salamino.

TWO FOR THE PRICE OF ONE

Come, per, di: when ordering a meal you can use any of these before secondo and contorno; with primo, it is usual to use only come or per.

Vita Italiana

PIZZA AL PIATTO, PIZZA AL TAGLIO
In pizzerias in Italy, pizzas don't only come in the round, individually cooked variety. You'll also find you can buy portions of pizza cut from a large rectangular slab. Your slice can be wrapped and taken home, eaten at the counter, or munched as you walk off down the street. This kind of pizza is called pizza al taglio. The sign 'Pizza al piatto' means that you will be served a round pizza on a plate and given a knife and a fork.

3

This time we've left out a different lot of di, del, delle etc. Can you put them all into this conversation at the grocer's?

COMMESSO: **Buongiorno. Desidera?**

CLIENTE: **Ha _____ pane, per favore?**

COMMESSO: **Sì. Abbiamo _____ filoncini, _____ panini all'olio, _____ pane casareccio.**

CLIENTE: **Prendo sei panini all'olio.**

COMMESSO: **Benissimo. Altro?**

CLIENTE: **Sì, vorrei _____ formaggio. Che formaggio c'è?**

COMMESSO: **C'è _____ buon gorgonzola, _____ pecorino delicato, oppure piccante; e ci sono anche _____ mozzarelle veramente buone, freschissime.**

CLIENTE: **Va bene, prendo due _____ quelle.**

COMMESSO: **Due mozzarelle. Altro?**

CLIENTE: **Sì, ecco, vorrei _____ zucchero.**

COMMESSO: **Quanto? Un chilo, mezzo chilo?**

CLIENTE: **Mezzo chilo basta.**

COMMESSO: **Va bene. Altro?**

CLIENTE: **No, grazie. Per oggi basta così.**

4

While you're studying the menu you overhear two people ordering their meal at the next table. Read this text and see if the statements that follow are true or false.

CAMERIERE: **Buonasera, signori. Cosa prendono?**

SIGNORA: **Per me, un antipasto misto.**

CAMERIERE: **Un antipasto misto. E il signore?**

SIGNORE: **Io, prosciutto con melone.**

CAMERIERE: **Benissimo. Come primo?**

SIGNORA: **Risotto ai funghi, per me.**

SIGNORE: **E per me, spaghetti al ragù.**

CAMERIERE: **Io consiglio le tagliatelle. Sono fresche, fatte in casa, buonissime.**

SIGNORE: **Va bene, allora. Tagliatelle al ragù.**

CAMERIERE: **Allora un risotto e delle tagliatelle. Di secondo?**

SIGNORA: **Avete una buona bistecca?**

CAMERIERE: **Mi dispiace, ma le bistecche sono terminate. Posso consigliare l'agnello alle erbe, cotto alla griglia. È una specialità della casa.**

SIGNORA: **Per me, va benissimo.**

SIGNORE: **Anche per me, l'agnello.**

CAMERIERE: **Di contorno abbiamo fagiolini, insalata verde, spinaci ...**

SIGNORA: **Zucchini?**

CAMERIERE: **Zucchini, no.**

SIGNORE: **Allora, un po' di spinaci.** *(to the woman)* **Anche per lei?**

SIGNORA: **No, io prendo un'insalata mista.**

CAMERIERE: **Benissimo, signori. E da bere?**

SIGNORE: **Del vino rosso.**

CAMERIERE: **Una bottiglia?**

SIGNORE: **No, basta mezza bottiglia ...**

SIGNORA: **... e mezza di acqua minerale.**

1 The woman is going to start with mixed hors d'œuvres.
2 She orders risotto with clams for her first course.
3 For his first course the man asks for tagliatelle with a meat sauce.
4 For the second course, the waiter recommends the roast lamb.
5 They both order a mixed salad.
6 They decide they'll have a bottle of red wine and half a bottle of mineral water.

5

You're in a restaurant waiting to give your order. Listen and play your part in the conversation.

6

You've gone out for a meal to a little family restaurant near your hotel. Can you play your part in the conversation?

CAMERIERE: **Buonasera. Come primo abbiamo dei ravioli, degli spaghetti, dei cannelloni ...**

YOU: *(Ask him if he's got any tagliatelle today.)*

CAMERIERE: **Sì, ci sono al ragù, al pomodoro, alla panna ...**

YOU: *(Say that's fine. Some tagliatelle with meat sauce.)*

CAMERIERE: **Benissimo. Per secondo che cosa prende? Un bistecca? Saltimbocca alla romana? Pollo arrosto?**

YOU: *(Ask him if they've got a veal cutlet cooked in breadcrumbs.)*

CAMERIERE: **Certo. E di contorno abbiamo insalata verde, insalata mista, spinaci all'agro o al burro, zucchini ...**

YOU: *(Eh, courgettes? No, some spinach in butter.)*

CAMERIERE: **Benissimo. sono buoni oggi. E da bere?**

YOU: *(Half a bottle of red wine)*

CAMERIERE: **Abbiamo un ottimo Chianti in bottiglia.**

YOU: *(Say no thanks, house wine.)*

CAMERIERE: **Va bene. Acqua minerale?**

YOU: *(Half a bottle)*

CAMERIERE: **Subito!**

After your meal:

CAMERIERE: **È andato tutto bene?**

YOU: *(Tell him very good indeed, thanks)*

CAMERIERE: **Desidera altro? Torta della casa? Formaggio? Frutta fresca?**

YOU: *(No thanks. A coffee ... and the bill please)*

CAMERIERE: **Subito!**

Vita Italiana

GLI ORARI

Shop opening hours in Italy are very different from those in this country, and also vary between different areas and according to the time of year. These days most large shops and major chains maintain an **orario continuato** – ie they stay open all day – but many businesses still close for lunch, particularly **alimentari**, food shops. Lunch takes place between 12.30pm and 3.30pm, and **alimentari** may not re-open until 5.30pm. On the whole, you'll find that most shops stay open until 7 or 7.30pm – and much later in tourist areas. Confused? Don't worry, you can always check the sign in the shop window. Also, don't forget that different areas have a specific **giorno di turno**, a half-day when everything is shut, including bars. The nearest **centro commerciale** (shopping mall), will, however, remain open when other shops close, although it is likely to be out in the suburbs.

Banks used to open only in the mornings, but now close for lunch and re-open in the afternoon for a short period of time. Cash machines, **bancomat**, are widespread and, for a small charge, allow you to withdraw euros from your own account using your credit card. Bancomats also give you the option of selecting the instructions in English, if you think you need it! If you need to change money in a bank, don't forget to bring your passport with you. Some shops may not even accept your credit card without an ID.

Chemist's are open during normal shopping hours, but at least one in any town centre is open till late in the evening and at weekends. If you need a chemist outside normal hours, you'll see a list on all chemists' doors showing which one in the locality is on duty, **farmacia di turno**. And even if they look closed when you get there, you can ring the bell for attention. This service is intended for urgent prescriptions only.

I VINI ITALIANI

Italy produces more wine than any other country in the world and accounts for about one fifth of total world production. Practically every region produces wine and there is a great variety of all types. The better known regions, and the wines they produce, going from north to south, are: Piemonte (Barolo, Barbaresco, Barbera, all red, and Asti Spumante, a sparkling white); Veneto, especially the area around Verona (Valpolicella and Bardolino, both red and Soave, white); Toscana (Chianti, red); Umbria (Orvieto, white); Lazio, from the hills near Rome (Frascati, white); Campania (Lacrima Christi, white); Sicilia (Marsala, a dessert wine).

Pinot grigio and Tocai are dry white wines from the eastern part of Veneto, north of Venice, while Verduzzo, also white, comes from north of Udine, in

REMOVING LEAVES TO INCREASE EXPOSURE TO SUN AND WIND, ORVIETO

Friuli. Soave comes from around Verona, while Verdicchio, a very pale dry white wine, comes from near Ancona in the region of the Marche, and particularly from a small district in the foothills of the Apennines called Castelli di Jesi. It's sold in distinctive vase-shaped bottles.

Italian wines tend to differ less in quality from year to year than do French wines, largely because of the greater stability of the climate.

Little importance is therefore attached to vintage. Most wines reach their peak after about three years and only some of the best Piemonte and Chianti wines improve by being kept longer.

Quality wines are graded according to a system that refers to their place of origin, **la denominazione**. They are:

denominazione semplice, applied to an ordinary table wine of the area, **un vino da tavola**; **denominazione di origine controllata**, or **DOC**, which applies to wines made from certain grapes grown only in certain defined areas (similar to the French 'Appellation Contrôlée'); **denominazione controllata e garantita**, reserved for wines that have met particularly rigorous standards throughout their production.

FESTIVAL E FESTE

There are a great number of festivals throughout the year in Italy and if you're planning a visit it's worth finding out what might be going on while you're there.

Among the many big music festivals are the **Maggio musicale** in Florence, in May and June.

La Badia è un antico monastero benedettino del XII° secolo in stile romanico-lombardo e gotico-francese, abbandonato per molti secoli e lasciato andare in rovina. Nell'Ottocento viene comprato da una famiglia di Orvieto e nel 1965 viene restaurato e transformato in albergo: 25 camere da letto di sui otto sono su due piani con salotto privato. Tutte le camere sono arredate con mobili antichi e c'è anche un buonissimo ristorante, aperto al pubblico.

Ma una volta arrivati e trovato un albergo, perché non bere un buon bicchiere di vino in una delle tante enoteche del centro? Il Giglio d'oro, per esempio, o la Cantina Foresi, in piazza del Duomo, dove si possono gustare i vini tipici della zona e in particolare l'Orvieto, un vino bianco secco, abboccato o 'spaccato', e le specialità gastronomiche locali, come i salumi di maiale o cinghiale, il lardo di Colonnata, con lardo, sale marino, pepe e erbe, e formaggi come il pecorino. Da non perdere è anche il tartufo, che si grattugia sulla pasta.

La famiglia Foresi si occupa della produzione del vino da ben settecento anni. I visitatori possono visitare l'originale cantina del 1300. Adesso l'azienda produce vino in grande scala: 15.000 bottiglie all'anno che vengono esportate in tutto il mondo. Il vino qui non è solo una bevanda divina, ma anche parte della cultura e storia della città di Orvieto e una filosofia di vita.

MONASTERO BENEDETTINO
LA BADIA, ORVIETO

abboccato medium sweet
spaccato half sweet, half dry
salume di maiale e cinghiale cured pork and wild boar meat
il pecorino a cheese made from sheep's milk
il tartufo truffle

Using Letture 6 and 7, can you find the Italian names for the following things connected with wine?

1 a good place to taste many varieties of wine
2 two commonly used containers for wine
3 the difference between **secco** and **abboccato**
4 the room in which wine is stored
5 a vineyard

8. IL CORTEO STORICO DELLA FESTA DEL CORPUS DOMINI

CORPUS CHRISTI PROCESSION, ORVIETO

Every year, on the first Sunday after Corpus Christi, the religious procession carrying the sacred Corporale through the streets of Orvieto is preceded by a Corteo storico. This is a procession in which the city, the military, and judicial authorities, the four city districts, the craft guilds and the people of the medieval town are all represented. The magnificent medieval costumes, including shields, helmets, swords and crossbows, have been made over many years by local craftsmen and women.

Le celebrazioni cominciano la mattina della domenica del Corpus Domini nel Duomo, con l'esposizione e l'adorazione della Santissima reliquia, seguite dalla celebrazione di una messa solenne.

Contemporaneamente, nel Palazzo del Capitano del Popolo cominciano i preparativi per il grande corteo. Nel Palazzo sono infatti custoditi gli incredibili costumi in velluto, damasco, in lana e seta, con ricami d'oro e d'argento, gli stivali e le scarpe, gli elmi, gli scudi e le spade in metalli diversi. Sono quattrocento costumi preziosi, fatti a mano con pazienza da artigiani locali, che usano ancora le tecniche del passato.

Il Corteo esce dal Palazzo in una marea di colori brillanti. Vessilli e insegne in rosso, giallo, verde, blu e bianco portano i simboli del comune e dei quattro quartieri della città. Il Podestà, autorità civile dell'antica città medioevale, è vestito di porpora. Il Gonfaloniere di Giustizia, autorità giudiziaria, porta un magnifico mantello bianco, ricamato in nero, oro e argento. Il Capitano del Popolo, l'autorità militare, è tutto vestito di nero e ha una scorta armata di scudieri e cavalieri. I partecipanti del corteo, tutti orvietani, entrano nel Duomo, dove si forma la parte religiosa del corteo.

Suonano le trombe, rullano i tamburi e il Corteo esce dal Duomo con la reliquia, seguito da autorità varie, la banda di Orvieto, i bambini e tutti gli altri. I partecipanti poi lentamente lungo le pittoresche stradine della città, ammirati dalle migliaia di spettatori.

Durante questo giorno, la città di Orvieto si trasforma e celebra le proprie origini e la propria storia. Da qualche anno, la festa è preceduta dal Corteo delle Dame, che si tiene il giorno precedente al Corpus Domini. In questa occasione, numerose dame, damigelle, musici, cantori e popolani in costume medioevale arrivano al Duomo, dove assistono alla Messa. Quando la funzione è finita, il corteo procede verso Piazza del Popolo, dove si tengono degli spettacoli medioevali. Questa è un'altra iniziativa dell'associazione 'Lea Pacini' e di altre associazioni cittadine. L'associazione è stata creata in memoria della signora Pacini, che per ben quaranta anni ha promosso e organizzato la festa del Corpus Domini di Orvieto.

After reading the passage above, can you decide whether the following statements are vero or falso?

1 Le celebrazione cominciano alla domenica pomeriggio.
2 I costumi sono fatti a mano.
3 Gli artigiani di Orvieto usano tecniche moderne.
4 Il Corteo civile e il Corteo religioso si uniscono nel Duomo.
5 Al Corteo non prendono parte i bambini.
6 Il Corteo delle Dame si tiene la settimana prima del Corpus Domini.
7 Esiste una fondazione che si occupa del festival.

11 Ripassiamo un po'
Revision 3

1 🎧

Here's a reminder of how to ask the price of things. Lucia has gone into a florist's in Vicenza.

FIORAIO: **Buongiorno, signora. Desidera?**
LUCIA: **Buongiorno. Quanto costano le rose?**
FIORAIO: **Ecco, le rose costano due euro le rosse, uno e ottanta le gialle e uno e quaranta le rosa.**
LUCIA: **E i gladioli quanto costano?**
FIORAIO: **Uno e ottanta.**
LUCIA: **Allora, mi dà sei gladioli gialli?**
FIORAIO: **Va bene, signora.**

Quanto costano le rose? How much are the roses?
gladioli gialli yellow gladioli

2 🎧

Massimo is in a mobile phone shop in Vicenza.

COMMESSO: **Buongiorno. Desidera?**
MASSIMO: **Vorrei sapere quanto costa una carta SIM per il mio cellulare.**
COMMESSO: **Quaranta euro... Ecco.**
MASSIMO: **Va bene. Ed avete anche delle schede di ricarica?**
COMMESSO: **Sì, ne abbiamo da venti e da trenta.**
MASSIMO: **Benissimo. Una da venti, per favore.**

vorrei sapere I'd like to know
una carta SIM SIM card
per il cellulare for my mobile
delle schede di ricarica top-up cards

3 🎧

And here Lucia is buying some groceries, dal salumiere, at the delicatessen.

SALUMIERE: **Buongiorno, signora. Cosa desidera?**
LUCIA: **Buongiorno. Mi dà due etti di prosciutto?**
SALUMIERE: **Cotto o crudo?**
LUCIA: **Crudo.**
SALUMIERE: **Va bene.** *(cuts the ham)* **Va bene?**
LUCIA: **Sì.**
SALUMIERE: **Dopo, signora?**
LUCIA: **Avete del parmigiano?**
SALUMIERE: **Sì, certo. Quanto ne desidera?**
LUCIA: **Mezzo chilo, circa.**
(the grocer cuts and weighs the cheese)
SALUMIERE: **È un po' di più. Va bene?**
LUCIA: **Sì, va bene.**

SALUMIERE: **Desidera altro?**

LUCIA: **Sì, un chilo di zucchero.**

SALUMIERE: *(getting it down from the shelf)* **Pronto lo zucchero!**

LUCIA: **E sei uova.**

SALUMIERE: *(gives her the eggs)* **E poi?**

LUCIA: **Basta così, grazie. Quant'è?**

SALUMIERE: **Subito. Prosciutto – tre e cinquanta; parmigiano – sei e trenta; zucchero – due e dieci; le sei uova – due e quaranta. Il totale – quattordici euro e trenta centesimi. Ecco lo scontrino. S'accomodi alla cassa, signora.**

Mi dà due etti di prosciutto. Give me 200 grams of ham.

Avete del parmigiano? Do you have any parmesan?

Quanto ne desidera? How much do you want?

mezzo chilo half a kilo

è un po' di più it's a bit over

Desidera altro? Anything else?

un chilo di zucchero a kilo of sugar

S'accomodi alla cassa. Please pay at the cash desk.

4

In Orvieto, Sandra goes to Michelangeli's, a shop where everything's made of wood: furniture, gifts and items of all kinds including animals. She's looking for a wooden cat.

COMMESSO: **Signorina, buongiorno.**

SANDRA: **Buongiorno.**

COMMESSO: **Desiderava?**

SANDRA: **Vorrei comprare un gatto.**

COMMESSO: **Oh, di gatti ce ne sono di diverse qualità, diversi tipi, dai grandi ai pic coli, e diversi prezzi, naturalmente.**

SANDRA: *(pointing to a pair of large cats)* **Quei due lì, per esempio, quanto costano?**

COMMESSO: **Oh, questi due qua, novantacinque euro.**

SANDRA: **Mm...!**

COMMESSO: **Un po' caruccio! Voleva spendere meno?**

SANDRA: **Sì, se è possibile.**

COMMESSO: *(showing her a single, smaller cat)* **E per esempio, questo tipo qua. Questo viene sedici euro.**

SANDRA: **Molto bello...** *(but she seems doubtful)*

COMMESSO: **Oh, vuole spendere ancora meno?**

SANDRA: **Sì.**

COMMESSO: **Vediamo, vediamo.** *(showing her a small pair)* **Qui siamo a dodici, questa coppia. Sono due, bianco e nero.**

SANDRA: **Sono molto carini.**

COMMESSO: **Poi abbiamo questo singolo, piccolino, nero.**

SANDRA: **Sì, questo sì, mi piace molto.**

COMMESSO: **Di solito, piace... a tutti! Oh, poi abbiamo questo nuovo tipo.**

SANDRA: **Anche questo.**

COMMESSO: **Mah, sono oggettini veramente simpatici.**

SANDRA: **Quanto vengono questi?**

COMMESSO: **Questi, otto e sei, quattordici euro.**

SANDRA: **Sì, prendo questi due.**
COMMESSO: **Questi qua?**
SANDRA: **Sì.**
COMMESSO: **E le faccio due pacchetti?**
SANDRA: **No, un pacchetto unico, grazie.** *(paying)* **Ecco a lei.**
COMMESSO: **Grazie.**
SANDRA: **Grazie. Buongiorno.**

Vorrei comprare un gatto I'd like to buy a cat
di gatti ce ne sono diverse qualità we've got all sorts of cats
un po' caruccio a bit on the expensive side
Voleva spendere meno? Did you want to spend less?
Ancora meno? Less still?
mah, sono oggettini veramente simpatici yes, they really are nice little things
Le faccio due pacchetti? Shall I make you two parcels?

5

At a party in Orvieto, Emilia laid out ten objects on a table, gave people half a minute to memorise them, and then covered the objects up. Here's the result. First, Marisa, who doesn't do badly.

EMILIA: **Marisa, cosa c'è sul tavolo?**
MARISA: **C'è un giornale... italiano. C'è un portafoglio. C'è una chiave, un cellulare... e un passaporto.**
EMILIA: **Ci sono soldi?**
MARISA: **C'è un biglietto da cinque euro, c'è una tazza de caffè, e un bicchiere di vino rosso. Ah! Un orologio!**
EMILIA: **Da uomo o da donna?**
MARISA: **Da uomo.**
EMILIA: **Brava.**

Cosa c'è sul tavolo? What is there on the table?
un giornale a newspaper
un portafoglio a wallet
un biglietto da cinque euro a 5-euro note
una tazza da caffè a coffee cup
un orologio da uomo, da donna a man's, woman's watch

6

With some prompting, Guido does even better.

EMILIA: **Guido...**
GUIDO: **Sì?**
EMILIA: **Cosa c'è sul tavolo?**
GUIDO: **Quindi, sul tavolo c'è un giornale, un francobollo...**
EMILIA: **Da quanto?**
GUIDO: **Non so. Una chiave, un passaporto, un cellulare, una tazzina da caffè... e un... un portafoglio.**
EMILIA: **C'è un bicchiere?**
GUIDO: **Un bicchiere? Sì, c'è un bicchiere.**
EMILIA: **C'è qualcosa nel bicchiere?**
GUIDO: **Non so.**
EMILIA: **C'è del vino. Due oggetti ancora.**
GUIDO: **Due oggetti. Ah, un orologio.**
EMILIA: **Da uomo o da donna?**
GUIDO: **Da uomo.**
EMILIA: **Ci sono soldi?**
GUIDO: **Ah, dieci euro.**
EMILIA: **Dieci euro. Bravo.**

non so I don't know
qualcosa something
due oggetti ancora two more things
Ci sono soldi? Is there any money?

Allora...

VOCABOLARIETTO

l'uomo	il pacchetto	soldi	giallo
la donna	la sigaretta	nuovo	rosa
il passaporto	la scheda di ricarica	carino	
il giornale	il cellulare	simpatico	un biglietto da dieci
l'orologio	la carta SIM	straniero	euro
l'oggetto	comprare	il colore	

LEARNING NEW WORDS

By now you will have learnt quite a lot of words in Italian and there are several tricks you can use to help you build up your vocabulary.

A good one is to get a set of blank index cards, write the Italian for something on one side and the English on the other. Shuffle them and then go through the cards looking at the Italian first, thinking of the English equivalent and then checking by turning the card over. Put aside the ones you didn't remember correctly and go through those again. You can then repeat the game, but this time look at the English first and try to remember the Italian. You can play this game on your own or with others.

Another good trick, using the same cards, is to group words according to their meaning and add to them as you go along from unit to unit. In this unit, for instance, there are two new words for colours, giallo and rosa, which you can add to the ones you've already met: bianco, nero, rosso, blu, verde, marrone, under the heading colori. You've now got a stock of eight colours. The new word passaporto can be put under documenti, together with patente and carta di credito. Uomo and donna can be added to signore, signora, signorina. And so on.

Some words, especially verbs, don't fit easily into a category, but you can always group them together under the kind of situation in which you'd use them. For instance under viaggio you could put partire, arrivare, cambiare and prenotare, as well as the more obvious treno, pullman, biglietto, etc.

VERB FORMS: WE, YOU, THEY

When referring to more than one person:

For 'we', the ending is always –iamo.

	parlare arrivare	prendere chiudere	partire aprire
we (noi)	parliamo arriviamo	prendiamo chiudiamo	partiamo apriamo

The ending –iamo without noi is also used for making suggestions such as 'Let's…', and 'Why don't we…?': Mangiamo fuori stasera? Andiamo al cinema?

For 'you' (voi) the ending is different in each group of verbs.

you (voi)	parlate arrivate	prendete chiudete	partite aprite

For 'they' and for 'you' (loro) the ending is –ano for the –are group and –ono for the other two. And notice how these forms are stressed: parlano, prendono, partono.

they (loro) you (loro)	parlano arrivano	prendono chiudono	partono aprono

Want to know more? For the complete patterns of the most common regular and irregular verbs, see Grammatica 53.

PAROLE E USANZE

oggetto	tazza	pianta	piccolo	grande
oggettino	tazzina	piantina	piccolino	grandino

There are two ways of saying that something is small in Italian: you can either add piccolo or change the ending to –ino or –ina. A small cup can be either una piccola tazza or una tazzina; a small object either un piccolo oggetto or un oggettino.

You can use these 'diminutive' endings with some adjectives too. From piccolo, small, you can get piccolino, quite small; from grande, large, you can get grandino, fairly large.

Caro means 'dear' as in a term of affection and as in expensive: caro Giovanni and Questo ristorante è caro. It has two diminutives: carino, which means pretty, attractive; and caruccio, which can mean rather expensive or lovable.

Simpatico has the meaning of nice, likeable, friendly, pleasant all rolled into one. You can use it to describe people, things, places and events:
È una persona simpatica.
Sono oggetti veramente simpatici.
È simpatico questo ristorante. etc.

Soldi is the usual word for money in Italian (the other is denaro). It is plural:
Ci sono molti soldi sul tavolo.

Uomo, man, has an irregular plural: uomini.

Uovo, egg, not only has an irregular plural, uova, but also changes from masculine to feminine: un uovo, le uova.

Vita Italiana

TELEFONI

Some Italian public phones are coin-operated, but the majority take phone cards, **carta telefonica**, which can be purchased from tobacconist's and newsagent's. Many bars and restaurants will have a telephone for public use; very occasionally this may be linked to a meter that charges you by the unit (**scatti**) based on the length of the call. Like the British, Italians are keen users of mobile phones – **il telefonino** or **il cellulare**. If you are in Italy for a while and plan to use a mobile, it is likely to work out cheaper to buy an Italian pay-as-you-go SIM card (**carta SIM prepagata**) rather than use your English one. A top-up card, **scheda di ricarica**, can be bought at the tobacconist's, or from one of the numerous high-street mobile phone shops.

Prova un po'

1

Can you match the following English and Italian phrases?

1	at the hairdresser's	A	dal panettiere
2	at the grocer's	B	dal tabaccaio
3	at the tobacconist's	C	dal parrucchiere
4	at the baker's	D	dal fruttivendolo
5	at the greengrocer's	E	dal salumiere

2

Listen to this phone conversation between Anna and Maria and answer the following questions:

1 Do Anna and Maria call each other tu or lei?
2 What does Anna want to do this morning?
3 Where does Maria have to be at 10 o'clock?

3

Now read the conversation that you heard in Activity 2 and pick out how you say the following in Italian:

1 Hi. It's me, Anna.
2 Hi. How are you?
3 Do you have to go out this morning?
4 Can I drop in?

This week:

Potere to be able to	
(io) posso	(noi) possiamo
(tu) puoi	(voi) potete
(lei) può	(loro) possono

Want to know more? See Grammatica 39; 43, 44; 46, 47; 53.

PAROLE E USANZE

TWO FOR THE PRICE OF ONE

Blu, azzurro, and celeste all mean blue: blu is the usual word, but tends to be used for the darker shades, azzurro and celeste for the lighter shades (celeste is literally sky-blue).

Vita Italiana

CHE TAGLIA PORTA?

Clothes sizes vary not only from country to country, but from manufacturer to manufacturer. The following are the closest comparative sizes we can give.

WOMEN	UK	ITALY		UK	ITALY
Dresses, suits etc	10	42	**Tights** (il collant)	Small	1
(i vesti, i completi)	12	44			2
	14	46		Medium	3
	16	48			4
	18	50		Large	5

MEN	UK	ITALY		UK	ITALY
Trousers	30	46	**Shirts, collars**	14	36
(i pantaloni)	32	48	(le camicie, i colletti)	14½	37
	34	50		15	38
	35	52		15½	39
	36	54		16	40
	38	56		16½	41

LA BENZINA

There are four types of fuel available in Italy. Unleaded petrol comes in two types: **benzina BP** or, more commonly, **benzina verde**, and there are two of diesel, gasolio, as well. By the pump, regular petrol is indicated in green, and the diesel in yellow. Both fuels have a more powerful and refined version marked in blue.

Italians often tell the pump attendant how much they want to spend, rather than how many litres of petrol they want, for example, '**mi fa venti euro di verde**' or, if they want to go faster, '**...di blu**'. For a full tank, just say: '**il pieno, per favore**' – if you're lucky enough to find an attendant, that is!

The majority of petrol stations are now unmanned. Instead, a machine next to the pump will take your cash, debit or credit card. Simply select the number of the pump, choose the type of fuel and specify how much you want to spend. Opting for self-service will also cost you less.

LA CERAMICA

In Central Italy, pottery was already a highly developed art in Etruscan times, much of it modelled on Greek pottery, which the Etruscans also imported.

The first pottery using tin glazes appeared in the 11th century, and Orvieto, Viterbo and later Deruta were the main centres of production. The art reached its peak in the 15th century, after which it went into decline.

Since the start of the 20th century there has been a revival of pottery making in Orvieto and in Deruta, where they reproduce the traditional shapes and designs of the great Medieval and Renaissance periods, as well as the older Etruscan styles and some very different modern pottery.

Prova un po'

1 Here are the names of some articles you might be interested in buying, together with some materials. Can you link them together to make sense? Use one word from each column.

una borsa		lana
una sciarpa		vetro
un vaso	di	legno
un giocattolo		seta
dei guanti		pelle

2 Here's a girl in a clothes shop looking for a T-shirt, una maglietta. Can you fill in her part of the conversation to make sense? Use the phrases below.

COMMESSO: **Buongiorno. Desidera?**
SIGNORINA: _____
COMMESSO: **Che taglia?**
SIGNORINA: _____
COMMESSO: E che colore? Abbiamo questo modello in blu, nero e verde.

abboccato sweet
un vino di entrata nel pasto a wine to be drunk before the meal
il pasto the meal
pollo, vitello chicken, veal
il rosso lo consiglio I recommend the red
manzo, cacciagione, stufati beef, game, stews
che sta uscendo molto bene which is coming on very nicely

4

Anna talks to Luigi Barberani, who owns a large vineyard overlooking Lake Corbara. He produces around 3,000 hectolitres (300,000 litres) of wine a year, mostly Orvieto Classico white, but also some red, some rosé and some other types of wine.

ANNA: Signor Barberani, quanto vino produce in media all'anno?
SIG. BARBERANI: Ma dipende un po' dalle annate, all'incirca duemilacinquecento, tremila ettolitri di vino.
ANNA: È tutto vino bianco o fate anche del rosso?
SIG. BARBERANI: Ma in maggior parte è vino bianco, circa duemila ettolitri; il rimanente è vino rosso. Ce n'abbiamo anche del vino rosato e qualche altro tipo di vino.
ANNA: E quali sono i diversi tipi di vino bianco?
SIG. BARBERANI: Ma la produzione fondamentale è l'Orvieto Classico di due tipi: secco, che è la produzione più importante, e poi c'è dell'Orvieto Classico abboccato.

dipende un po' delle annata it depends a bit on the years
in media all'anno on average per year
ce n'abbiamo anche we also have
in maggior parte mostly

5

Luigi Barberani believes his white wine needs to be drunk young.

ANNA: Il vostro vino viene imbottigliato e venduto subito o lo lasciate invecchiare?
SIG. BARBERANI: Ma generalmente i vini bianchi sì, cioè i vini bianchi debbono essere presentati piuttosto giovani e quindi cerchiamo di imbottigliarli molto presto, a partire già dal mese di marzo dopo la vendemmia.

Viene imbottigliato, venduto is bottled, sold
Lo lasciate invecchiare? Do you let it age?
debbono essere presentati must be offered for sale
a partire già da... from as early as...
dopo la vendemmia after the harvest

6

Lucia interviews Fabio Mazzotti, who combines being a lawyer in town with producing wine in the country. She wants to know how he manages it.

LUCIA: Come divide il tempo fra le due attività?

FABIO: Be', è abbastanza semplice. Abito in campagna, e mi alzo abbastanza presto la mattina. Alle sette circa sono già in piedi, e cerco di organizzare il lavoro degli operai, quindi sto in campagna fino alle nove. Poi, alle nove, vengo qui in studio. Torno in campagna all'una, una e quarto, pranzo a casa, e lavoro in campagna fino alle cinque. Allora, alle cinque torno in studio fino alle otto, otto e mezzo, fino a che è necessario, poi vado a casa a cenare e dormire.

LUCIA: Che giornata lunga!

FABIO: Eh, abbastanza!

mi alzo abbastanza presto I get up quite early
sono già in piedi I'm already up and about
quindi sto in campagna so I stay in the country
vengo in studio I come to the office
torno in campagna I go back, I come back
fino a che è necessario for as long as necessary

Allora...

VOCABOLARIETTO

pranzare	lungo	la vendemmia	tornare
la ricetta	semplice	pronto	mangiare
l'ingrediente	il litro	presto	mettere
la pentola	abboccato	la giornata	mescolare
cotto	rosato	andare	servire
servire	giovane	lavorare	amare
caldo	l'annata	venire	fare

TALKING ABOUT HOW SOMETHING IS DONE

You can say:

La pasta è fatta	a mano.
Il pane è fatto	

Le tagliatelle sono fatte	in casa.
Il ravioli sono fatti	

Fare: to make, to do. Fatto, -a, -i, -e: made, done.

You can say the same thing using viene instead of è and vengono instead of sono:

Il vino viene	imbottigliato a marzo.
	venduto subito.
	bevuto fresco.

Le tagliatelle vengono	fatte a mano.
	cotte per due minuti.
	servite ben calde.

To form the words for 'bottled', 'sold', 'served' etc. (past participles) there is a pattern you can follow, based on the verb endings:

passare imbottigliare	vendere conoscere	preferire servire
passato imbottigliato	venduto conosciuto	preferito servito

Not all verbs follow this pattern, and those that don't are shown as follows from now on: bere (bevuto); cuocere (cotto); fare (fatto), etc.

LEARN A VERB (OR TWO) A WEEK

andare (andato) to go		venire (venuto) to come	
vado	andiamo	vengo	veniamo
vai	andate	vieni	venite
va	vanno	viene	vengono

Want to know more? See Grammatica 32; 38; 45; 53; 59; 62; 82.

PAROLE E USANZE

Il vino bianco	è	servito molto fresco.
	viene	
	va	
Le taglietelle	sono	servite ben calde.
	vengono	
	vanno	

People use è, viene, sono and vengono to say how things actually are done. They use va and vanno to say how things should be, or ought to be, done.

Giorno and giornata both mean day in English; giorno is used to talk of the day as a unit of 24 hours:
Siamo chiusi un giorno alla settimana.
Il mese di settembre ha 30 giorni.

Giornata is used to talk about the contents of the day:
Quanto vino beve in una giornata?
Che bella giornata!
È una giornata lunga!

The same difference applies to anno and annata.

Tornare means to return, both in the sense of 'to go back' and 'to come back':
Torno in campagna all'una.
Alle cinque torno in studio fino alle otto, otto e mezzo...

Gli gnocchi or i gnocchi? Gli gnocchi is the correct form, but people often say
i gnocchi.

TWO FOR THE PRICE OF ONE

Abboccato and amabile both mean 'sweet' when referring to wine.

Vita Italiana

LA PASTA

Whether or not Italians begin their meal with a starter, un antipasto, pasta remains the most popular first course to a meal. And virtually no other food lends itself so readily to such a wide variety of styles of preparation. The word actually means 'pastry' or 'dough' (Italians use the same word for a pastry from the cake shop), and whatever shape or size it is eventually cut into, the dough is basically the same – a mixture of hard wheat flour, salt and water. Some varieties are also available made with egg, pasta all'uovo, or with the addition of spinach purée, pasta verde.

There are dozens of different shapes and sizes, each with its own name, and an equally large number of sauces to serve with them. The popularity of different types varies greatly from region to region, but here is a list of some of the most common.

Pasta for soup:
conchigliette, anellini
semini, vermicelli.

Pasta for boiling or baking:
fusilli, spaghetti, penne,
lasagne, ruote, farfalle,
lumache, tagliatelle, rigatoni.

Pasta which is filled either with a meat stuffing, or with a spinach and cheese or cream stuffing, di magro agnolotti, ravioli cannelloni, tortellini.

IL VINO ORVIETO CLASSICO

Wine-making in Orvieto on a commercial scale is an ancient affair. The Etruscans ran a flourishing wine trade with the Gauls and other peoples of northern Europe, and the Romans expanded the business, shipping the wine from their inland port at Pagliano, about ten kilometres south-east of Orvieto, where the river Paglia flows into the Tiber. The wine then was almost certainly sweet, **amabile** or **abboccato**. This is because it was made in cellars cut deep into the rock beneath the city where the temperature was, and still is, perfect for storing the wine, but too low to allow for a complete fermentation, leaving a certain amount of natural sugar in the liquid. On the other hand, this method of making wine underground at a constant temperature would have guaranteed the result and produced a wine far superior to the average of the time.

In later centuries, the wine was highly appreciated by a succession of popes, many of whom resided at various times in Orvieto when Rome was under the threat of invasion. Clement VII, with whom Henry VIII clashed over the question of divorce with such historic consequence, resided much of the time in Orvieto. And there are instances of artists employed by the Church being part paid in wine. One was Luca Signorelli, who painted the magnificent frescoes in the **Cappella Nuova** in the cathedral. Another, Bernardino da Perugia, better known as '**il Pinturicchio**', was sacked for consuming '...too much gold, too much blue and too much wine'.

Nowadays, Orvieto Classico DOC is made by modern methods and according to strict regulations as to proportions of certain grapes, and is grown within a clearly defined area.

AUTUMN LEAVES ON GRAPE VINES, ORVIETO

You can buy it dry, **secco**, or sweet, **abboccato**, and the wine bottled for shipment abroad is of a consistent quality. In and around Orvieto itself you can have a fascinating time going from bar to bar, and from restaurant to restaurant, discovering the different qualities of wine, according to which vineyard the proprietor buys from or, in some cases, even owns. You can also drink the wine **spaccato**, half dry, half sweet, and when it's very young – which it normally will be   it will fizz like a sparkling wine when poured. It isn't too difficult to understand why the popes approved!

Prova un po'

1

Try asking people whether the following goods they're offering are home-made:

1 il pane
2 gelati
3 ravioli
4 le tagliatelle

Now try to find out if the following items are hand-made:

5 la ceramica
6 i piatti
7 i giocattoli

2

Can you complete the following sentences, using the appropriate form of the verbs given in brackets?

1 I vini italiani sono *(vendere)*_ non solo in Italia ma anche all'estero.
2 Sono *(conoscere)*____in Gran Bretagna, dove sono molto *(apprezzare)*_____.
3 Un buon vino rosso può essere *(lasciare)*_____invecchiare per qualche anno; i vini bianchi, invece, vanno *(bere)*_____giovani.
4 Il vino bianco va *(servire)* ___ fresco e va *(bere)* _____con il pesce, il pollo ed altre carni bianche, come il vitello.
5 I vini rossi, invece, vanno *(servire)* _____ a temperatura ambiente e sono *(consigliare)*_____con le carni rosse, come il manzo.
6 I vini di qualità vengono *(imbottigliare)* _____dalle case produttrici.

3

You're in the countryside sampling the local wine. Listen and play your part in the conversation.

4

You're in a restaurant in Orvieto with a couple of friends, and decide to ask the wine waiter for some information about the local wines.

CAMERIERE: **Allora, cosa prendono da bere?**

YOU: *(Ask him if he's got a red wine from the region)*

CAMERIERE: **Certo. Ma siamo a Orvieto, signore. Abbiamo i nostri famosissimi vini bianchi!**

YOU: *(Say fine and ask if it's dry)*

CAMERIERE: **Ci sono due tipi, il classico secco e il classico abboccato.**

YOU: *(Ask him why 'classic')*

CAMERIERE: **Classico vuol dire che il vino viene prodotto in certe zone limitate della nostra regione.**

YOU: *(And ask him if the classic Orvieto is drunk young)*

CAMERIERE: **Sì, sì. Il nostro vino bianco va bevuto molto giovane, massimo due anni. Allora, una bottiglia?**

YOU: *(Tell him yes, but you don't know if you'll have the dry or the sweet)*

CAMERIERE: **Allora, sono ottimi tutti e due. Come aperitivo consiglio l'abboccato. Il secco invece va bevuto con il pesce, le carni bianche ...**

YOU: *(Very good. Say you'll have half a bottle of sweet straight away)*

CAMERIERE: **Benissimo ...**

YOU: *(And then a bottle of dry)*

CAMERIERE: **Perfetto, signori! E buon appetito!**

5

Una serata tipica. Can you say how you spend your evenings after work? Here's a list of activities you could choose from:

lavorare fino alle sei
prendere l'autobus/ il treno
tornare a casa
andare ai negozi
comprare un po' di vino
andare in palestra
fare del giardinaggio

giocare a tennis/ a calcio
prendere l'aperitivo con gli amici
andare al cinema/ a un bar
mangiare fuori/ con la famiglia
guardare la TV
navigare su Internet
andare a letto

You can join up your phrases with: generalmente, di solito, qualche volta, poi, allora, dopo di che etc.

14 Cosa ha fatto?

Talking about what you've been doing

1 🎧

Gianna and Lucia are doing a survey in Vicenza on people's shopping habits. Gianna stops a man who's just come out of a supermarket.

GIANNA: **Scusi, signore, lei ha fatto la spesa, vedo. Che cosa ha comprato?**

SIGNORE: **Ho comprato un po' di tutto. Dal detersivo all frutta, allo zucchero, alle bibite, al latte.**

GIANNA: **Ha comprato vino?**

SIGNORE: **No, vino niente.**

GIANNA: **Olio?**

SIGNORE: **Olio nemmeno.**

GIANNA: **Verdura?**

SIGNORE: **Verdura neanche.**

GIANNA: **Ha comprato tutto al supermercato?**

SIGNORE: **Tutto qua, tutto al supermercato.**

lei ha fatto la spesa, vedo you've done the shopping, I see
Che cosa ha comprato? What have you bought?
Ho comprato un po' di tutto. I've bought a bit of everything.
vino niente no wine
olio nemmeno nor oil
verdura neanche not even vegetables

To say you did, or have done, something:

Ho	fatto la spesa.
	comprato un po' di tutto.
	speso circa tredici euro.

2 🎧

Lucia spots a young man carrying shopping bags.

LUCIA: **Scusa, hai fatto la spesa oggi?**

GIOVANE: **Sì, ho fatto la spesa.**

LUCIA: **Che cosa hai comprato?**

GIOVANE: **Della pasta, del pane...**

LUCIA: **E l'olio?**

GIOVANE: **No, l'olio, no. Del burro, della panna...**

LUCIA: **Hai comprato la frutta?**

GIOVANE: **Sì, ho comprato dei pompelmi.**

LUCIA: **Hai comprato della verdura?**

GIOVANE: **No, la verdura non l'ho ancora comprata.**

LUCIA: **E quanto hai speso in tutto?**

GIOVANE: **Ho speso... circa tredici euro.**

Ho comprato dei pompelmi. I've bought some grapefruit
La verdura non l'ho ancora comprata. I haven't bought the vegetables yet

3

Then she meets a woman who looks as if she's been stocking up for several weeks ahead.

LUCIA: **Signora, scusi, lei ha fatto una grossa spesa, vedo. Che cosa ha comprato?**

SIGNORA: **Sono andata dal macellaio e ho comprato della carne per metterla nel congelatore. E quindi ho comprato vari pezzi di varie qualità.**

LUCIA: **Che cosa, per esempio? Che carne?**

SIGNORA: **Ho comprato, per esempio, delle fette di tacchino, dei petti di pollo, del manzo, del salame e dal reparto surgelati ho preso del pesce e dei piselli surgelati.**

LUCIA: **Ha comprato l'olio?**

SIGNORA: **No. Oggi non ho comprato l'olio. Sono andata invece dal panettiere e ho comprato del pane, e anche una torta.**

LUCIA: **E verdura fresca?**

SIGNORA: **No, oggi non ho comprato verdura fresca perché...**

LUCIA: **Ne ha già in casa?**

SIGNORA: **Sì, infatti ne ho ancora.**

Sono andata dal macellaio. I've been to the butcher's.
delle fette di tacchino turkey slices
dal reparto surgelati from the frozen food section
Ne ha già in casa? Have you already got some at home?
ne ho ancora I've still got some

To say you've been somewhere:

Sono	andata	al supermercato.
	andato	dal macellaio.

4

There are many cooperatives in the area around Orvieto. One of them is a cattle farm producing milk and veal. The hardworking president is Fernando Graziani.

ANNA: **Signor Graziani, ha fondato lei questa cooperativa?**

SIG. GRAZIANI: **Be', dire che l'ho fondata io, no. Diciamo che siamo un gruppo di coltivatori che abbiamo fondato la cooperativa.**

ANNA: **In quanti siete?**

SIG. GRAZIANI: **Alla fondazione, siamo partiti in nove; oggi siamo quarantasette.**

ANNA: **E siete tutti agricoltori?**

SIG. GRAZIANI: **Tutti agricoltori, sì.**

dire che to say that
diciamo che siamo let's say we are
In quanti siete? How many of you are there?
siamo partiti in nove there were nine of us to start with

5

The fishermen on Lake Corbara got together as a cooperative some years ago because they realised that individually they could not survive. They still have a small but flourishing business.

ANNA: **In quanti siete nella cooperativa?**

SIG. PETROCCHI: **Dieci circa.**

ANNA: **E c'è del buon pesce qui nel lago?**

SIG. PETROCCHI: **Be', pesce d'acqua dolce e ci stanno delle specie pure buone.**

ANNA: **Pescate tutti i giorni?**

SIG. PETROCCHI: **No; lunedì, martedì, mercoledì e giovedì.**

ANNA: **E poi fate riposo?**

SIG. PETROCCHI: **Riposo, sì.**

ANNA: **Perché avete fondato una coooperativa?**

SIG. PETROCCHI: **Perché è un lavoro che da soli non si fa.**

ANNA: **Non è abbastanza?**

SIG. PETROCCHI: **Non è abbastanza, no. Si lavora male, si fatica molto e rende poco.**

ci stanno delle specie pure buone there are some quite good ones
che da soli non si fa that you can't do on your own
si lavora male you can't work properly
si fatica molto e rende poco it's very tiring and there's little return

6

A group of mostly young people run a cooperative to provide guided tours, help in the work of the local tourist office and teach English. President of this cooperative is Silverio Lupi.

ANNA: **Da quanti anni abiti qui a Orvieto?**

SILVERIO: **Solo da un anno.**

ANNA: **Ma dove hai imparato l'inglese?**

SILVERIO: **In Canada, dove sono stato per tredici anni.**

ANNA: **Perché sei andato in Canada?**

SILVERIO: **Ma... per lavoro e per studio.**

ANNA: **Dove hai studiato?**

SILVERIO: **A London, Ontario.**

ANNA: **Ontario. E quando sei tornato in Italia?**

SILVERIO: **L'anno scorso.**

ANNA: **E sei venuto a vivere qui?**

SILVERIO: **Qui vicino, in un paese che si chiama Fabro.**

ANNA: **E tu e tua moglie insegnate l'inglese qui?**

SILVERIO: **Sì.**

ANNA: **Quanti studenti avete?**

SILVERIO: **L'anno scorso ne abbiamo avuti quarantadue. Quest'anno speriamo di più.**

ANNA: **Perché vogliono tutti imparare l'inglese?**

SILVERIO: **In generale, qui in Orvieto, c'è una necessità perché appunto ci sono molti turisti e l'economia è legata al turismo. In più c'è un interesse vero e proprio a scopo culturale e un interesse generale a sapere l'inglese.**

dove sono stato where I lived
l'anno scorso ne abbiamo avuti last year we had
speriamo di più we're hoping for more

Andare + a, da, in…. Sono andato, -a… means 'I've been to…', 'I went to…'
Use a for the name of a town:

Sono andato	a Roma.
	a Glasgow.
	a Londra.

Use da for the home or shop of a particular person:

Sono andato	da Giovanni.
	da Maria.
	dal medico.
	dal macellaio.

Use in for an area or country or large island:

sono andato	in Umbria, in Toscana, in Sardegna
	in Italia, in Scozia
	in centro, in campagna, in montagna

With establishments, workplaces, etc, it varies between a and in:

sono andato	in banca, in farmacia, in palestra
	in ufficio, in fabbrica
	a scuola, all'ufficio postale, al cinema

TWO FOR THE PRICE OF ONE

L'anno passato, l'altr'anno and l'anno scorso all mean 'last year'.
Ci sono, vi sono and ci stanno all mean 'there are'; ci sono is the more usual.

Vita Italiana

COOPERATIVE

There are many cooperatives in Italy, and part of the reason for this is ideological. By law, a cooperative must be non profit-making, the aim being to provide a social service. Any surpluses must therefore be ploughed back to improve the service and reduce the cost to the public. However, in an economy which is mainly agricultural, there are additional reasons. Many activities are simply not viable unless carried out by a group of people. The fishermen of Lake Corbara are an instance of this, and on a larger scale, the cooperative cattle farm near Orvieto is the result of local farmers realising that raising the odd head of cattle individually was totally uneconomical.

There are many other cooperatives, involving builders, craftsmen, and architects. State subsidies, grants and low interest loans are available to help with these enterprises. Several cooperatives have also been formed to provide employment for young people, for whom there is a further subsidy.

ORVIETO AS A TOURIST CENTRE

ORVIETO COME CENTRO TURISTICO

Orvieto is a good base for exploring the whole of Umbria, much of Southern Tuscany and Northern Latium.

In Umbria itself there's Perugia, the capital city of the region; there are the lovely towns of Gubbio and Spoleto and of course there's Assisi, with its great **Basilica di San Francesco**. Not to be missed, on the road between Spoleto and Assisi, are the attractive little towns of Trevi and Spello.

Siena is within reach of Orvieto, though you'd probably need more than a day to do it justice. An interesting excursion, however, would be to take the Via Cassia north out of Bolsena and turn off at San Quirico for Pienza. This is a fascinating town, built in early Renaissance times on the orders of Pope Pius II. It's one of the earliest and most perfect examples of Renaissance town planning, and well worth a visit.

MARIO: **Ho fatto un corso di spagnolo all' università, dopo di che ho lavorato per una casa editrice per sei mesi.**

YOU: *(Say that's interesting, then ask him what he's doing now.)*

MARIO: **Sono ancora di vacanza ma... vorrei fare il giornalista. Ho scritto alla sede principale di un giornale a Milano.**

15 Sono stato a...

Saying where you've been

1

In Venice, Gianna and Lucia interview people strolling around Piazza San Marco. They want to know why they are visiting Venice and what other Italian cities they have been to. First an elderly man, who turns out to be Venetian.

GIANNA: Scusi, signore, lei è di Venezia?

VECCHIETTO: Di Venezia. So' nato a Venezia.

GIANNA: E è sempre vissuto a Venezia?

VECCHIETTO: Sempre vissuto a Venezia.

GIANNA: Quali altre città d'Italia conosce?

VECCHIETTO: So' stato a Roma, so' stato a Milano, so' stato a Novara, Torino, Firenze, Pescara...

GIANNA: Ha viaggiato molto, allora?

VECCHIETTO: Sì.

GIANNA: Quale città d'Italia preferisce? Quale città le è piaciuta di più?

VECCHIETTO: Io sono nato a Venezia e Venezia mi piace molto di più di tutte le altre città d'Italia. *(laughs)*

GIANNA: Senta, lei quanti anni ha, scusi?

VECCHIETTO: Ottanta.

GIANNA: Ah, complimenti! Li porta molto bene. Grazie.

VECCHIETTO: Grazie. *(laughs)*

so' nato = sono nato I was born
so' stato = sono stato I've been
È sempre vissuto...? Have you always lived...?
Quale città le è piaciuta di più Which town did you like best?
Quanti anni ha? How old are you?
Li porta molto bene. You don't look it. (lit you carry your years very lightly)

2

Lucia meets a student of Art History, and asks her where she's from.

LUCIA: Scusa, sei di Venezia?

LAURA: No, non sono di Venezia, sono di Padova.

LUCIA: È la prima volta che vieni qui?

LAURA: No, sono venuta qui per la prima volta l'anno scorso.

LUCIA: E sei venuta qui per visitare la città o per qualche mostra?

LAURA: Sono venuta qui per visitare l'Accademia.

LUCIA: Ti è piaciuta?

LAURA: Mi ha molto interessata. Studio storia dell'arte.

LUCIA: Che cosa hai visto di bello, di particolare?

LAURA: Diversi pittori, ma sopratutto quadri di Tintoretto e Tiziano.

LUCIA: Hai visitato il Palazzo Ducale?

LAURA: Oggi, no. L'ho visitato l'anno scorso.

LUCIA: Sei venuta da sola o con amici?

LAURA: No, sono venuta con una mia amica tedesca. Siamo arrivate questa mattina.

LUCIA: Senti, conosci qualche altra città italiana?

LAURA: Conosco alcune città del nord abbastanza bene: Padova, dove sono nata e dove abito, Torino, e anche Bologna dove abitano i miei nonni...

LUCIA: Conosci alcune città del sud?

LAURA: Due anni fa sono stata in Calabria, e poi ho visitato la Sicilia in vacanza... ma no, veramente non conosco bene il sud.

LUCIA: Hai visitato Capri?

LAURA: No, non ci sono mai stata.

LUCIA: E qual è la città italiana che preferisci?

LAURA: Be'... mi piace molto Padova, che è la mia città, ma credo di preferire Venezia perché è una città molto calma, senza automobili, dove si può camminare, con un ricco patrimonio artistico... sì, è la città che mi piace di più.

È la prima volta che vieni? Is it the first time you've come?

qualche mostra some exhibition

Ti è piaciuta? Did you like it?

mi ha molto interessata it was very interesting

Che cosa hai visto di bello? Seen anything nice?

Conosci...? Conosco... Do you know...? I know...

due anni fa two years ago

non ci sono mai stata I've never been there

Preferisci...? Preferisco... Do you prefer...? I prefer...

si può camminare one can walk around

mi piace, mi piace di più I like it, I like it best

GONDOLAS ON THE GRAND CANAL, VENICE

3

Next Gianna meets a man who is in Venice for a sentimental reason.

GIANNA: Scusi, lei è di Venezia?

SIGNORE: No, sono di Firenze, sono in viaggio..., direi, quasi di nozze, perché è il ventiseiesimo anniversario del nostro matrimonio.

GIANNA: Oh, complimenti! Eh, senta, è la prima volta che lei viene a Venezia?

SIGNORE: No, veniamo tutti gli anni per ricordare il giorno che ci siamo sposati.

GIANNA: E che cosa ha visitato qui in città?

SIGNORE: La solita visita turistica: San Marco, abbiamo visto la Chiesa dei Frari, la Chiesa della Madonna della Salute, Rialto...

GIANNA: Ed è stato a Murano?

SIGNORE: No, non sono stato a Murano.

GIANNA: Dove ha mangiato qui a Venezia?

SIGNORE: Ho mangiato in alcune trattorie tipiche veneziane.

GIANNA: Che cos' ha mangiato di buono?

SIGNORE: Be', le specialità veneziane: risi e bisi.

GIANNA: È stato trattato bene, comunque?

SIGNORE: Non tanto, non tanto. *(laughter)* I veneziani hanno una particolare predilezione per il turismo. Quando vedono un turista aumentano il conto!

GIANNA: Sì. Senta, lei ha visto Vicenza?

SIGNORE: Ci sono solo passato. La conosco però.

GIANNA: Sì. Ha visto qualche altra città venendo da Firenze?

SIGNORE: No, questo è... è un viaggio di ricordi.

GIANNA: Ma altre volte ha visitato altre città italiane?

SIGNORE: Be', l'Italia la conosco molto bene. Sono stato a Roma, sono stato a Napoli, sono stato a Genova.

GIANNA: Qual è la città che le è piaciuta di più?

SIGNORE: Venezia, come prima, e Firenze perché è la mia città ed è una bellissima città.

GIANNA: Grazie.

sono in viaggio, direi, quasi di nozze I'm almost, sort of on my honeymoon
il giorno che ci siamo sposati the day we got married
Che cos'ha mangiato di buono? Had anything nice to eat?
È stato trattato bene? Have you been treated well?
ci sono solo passato I've only been through it
venendo da Firenze on the journey from Florence

4

Anna went to visit an old people's home near Orvieto. It's a charitable institution. Signora Conticelli, a local primary school teacher and honorary president of the trust, explains where the residents come from and who pays for them.

ANNA: La casa adesso è completa? C'è una lista d'attesa?

SIG.RA CONTICELLI: Sì, in questo... ecco, a tutt'oggi c'è una lista d'attesa di trenta persone.

ANNA: E queste persone sono tutte di qui, della zona?

SIG.RA CONTICELLI: Sì, di Orvieto e del circondario di Orvieto.

ANNA: E chi paga per loro?

SIG.RA CONTICELLI: Ogni ospitato, ogni ospite, paga i due terzi della pensione e il resto è integrato dal comune di appartenenza – soprattutto è il comune di Orvieto.

> **a tutt'oggi** up till now
> **una lista d'attesa** a waiting list
> **ogni ospite** every guest, resident
> **è integrato dal comune di appartenenza** is made up by their local authority

5

And Sister Giuseppina describes how a typical day might begin when the residents get up in the morning.

SUOR GIUSEPPINA:	**Si alzano al mattino... Però hanno un orario libero, non si alzano tutti alla stessa ora. Bisogna aiutarli, una parte di questi ospiti, a vestirsi, a allacciarsi le scarpe, lavarsi, tutto quanto. Altri invece, alcuni, che sono pochi, fanno anche per conto suo, però bisogna sempre osservarli perché magari mettono la camicia a rovescio, oppure mettono due cravatte come alcuni hanno fatto, ecco!**
ANNA:	**E dopo di questo?**
SUOR GIUSEPPINA:	**Dopo di questo si... fanno la loro colazione alle otto, poi sono liberi; chi va in giardino, chi va a fare la sua passeggiata...**

si alzano they get up
bisogna aiutarli... one has to help them...
vestirsi to get dressed
allacciarsi le scarpe to tie up their shoe laces
lavarsi to wash (oneself)
che sono pochi but not many
fanno anche per conto suo manage on their own
(= per conto loro)
a rovescio inside out
chi va... some go ...
a fare la sua passeggiata to take their walk

BRIDGE SPANNING
A CANAL, VENICE

Allora...

VOCABOLARIETTO

la mostra	l'anniversario	camminare	bisogna
il sud	il viaggio di nozze	fare una	avere bisogno di...
il nord	il viaggio	passeggiata	aiutare
preferire	la camicia	visitare	completo
interessare	la cravatta	viaggiare	ricco
credere	alzarsi	conoscere	calmo
sposarsi	lavarsi	il ricordo	spesso
il matrimonio	vestirsi	ricordare	

TALKING ABOUT WHERE YOU'VE BEEN

To tell people about your travels, you can say you've visited...:
Ho visitato Firenze.

Or that you've been to...:

Sono	stato	a Firenze.
	stata	

You can also say that you know...:
Conosco Firenze.

To say that you've never been to...:

Non sono mai	stato	a Venezia.
	stata	

And you can use mai on its own:
Ha visitato Venezia? Mai!

If people ask you if you've been to a certain place, you can avoid repeating the name by using ci, there:

Lei è	stato	a Venezia?
	stata	

No, non ci sono mai	stato.
	stata.

SAYING WHERE YOU WERE BORN

To tell someone where you were born:

Sono	nato	a Oxford.
	nata	

Want to know more?
For more about the perfect tense, see Grammatica 53, 54, 63, 64, 67.

REFLEXIVE VERBS

To say 'I get up', e.g. at seven:

(Io) mi alzo alle sette.

To ask someone else when he or she gets up:

A che ora si alza?

Many verbs in Italian are used with the extra words mi, si, etc., and you'll recognise them in dictionaries because they are given as alzarsi, lavarsi, divertirsi, vestirsi, chiamarsi, and so on. A lot of them convey the idea of doing something to oneself.

alzarsi to get up	
mi alzo	ci alziamo
ti alzi	vi alzate
si alza	si alzano

To say 'I got up', e.g. at seven:

Mi sono	alzato	alle sette.	(if you're male)
	alzata		(if you're female)

When talking about the past, these verbs are used with essere and the endings of words like alzato change according to who is being referred to.

mi sono alzato, -a	ci siamo alzati, -e
ti sei alzato, -a	vi siete alzati, -e
si è alzato, -a	si sono alzati, -e

LEARN A VERB A WEEK

fare (fatto) to do, to make	
faccio	facciamo
fai	fate
fa	fanno

Want to know more? See Grammatica 17; 37; 40, 41; 49; 61; 79; 84 .

PAROLE E USANZE

Un amico, due amici. Amico doesn't follow the rule in the plural (see Grammatica 22), though amica does: un'amica, due amiche.

The same thing goes for all adjectives ending in –ico, like artistico, simpatico, tipico:

| In questa città ci sono | molti ristoranti tipici. |
| | molte trattorie tipiche. |

Città, specialità: words that end in an accented vowel don't change in the plural: due città famose; le specialità tipiche della regione; tre caffè, per favore. The same applies to words that end with a consonant: un bar, due bar; i pullman che vanno a Padova.

Sapere and conoscere both mean 'to know', but they're not interchangeable. Sapere means to know something:
So dov'è il ristorante ma non so se fanno delle specialità veneziane.

Conoscere is to know a person or place:
Conosco Giovanni ma non conosco sua moglie.
Conosco l'Italia molto bene, ma la Francia no.

EXPRESSIONS WITH FARE

Fare, to do, to make, turns up in a number of useful expressions:

fare la spesa to do the shopping
fare il biglietto to buy your ticket
fare riposo to have a rest
fare colazione to have breakfast
fare la valigia to pack your bags
fare benzina to get some petrol
fare un bagno to have a bath, go for a swim

TWO FOR THE PRICE OF ONE

Macchina and automobile both mean 'car'. Macchina is the more usual.

Stesso means 'same' when it comes before the word it applies to: la stessa cosa; la stessa ora; lo stesso treno. When it is after it means self or selves: io stesso, I myself; loro stessi, -e, they themselves.

In these sentences, ci means there:

Ha visto Vicenza? Sì, ci sono stata due volte.
Cosa c'è da vedere? Ci sono molte cose interessanti...

But it can also mean us: Ci può dare la ricetta?

It can mean ourselves: Ci alziamo sempre alle sette.

And it can mean each other: Il giorno che ci siamo sposati...

Vita Italiana

VENEZIA

Nobody who goes to Venice can fail to be struck by the city's unique character and beauty. It is an extraordinarily romantic town, with canals for streets, bridges everywhere and delightful small squares and courtyards.

There are boats instead of buses, motorboats instead of taxis and gondolas for leisurely, if expensive, sightseeing. And as if the town itself didn't have enough to offer, it's surrounded by a necklace of smaller islands, each with its

VENEZIA FROM ABOVE

own special attraction: glass in Murano, mosaics in Torcello, lace in Burano. And there's the Lido with its beaches and luxury hotels. The very word 'lido' is originally Venetian.

The survival of the city is, as we all know, at risk. Besides being extremely expensive, the task of protecting its beaches from erosion and its ancient buildings from repeated flooding is a challenging one, both in scientific and logistical terms. Some measures have been taken, but it is difficult to predict whether they will be effective in the long term. However, Venice remains lively and thriving: it has a respected university, one of the best carnivals in the world and, once a year, an international film festival.

SPECIALITÀ VENEZIANE

A number of local dishes from Venice and its region (which includes Vicenza) are well known all over Italy. They include:

Risi e bisi: rice and peas cooked in butter with ham, onions and parmesan.

Fegato alla veneziana: a famous dish, consisting of calves' liver, thinly sliced and fried with onion in butter.

Baccalà alla vicentina: salt cod simmered in milk with onion, garlic and anchovies.

Polenta: ground maize cooked in salt water to the consistency of a stiff porridge. It's eaten with a variety of dishes made with lentils, mushrooms, sausages, game, etc.

Prova un po'

1

The following passages decribe two couples' short breaks in different Italian cities. Can you fill the gaps with the correct forms of the verbs in brackets?

1 Stefano e Giulia sono stati a Firenze per tre giorni. Che cosa hanno visto in così poco tempo? Ci parla Stefano:

Ci siamo divertiti molto! In tre giorni (visitare)_____ _____ il Duomo, il Palazzo Vecchio, il Palazzo Pitti, la Galleria degli Uffizi, il Museo Nazionale, la Galleria dell'Accademia. (vedere)_____ _____ chiese e palazzi vari e (camminare)_____ per tutta la città. (andare)_____ anche a San Miniato e a Fiesole.
Poi (comprare)_ _____ due belle stampe antiche di Firenze e (spendere) _____ _____ veramente poco. Firenze non è cara se sai dove andare! (tornare)_____ ieri sera, stanchi morti. Questa mattina io mi (alzarsi)_____ _____ _____ alle sette e (andare)_____ _____ a lavorare, ma Giulia (dormire)_____ fino alle nove. (arrivare)_____in ufficio con un po' di ritardo!

2 Anna e Silvia sono state a Napoli per tre giorni. *(visitare)*_____ la città, il Museo Nazionale, la Pinacoteca, Capodimonte, e *(vedere)*_____ anche il Vesuvio. *(camminato)*_____ moltissimo! Poi *(andare)*_____ a Pompei e a Capri. *(comprare)*_____ della ceramica da portare a casa e non *(spendere)*_____molto. Sono state abbastanza fortunate! *(tornare)*_____ ieri sera, molto stanche e stamattina Silvia si *(alzarsi)*_____ alle otto ed *(andare)*_____ a lavorare. Anna invece *(dormire)*_____ fino alle undici. *(arrivare)*_____in ufficio dopo pranzo.

2

Here's a conversation between two young men, Silvio and Marco, about a party that took place last night.

MARCO: **Senti, ma Pia è venuta?**

SILVIO: **Sì, sì, è venuta ma è rimasta soltanto mezz'ora e poi è andata via.**

MARCO: **Perché?**

SILVIO: **Ah, non lo so. Non ha detto niente. Almeno con me non ha parlato.**

MARCO: **E Angela?**

SILVIO: **Angela è venuta con Paolo. Sono arrivati insieme verso le otto. Sono stati inseparabili tutta la sera. Non hanno parlato con nessuno!**

MARCO: **E Giulio, cos'ha detto quando li ha visti insieme?**

SILVIO: **Niente. È venuto con Gianna, hanno ballato un po' e sono andati via verso le nove, le nove e mezzo.**

MARCO: **E Giancarlo? Ha portato una ragazza?**

SILVIO: **No, Giancarlo è arrivato da solo, ma poi ha cominciato a parlare con quella ragazza di Verona, non mi ricordo come si chiama. Deve aver fatto colpo perché più tardi la veronese mi ha chiesto se lo vedo spesso e se esce con qualche altra.**

MARCO: **E lui?**

SILVIO: **Mah, lui veramente non so, ha detto poco. Ha detto soltanto che è carina ma preferisce le bionde!**

MARCO: **E cos'avete fatto tutti!**

SILVIO: **Ma abbiamo bevuto, chiacchierato, ballato... Dopo siamo andati tutti in giardino, abbiamo mangiato qualcosa, abbiamo ballato ancora un po'...**

MARCO: **Vi siete divertiti, allora!**

SILVIO: **Abbastanza.**

Now say which of these statements are vero and which are falso.

1 Pia è venuta da sola ma è andata via con Angela.
2 Angela e Paolo sono arrivati verso le otto.
3 Gianna e Giulio sono rimasti fino a tardi.
4 Giancarlo non ha parlato con nessuno.
5 Ha detto che preferisce le bionde.
6 Tutti si sono divertiti.

3

Read the conversation in Activity 2 again and pick out how you would say the following in Italian:

1 She didn't say anything.
2 They didn't talk to anybody.
3 I can't remember her name.
4 He must have made a hit.
5 He said very little.
6 We drank, we chatted, we danced...

4

You've come to a campsite on your own, but it hasn't taken you long to get to know people. Here's a brief run down of what's happened so far. When you've read it through, try answering the questions that follow, in Italian this time. Don't make your answers too short, but try to turn the whole thing into a conversation.

Oggi è giovedì e sei qui da due giorni. Appena arrivato incontri Enrico e Antonella. La sera stessa vai con loro al cinema. Tornate dopo mezzanotte. La mattina dopo ti alzi presto e vai a fare la spesa. Compri del pane, burro e latte fresco per la colazione. Antonella prepara il caffè – ottimo! Poi, in spiaggia, incontri due ragazze molto simpatiche, Iole e Valeria. Passi tutta la giornata con loro. Per pranzo compri delle pizze e una bottiglia di vino alla pizzeria qui vicino, e mangiate in spiaggia. Più tardi, da Roma, arriva Giorgio, l'amico di Valeria. La sera mangiate tutti insieme alla Trattoria dei Pescatori: spaghetti alle vongole, pesce con insalata e frutta fresca. E bevete molto vino, naturalmente, un buon vino locale. Stamattina dormi fino alle undici!

1 Da quanti giorni sei qui?
2 Che giorno sei arrivato?
3 Dove sei andato la prima sera?
4 Sei andato da solo?
5 Siete tornati presto?
6 E ieri mattina, cos'hai fatto?
7 Cos'hai comprato?
8 Hai preparato tu il caffè?
9 È buono il caffè di Antonella?
10 Chi hai conosciuto ancora?
11 Dove le hai incontrate?
12 Siete stati in spiaggia tutto il giorno?
13 Avete mangiato alla tavola calda del camping?
14 Hai conosciuto Giorgio?
15 E poi la sera, cos'avete fatto?
16 Cos'avete mangiato di buono?
17 E come vino?
18 Ti sei alzato presto stamattina, come ieri?

5

Practise talking about where you've been in Italy. Listen to the prompts and play your part.

6

You're on a beach in Santa Marinella, a seaside resort not far from Rome. There's a young couple sitting near you and the woman gets up and comes over to talk to you. Can you play your part in the conversation?

SIGNORA: **Scusi, lei non è italiana, vero?**
YOU: *(Say no, you're English.)*
SIGNORA: **Ma parla l'italiano benissimo! Viene qui a Santa Marinella ogni anno?**
YOU: *(Say no, this is the first time.)*
SIGNORA: **Le piace?**
YOU: *(Very much indeed)*
SIGNORA: **Lei è qui da sola?**
YOU: *(Tell her no, you're with your husband...)*
SIGNORA: **Ah!**
YOU: *(...but he's gone to buy an ice cream, un gelato.)*
SIGNORA: **Ho capito. Lei conosce molto bene l'Italia?**
YOU: *(As a girl, da ragazza, you visited Florence with the school.)*
SIGNORA: **Firenze, che bella città! Conosce anche Roma?**
YOU: *(Say no, you don't know it. You're now talking for both your husband and yourself: tell her you arrived last night at Fiumicino...)*
SIGNORA: **Ah, all'aeroporto! Ho capito.**
YOU: *(...and from there you came here by car.)*
SIGNORA: **Ah, ma dovete vedere Roma! Noi siamo di Roma, sa?**
YOU: *(Tell her your husband came to Rome last year.)*
SIGNORA: **Ah, per lavoro?**
YOU: *(No, on holiday.)*
SIGNORA: **Da solo?**
YOU: *(No, he came with a (male) friend.)*
SIGNORA: **E lei è rimasta a casa in Inghilterra?**
YOU: *(Say no, you went to Scotland with a girl friend)*
SIGNORA: **Davvero?**
(Your husband arrives with the ice cream.)
YOU: **Thank you, darling!** *(Now say to the lady: 'this is Rob'.)*
SIGNORA: **Buongiorno! Piacere!** *(they shake hands)* **Sua moglie parla molto bene l'italiano.**
YOU: *(Tell her Rob doesn't speak Italian.)*
SIGNORA: **Ho capito...!**
YOU: *(Again you talk for both of you: tell her you got married last week.)*
SIGNORA: **Ah, siete in viaggio di nozze, allora! Complimenti! Paolo, vieni qua. Anche questi signori sono in viaggio di nozze! Sentite, andiamo a prendere l'aperitivo tutti insieme. Qui bisogna festeggiare! Io mi chiamo Adriana...**

16 Ripassiamo un po'

Revision 4

1

You should now be able to buy clothes and give quite a lot of information about what you want. Here's Maddalena buying a shirt in a boutique. She and Antonella, the sales assistant, are friends and so they use tu.

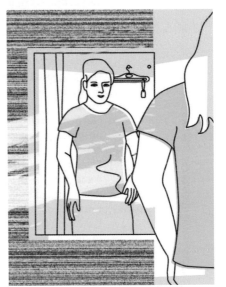

ANTONELLA: Ciao, Maddalena.

MADDALENA: Oh, ciao, Antonella.

ANTONELLA: Dimmi.

MADDALENA: Posso vedere quella camicia in vetrina?

ANTONELLA: Quale?

MADDALENA: Quella gialla.

ANTONELLA: Sì. *(getting one off the shelf)* Questa?

MADDALENA: Sì, questa.

ANTONELLA: La misura?

MADDALENA: Una quaranta.

ANTONELLA: Una quaranta. *(fetching the right size)* Eccola.

MADDALENA: È cotone?

ANTONELLA: Sì, cento per cento cotone.

MADDALENA: Mi piace. Posso provarla?

ANTONELLA: Certo! Il camerino è là *(Maddalena goes off to try the shirt and returns)*

MADDALENA: Mi piace, ma è troppo piccola.

ANTONELLA: Abbiamo la quarantadue.

MADDALENA: Oh, va bene.

ANTONELLA: Vuoi provarla?

MADDALENA: No, no, va bene. La prendo.

ANTONELLA: *(getting a size 42)* Eccola.

MADDALENA: Me la puoi incartare?

ANTONELLA: Certo. Ecco.

MADDALENA: Grazie.

ANTONELLA: Prego.

Dimmi. What would you like? (tell me)
Vuoi provarla? Do you want to try it on?
Me la puoi incartare? Can you wrap it up for me?

2

You should also be able to tell people what you've been doing. Here's Grazia, a friend of Gianna's, talking about how she and her husband spent last Sunday.

GIANNA: Grazia, come hai passato la domenica?

GRAZIA: Questa domenica sono stata a Venezia con Luciano e alcuni nostri amici.

GIANNA:	Sei andata in treno o in macchina?
GRAZIA:	Siamo andati in macchina fino a Venezia e lì abbiamo preso dei vaporetti.
GIANNA:	Hai trovato da parcheggiare?
GRAZIA:	Sì. Abbiamo trovato da parcheggiare abbastanza in fretta.
GIANNA:	È così difficile!
GRAZIA:	Ma siamo stati fortunati.
GIANNA:	E poi che cosa avete visto di bello?
GRAZIA:	Intanto abbiamo visto diverse chiese e ci siamo fermati in Piazza San Marco. Abbiamo passeggiato a lungo attraversando vari ponti, no? tipici di Venezia, e poi ci siamo fermati a fare colazione.
GIANNA:	Dove?
GRAZIA:	In una trattoria nuova, molto rustica. Abbiamo mangiato del pesce, naturalmente.
GIANNA:	Avete pagato tanto? È così cara Venezia!
GRAZIA:	Tantissimo! Tantissimo! Veramente!
GIANNA:	Nel pomeriggio?
GRAZIA:	Nel pomeriggio siamo tornati a Mestre e ci siamo fermati da un antiquario.
GIANNA:	Avete comprato qualche cosa?
GRAZIA:	No, non abbiamo comprato niente.
GIANNA:	A che ora siete ritornati?
GRAZIA:	Siamo tornati incirca... verso le sei di sera.
GIANNA:	E avete cenato a casa?
GRAZIA:	E abbiamo cenato a casa, sì.
GIANNA:	Vi siete divertiti?
GRAZIA:	Ci siamo divertiti. Abbiamo passato una bella giornata.

Sei andata in treno? Did you go by train?
abbiamo preso il vaporetto we took the ferry
Hai trovato da parcheggiare? Did you find somewhere to park?
abbiamo visto diverse chiese we saw various churches
ci siamo fermati we stopped
abbiamo passeggiato we walked
siamo tornati we came back
ci siamo divertiti we enjoyed ourselves

3

Lucia asks a friend, Tommaso, how he spent the weekend. He's been to his house in the Alps with his family and two guests.

LUCIA:	Tommaso, che cosa hai fatto di bello questo fine settimana?
TOMMASO:	Mi sono riposato e divertito.
LUCIA:	Dove?
TOMMASO:	In montagna.
LUCIA:	Ah! In montagna!
TOMMASO:	Sì. Sono partito sabato e sono andato nella mia casa di montagna con la famiglia e due amici, ospiti.
LUCIA:	Che cosa avete fatto sabato sera?
TOMMASO:	Sabato sera abbiamo soprattutto fatto da mangiare.
LUCIA:	Una grande cena?

TOMMASO: Non grande, ma molto buona e preparata tutta sul camino.

LUCIA: E che cosa avete preparato?

TOMMASO: Sul caminetto abbiamo preparato una specialità di maiale e pollo, con le erbe, e li abbiamo fatti cuocere lentamente, per tre ore.

LUCIA: Oh! Tre ore!

TOMMASO: Poi abbiamo chiacchierato e bevuto.

LUCIA: Tanto, scommetto.

TOMMASO: No, no, no, no! Mi sembra che abbiamo bevuto moderatamente. Del buon vino e... una buona grappa, ma quella che basta per digerire, non per ubriacarsi.

LUCIA: A che ora siete andati a letto?

TOMMASO: Dopo mezzanotte, mi sembra. Poi alla mattina ci siamo svegliati tardi, e i miei amici e i miei familiari hanno deciso di sciare.

LUCIA: Hai sciato anche tu?

TOMMASO: Un po', ho sciato anch'io.

LUCIA: Ti sei divertito?

TOMMASO: Sì, ma mi sono anche stancato.

LUCIA: E poi a che ora siete tornati, allora?

TOMMASO: Siamo tornati... circa alle tre di pomeriggio.

LUCIA: È stato un po' faticoso questo weekend?

TOMMASO: No, assolutamente!

LUCIA: Tu hai spesso degli ospiti?

TOMMASO: Ho spesso degli ospiti perché la casa è grande, e ci si può stare in molti.

Mi sono riposato e divertito. I had a rest and enjoyed myself.
abbiamo fatto da mangiare we cooked a meal
fatti cucinare let them cook
Mi sembra (che...) I think, I believe...
quella che basta per digerire just enough to help us digest our meal
non per ubriacarsi not to get drunk
ci siamo svegliati we woke up
mi sono anche stancato I also got tired
ci si può stare in molti there's room for a lot of people

4

You've also learned how to talk about your interests and what you do in your spare time. In his spare time, Massimo is a baritone for a well-known choir, Euridice. Here he tells Lucia all about it.

LUCIA: Massimo, da quanti anni canti?

MASSIMO: Nel coro Euridice da sette anni... io però canto da quando ero bambino, da sempre, insomma.

LUCIA: E il coro Euridice?

MASSIMO: Be'... è antichissimo, è stato fondato a Bologna nel 1880. Hanno un repertorio vario: musica corale sinfonica e da camera, ma anche musica del Novecento e contemporanea.

LUCIA: Quanti coristi avete?

MASSIMO: Una quarantina, sì saranno circa quaranta.

LUCIA: Ma il canto per te è un hobby, vero?

6 Oggi non posso venire. Perché non ci | andare | domani?
| andiamo |
| andato |

7 Siamo andate al bar ma non abbiamo | trovato | gli amici.
| trovata |
| trovate |

8 Devo parlare con Gianna. | Può | telefonare da qui?
| Posso |
| Puoi |

9 Le tagliatelle vanno | servito | con molto burro.
| serviti |
| servite |

10 Il caffè, io lo | fanno | così. Tu come lo | fa?
| facciamo | | fai?
| faccio | | fate?

11 Tutti i giorni | si | alziamo alle sette.
| mi |
| ci |

12 Ma ieri | abbiamo | alzati più tardi.
| siamo |
| ci siamo |

13 Tutti questi oggetti sono | fatti | a mano.
| fatto |
| fatte |

14 Signora, scusi, lei | ha | fatto la spesa?
| è |
| viene |

15 Non ho soldi: mi | posso | prestare dieci euro?
| possiamo |
| può |

3 Check your vocabulary. Can you choose the right word from the alternatives offered?

1 Which of these is not a profession?
panettiere
macellaio
pesce
cuoco

2 You need all but one of these to go on holiday abroad. Which?
soldi
valigia
funghi
biglietto

3 And which of these ingredients would most people not put in their stew?
gelato
piselli
carne
verdura

4 One of these activities might be forbidden on market day. Which?
fare la spesa
spendere
chiacchierare
parcheggiare

5 You're unlikely to find one of these in the average shopping bag.
formaggio
detersivo
agricoltore
bibite

6 And which of these wouldn't you try to eat?
pollo
fragola
torta
tazzina

7 Which of these words would you normally not apply to wine?
giovane
abboccato
celeste
amabile

8 You probably do all of these things except one every day. Which?
lavarsi
sposarsi
vestirsi
alzarsi

9 Which of these wouldn't you put in your car?
acqua
batteria
aceto
olio

10 Which of these shouldn't you try to make at home on your own?
maglie di lana
torte alla fragola
bibite
biglietti da dieci euro

4

1 Ask someone if they can:
check the tyres
buy some stamps for you
give you the newspaper

2   Tell a shop assistant that you're looking for:
a red and blue scarf for a friend
a handbag for the wife of a friend
a shirt for yourself

3   Now ask if he's got:
a larger size
a smaller size
a less expensive shirt

4   and whether they've got:
other colours
other types
this colour but in cotton

5

1   Tell an acquaintance how you have spent your morning:
this morning you got up at eight
you had breakfast at eight thirty
you went for a lovely walk
you visited three churches

2   And your afternooon:
this afternoon you went into the town centre
you looked for a pair of shoes
you bought a shirt
you came back by bus

3   Now tell him something about your travels:
you've never been to Palermo
you've been to Florence three times
you often come to Italy
but you don't know Rome very well

Letture C

Reading passages 9–12

9. UMBRIA STORICA

Striking evidence of the long and impressive history of Italy can be found all around the country. Umbria especially has a huge amount to offer, with its Etruscan and Roman archaeological sites (see also Unit 18) and amazingly preserved medieval villages perched on the tops of hills. The Museo Archeologico Nazionale di Orvieto has a wealth of interesting information and archaeological finds relating to the area. Among them is an intriguing bronze statue of the Roman Emperor Germanicus, whose fragments have been carefully pieced together.

L'Umbria ha stretti legami con il passato e nei paesi e nelle città umbre si tengono molte interessanti fiere di antiquariato. Gli etruschi hanno lasciato numerose tracce e la campagna umbra è ricca di necropoli, tombe e altri resti di questa misteriosa e evoluta civiltà. La lingua etrusca, che non assomiglia nè al latino, nè al greco antico, non è stata completamente decifrata. Anche l'origine del popolo etrusco non è ancora del tutto certa.

A causa della vicinanza con Roma e con la cultura classica e, più tardi, con lo Stato Pontificio, l'Umbria ha sempre giocato un ruolo vitale nella storia della penisola italica. La regione, con i suoi santi e tutti i suoi antichi monasteri, è la culla del monachesimo in Occidente. Due dei maggiori personaggi della storia cattolica, i santi San Benedetto e San Francesco, sono nati rispettivamente a Norcia e ad Assisi, due città umbre.

Il Museo Archeologico di Orvieto rivela ai suoi visitatori molte interessanti informazioni sulla storia della zona. Tra i reperti più affascinanti custoditi nel museo, c'è la statua in bronzo di Germanico, un imperatore romano, che è stata trovata nella bella cittadina di Amelia, non lontana da Orvieto. La statua è stata scoperta durante i lavori per la costruzione di un mulino, agli inizi degli anni sessanta. Ma la statua di Germanico non era intera, era rotta in tanti pezzi, grandi e piccoli. I frammenti sono stati pazientemente messi insieme dai restauratori.

Oggi i visitarori possono ammirare la figura intera dell'imperatore romano. La qualità della scultura è così buona che gli studiosi hanno potuto identificare la statua con la figura di Germanico, il figlio adottivo di Tiberio, nato circa quindici anni avanti Cristo e futuro padre di Caligola. L'imperatore Germanico, eroico militare nella guerra contro i Germani, è morto giovane in circostanze misteriose. Germanico era popolare tra gli abitanti dell'impero romano anche dopo la sua morte, e statue come quella trovata ad Amelia, erano collocate di solito negli spazi pubblici delle città dell'impero, come le piazze e i giardini.

lo Stato Pontificio the Vatican State
la culla del monachesimo occidentale the cradle of Western monasticism
messi insieme pieced together
avanti Cristo (a.C.) A.D.

Now it's your turn to piece together an old Roman statue. This time, though, it is not the actual body parts, but their Italian names, which need to be determined.

testa
capelli
piede
collo
spalla
orecchio
braccio
ginocchio
torace
occhio
gamba
mano
naso
gomito

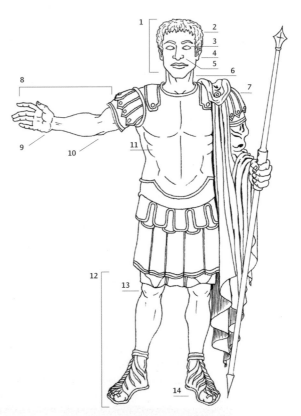

10. L'UTILE E IL DILETTEVOLE

*PAINTING DESIGNS
AT A CERAMICS FACTORY,
DERUTA*

The Italian expression unire l'utile al dilettevole (lit. to combine what is useful
with what is fun) rings particularly true when applied to Umbria. Aside from its
natural beauty and historical treasures, the area offers facilities for a wide range
of courses such as cooking, painting and pottery, for anyone who wants to
relax, go sightseeing and at the same time learn a new skill.

Non tutti amano l'ozio totale e tra le dolci colline umbre si
può anche ritornare a scuola... Infatti, imparare uno sport
o un'arte rappresenta un modo utile e divertente di fare la
conoscenza con un nuovo paese e una nuova cultura. I corsi,
di tutti i tipi e per tutti i gusti permettono di unire il relax a
un'attività interessante, che si può trasformare in un futuro
hobby, o persino in un nuovo lavoro!

La cucina regionale italiana è molto apprezzata in tutto il mondo.
Per tutti gli appassionati e curiosi di gastronomia che desiderano
fare pratica e imparare l'arte della cucina umbra, l'Università
dei Sapori, nel centro di Perugia, o simili altri corsi di cucina
nella zona, sono la destinazione ideale. Qui, cuochi di fama
mondiale rivelano i propri segreti in corsi dedicati alla gelateria,
pizzeria, degustazione del vino e dell'olio e tanti altri ancora.
I corsi hanno una durata variabile: alcuni sono di pochi giorni,
mentre altri sono divisi in moduli di qualche settimana. Un
piccolo sacrificio, se pensiamo al successo e alla reputazione
che si possono guadagnare al ritorno, sperimentando tutte le

nuove tecniche su amici e conoscenti (e perché no, anche sui compagni del corso d'italiano).

Ma ci sono mille altri modi per stimolare la creatività dello studente di italiano. In particolare, molti corsi sono ispirati dall'artigianato locale, per esempio i corsi di ceramica, di pittura su ceramica o di pittura ad acquerello. La produzione della ceramica è infatti una tradizione molto antica in questa parte d'Italia. Nel '500, nel famoso paesino di Deruta vicino a Perugia esistevano infatti cinquantacinque forni che vendevano ceramiche e maioliche ai viaggiatori in visita ai luoghi di pellegrinaggio di San Francesco.

Questa regione può giustamente essere considerata il centro spirituale d'Italia, terra di santi e di eremiti. Nelle foreste ci sono molte cave che hanno il nome di santi, preti e persino diavoli che vi hanno vissuto. Nel ventunesimo secolo, è sicuramente più comodo soggiornare in un agriturismo che offre corsi di yoga e di meditazione o purificarsi con le acque e i fanghi delle numerose stazioni termali umbre. Altre attività terapeutiche sono le ore passate in contemplazione della natura durante la pesca in un laghetto o ad imparare l'arte dei famosi merletti orvietani.

Da non dimenticare infine è la madre di tutti i corsi, l'Università per Stranieri di Perugia, dove si tengono programmi per studenti di ogni livello ed è possibile ottenere qualifiche riconosciute in tutt'Europa. Niente più scuse, allora.

che si possono guadagnare that can be gained
al ritorno once you are back
la pittura ad acquerello watercolour painting
eremiti, santi, preti, diavoli hermits, saints, priests, devils
nel ventunesimo secolo in the twenty-first century
da non dimenticare not to be forgotten

Listen to the dialogue between Rosa and Signora Valli, the organiser of a pottery course, then decide whether the following statements are true or false.

1 Rosa read about the ceramics courses in a magazine.
2 Prices vary according to the time of year.
3 The courses take place in the mornings and the afternoons.
4 There is a discount for groups of more than five people.
5 Students do their own cooking.
6 The teachers speak English.
7 Signora Valli doesn't speak any English at all.
8 You have to pay the full amount in advance.

11. PARCHI E RISERVE

Umbria's nickname, il cuore verde d'Italia, the green heart of Italy, could not be more appropriate. In addition to the Parco Nazionale dei Monti Sibillini, 1995 legislation created six further regional parks: protected areas of outstanding natural beauty. The stunning countryside owes its existence to its relatively mild climate, which even in summer never gets as hot as in neighbouring regions, and also to an abundance of water all year round. Two of the Umbrian national parks lie on the banks of what is undoubtedly the most illustrious Italian river, il Tevere, the Tiber.

COUNTRYSIDE NEAR ORVIETO, UMBRIA

Il clima favorevole dell'Umbria, che in estate non raggiunge le punte massime delle regioni vicine, e la presenza di numerosi fiumi e laghi, le hanno dato il soprannome di cuore verde d'Italia. Questa regione possiede sei parchi regionali, diverse riserve naturalistiche e una parte del Parco Nazionale dei Monti Sibillini. I parchi sono situati, per la maggior parte, in provincia di Perugia e di Terni e permettono di ammirare la fauna e flora locale. Il paesaggio è vario e combina alle montagne della catena appenninica le dolci colline e le pianure dell'interno. Le foreste umbre sono l'ultimo rifugio di specie rare tra le quali il lupo, il cervo, il gatto selvatico e l'aquila reale.

Il Parco Fluviale del Tevere segue il corso del fiume italiano più conosciuto. Nei boschi di querce che si trovano intorno alle sue rive sono rimasti molti reperti archeologici di civiltà antiche come quella degli Umbri, degli Etruschi e quella romana. Le suggestive rocche in rovina, del tardo medioevo o rinascimentali, erano abitate dai capitani di ventura, i soldati mercenari utilizzati nelle lotte tra i vari stati italici.

Nel Parco del lago Trasimeno, tra Umbria e Toscana, si trova il lago più grande dell'Italia centrale e il quarto lago d'Italia. Rappresenta una delle destinazioni preferite degli appassionati di ornitologia, che qui possono vedere numerosi uccelli, anche rari, che vivono sul lago o vi fanno una pausa durante la stagione migratoria. Il Trasimeno è collegato al Tevere grazie ad un canale costruito in epoca romana. Su questo lago si possono affittare case e appartamenti e si possono praticare sport acquatici come la barca a vela o il windsurf e, sulle sue rive, il golf.

Una vista da non perdere è la spettacolare Cascata delle Marmore, vicino a Terni, che ha un salto di ben 165 metri. Queste cascate sono state create artificialmente dai romani circa tre secoli prima di Cristo, collegando il fiume Velino e il fiume Nera con un canale artificiale. Le bellezza delle Marmore ha da sempre ispirato pittori, e scrittori famosi, come Virgilio, Cicerone e Byron. Le cascate erano infatti visitate da molti intellettuali durante il Grand Tour d'Italia e attirano ancora molti turisti. Da circa cinquant'anni le acque delle cascate danno energia ad una centrale idroelettrica locale.

molti reperti archeologici many archaeological finds
nei boschi di querce in the oak woods
le suggestive rocche in rovina the evocative ruined castles
del tardo medioevo of the late Middle Ages
la Cascata delle Marmore the Marble Waterfall

Read the following entrance information for visitors to a National Park, and answer the questions.

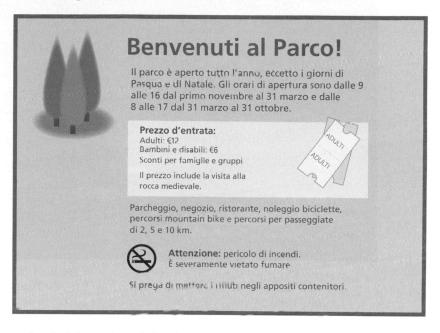

Benvenuti al Parco!

Il parco è aperto tutto l'anno, eccetto i giorni di Pasqua e di Natale. Gli orari di apertura sono dalle 9 alle 16 dal primo novembre al 31 marzo e dalle 8 alle 17 dal 31 marzo al 31 ottobre.

Prezzo d'entrata:
Adulti: €12
Bambini e disabili: €6
Sconti per famiglie e gruppi

Il prezzo include la visita alla rocca medievale.

Parcheggio, negozio, ristorante, noleggio biciclette, percorsi mountain bike e percorsi per passeggiate di 2, 5 e 10 km.

Attenzione: pericolo di incendi.
È severamente vietato fumare

Si prega di mettere i rifiuti negli appositi contenitori.

1 On which days is the park closed?
2 What are the opening hours during winter?
3 What are the opening hours during summer?
4 How much does it cost to get in?
5 Are there any discounts?
6 What does the ticket include?
7 Would you be able to buy postcards?
8 What distances are the walks?
9 Why is it dangerous to smoke in the park?
10 What are visitors asked to do with their rubbish?

12. NON SOLO VERDE

The winter months show a completely different aspect of the Umbrian countryside. The slopes of the nearby resort of Monte Terminillo, on the border with Lazio and the Abruzzo, are often covered with snow and are very popular with Italians, especially with Romans fleeing the hustle and bustle of the capital for the weekend. In addition, the plethora of tiny and enchanting medieval villages on the trail of Saint Francis come to life in December, especially around Christmas time. Their churches display traditional Nativity scenes, lights and beautifully decorated Christmas trees.

THE LARGEST CHRISTMAS TREE IN THE WORLD, GUBBIO

La regione verde ha un'anima bianca. Al confine con altre due regioni italiane, l'Abruzzo e il Lazio, sorge il gruppo del monte Terminillo, uno dei più importanti centri sciistici dell'Italia Centro Meridionale che arriva a 2.100 metri. Il gruppo del Terminillo consiste di varie cime montagnose, separate da profonde valli. Il Terminillo è diventato un rinomato centro sciistico dopo la costruzione, ad opera di Mussolini, di una strada che permette di raggiungerne velocemente la cima. Grazie a questa strada, il Terminillo è ora considerato la montagna dei romani, che amano trascorrerci il fine settimana in tutti i periodi dell'anno e, durante l'inverno, una ritemprante settimana bianca. Infatti ci sono piste per principianti, ma anche per sciatori provetti. Ci sono circa 40 km di piste da discesa e 26 piste da sci da fondo per gli sciatori più contemplativi. Al Terminillo ci sono anche molte scuole di sci ed alberghi di diverse categorie, un Palazzo dei Congressi, tanti appartamenti, un ostello per la gioventù e un rifugio del CAI, che significa Club Alpino Italiano. Le gite a piedi lungo la riserva naturale dei laghi sono un'eccellente alternativa per tutte le persone che non sciano in inverno e, ovviamente, sono accessibili in tutte le altre stagioni dell'anno.

Anche il Convento di Greccio è interessante in tutte le stagioni, per motivi storici e religiosi, ma quando è ammantato di neve possiede un'atmosfera speciale. Immerso in una foresta di lecci, a fianco di una montagna, il Convento risale, nella sua parte più antica, ai tempi di San Francesco; il resto delle strutture è stato eretto tra il 1260 e 1270.

A Greccio si è tenuta per la prima volta la natività del Redentore rappresentata secondo la tradizione cristiana, usando figure umane e veri animali. L'episodio del primo presepe è ricordato nella cappella sopra l'altare in un affresco quattrocentesco. È possibile anche visitare la cella dove Francesco dormiva sulla nuda roccia. Dal convento una stradina porta, in due ore, alla cima del monte di San Francesco, dove una piccola cappella sorge sul luogo dele visioni mistiche del santo. Il paese di Greccio e il santuario francescano fanno parte dei 754 siti riconosciuti dall'Unesco come Patrimonio Mondiale dell'Umanità.

È ufficiale, dal 1981 a Gubbio si fa l'albero di Natale più grande del mondo, che è entrato nel Guinness dei primati. L'albero è alto 500 metri e si vede in lontananza per chilometri. Per illuminarlo, sono necessari diciannove chilometri di cavi. Nel vicino paese di Corciani, tutti i Natali viene allestito un presepe con statue di legno a grandezza naturale. Il presepe è in mostra nel castello del paese e le scene cambiano di anno in anno, ma allo stesso tempo rimangono fedeli alla storia principale: vi sono rappresentati momenti della vita tipica locale nel medioevo, come le comari pettegole che ritornano dal mercato e il beone che esce dall'osteria.

una ritemprante settimana bianca a therapeutic week in the snow
piste da discesa downhill runs
piste da sci da fondo cross country runs
si è tenuta per la prima volta was held for the first time
è entrato nel Guinness dei primati got into the Guinness Book of Records
le comari pettegole the gossiping old women
il beone the local drunk

Here is an advertisement for a hotel at Monte Terminillo. Read what facilities they have, and then tick the boxes beside the ones that are available.

HOTEL CRISTALLO

L'hotel sorge direttamente sulle piste da sci in una posizione panoramica. Le camere da letto, tutte doppie, sono 180 e hanno tutte un bagno privato.

- Grande sala da pranzo
- Bar
- Sala tv e biliardo
- Sauna e idromassaggio a disposizione della nostra clientela

Mezza pensione o pensione completa. È possibile prenotare la colazione in camera. Per il pranzo natalizio e il cenone di Capodanno è necessaria la prenotazione.

Prezzi speciali per settimane bianche.

Noleggio sci e snowboard; possibilità di organizzare lezioni con maestri qualificati.

Per prenotazioni, contattaci via email a hotel.cristallo@vacanzeneve.it

- ☐ cenone di Capodanno
- ☐ a 10 minuti dalle piste
- ☐ pensione completa
- ☐ biliardo
- ☐ camera singola
- ☐ televisione in camera

- ☐ noleggio sci e snowboard
- ☐ lezioni di sci gratis
- ☐ sauna
- ☐ piscina
- ☐ palestra
- ☐ chiuso per Natale

17 Casa, famiglia e lavoro

Talking about your home, family and work

1 Gianna and Lucia ask various people to describe their homes and families. First Lucia talks to a girl who is out walking in Vicenza's main park, il Campo Marzo.

LUCIA: **Scusi, signorina, stiamo facendo un'inchiesta sugli italiani e la loro casa. Mi può descrivere la sua casa?**

SIGNORINA: **Io abito in un appartamento; due camere, cucina, bagno e sala.**

LUCIA: **E lei vive da sola o con la famiglia?**

SIGNORINA: **No, con mia mamma e mio fratello.**

LUCIA: **E avete anche il solaio e il garage?**

SIGNORINA: **Il garage. Ma il solaio, no. Abbiamo il cortile e il garage.**

LUCIA: **E il giardino?**

SIGNORINA: **No, abbiamo solo un cortile asfaltato senza giardino.**

LUCIA: **E lei ha l'automobile?**

SIGNORINA: **Sì, piccola. Comunque c'è.**

LUCIA: **Tiene animali?**

SIGNORINA: **No. No, non ne abbiamo perché non è possibile in un appartamento.**

stiamo facendo un'inchiesta we're doing a survey
la loro casa their homes
Mi può descrivere la sua casa? Can you describe your home?
abito in un appartamento I live in a flat, an appartment
Vive da sola? Do you live on your own?
mia mamma e mio fratello my mother and my brother
cucina, bagno e sala kitchen, bathroom and sitting room
Avete anche il solaio e il garage? Do you have an attic and a garage?
un cortile... senza giardino a courtyard... without a garden
comunque c'è at least there is one

To talk about things that are yours:

| il mio appartamento | la mia casa |
| i miei documenti | le mie valigie |

To talk about members of your family:

| mio fratello | mia sorella |
| i miei fratelli | le mie sorelle |

---

2 Gianna talks to a girl who works in a large travel agency in the centre of Vicenza but lives in the country.

GIANNA: **Signorina, mi può descrivere la sua casa?**

SIGNORINA: **Be', io abito in una villetta in campagna, una villetta isolata con giardino.**

GIANNA: **Quante stanze ci sono?**

SIGNORINA: **Abbiamo una cucina, una sala da pranzo, un salotto, tre camere e due bagni.**

GIANNA: **Lei vive da sola o con la famiglia?**

SIGNORINA: **No, io vivo con la famiglia, mio padre, mia madre.**

GIANNA: **Non ha fratelli?**

SIGNORINA: **Ho una sorella, ma è sposata.**

GIANNA: **E lei non è sposata?**

SIGNORINA: **No, io non sono sposata.**

GIANNA: **È fidanzata?**

SIGNORINA: **No.**

GIANNA: **Esce con qualcuno, immagino.**

SIGNORINA: **Qualche volta...**

GIANNA: **Avete elettrodomestici in casa?**

SIGNORINA: **Abbiamo un frigorifero, la televisione, lavastoviglie, la lavatrice...**

GIANNA: **Avete il freezer?**

SIGNORINA: **Sì, abbiamo un grande freezer.**

GIANNA: **E l'automobile?**

SIGNORINA: **Abbiamo due automobili, una più piccola e una più grande.**

GIANNA: **Tenete animali in casa?**

SIGNORINA: **Mm ... Per il momento abbiamo solo un canarino.**

GIANNA: **Grazie.**

SIGNORINA: **Prego.**

Quante stanze? How many rooms?
una sala da pranzo, un salotto a dining room, a sitting room
Ho una sorella. I have a sister.
è sposata she's married
È fidanzata? Are you engaged?
Esce con qualcuno? Are you going out with somebody?
qualche volta sometimes
Abbiamo un frigorifero. We have a fridge.
lavastoviglie, lavatrice dishwasher, washing machine

To say whether (or not) you're married, or engaged:

| (non) sono | sposato, -a |
| | fidanzato, -a |

3

Remember Tommaso in Unit 16? His wife Sandra describes to Gianna their house in the mountains.

GIANNA: **Sandra, mi descrivi la tua casa?**

SANDRA: **Sì, è una vecchia casa di montagna dove ci sono: una camera da pranzo, una cucina, un soggiorno, alcune camere da letto e una cantina.**

GIANNA: **In che località è la tua casa?**

SANDRA: **È in provincia di Trento.**

GIANNA: **Tu vivi sola o con la famiglia?**

SANDRA: **Vivo con la famiglia e siamo in quattro: mio marito, io e due figli.**

GIANNA: **Che età hanno i tuoi figli?**

SANDRA: **Il maggiore ha diciotto anni e il minore ne ha quattordici, quattordici e mezzo.**

GIANNA: Tenete animali in casa?

SANDRA: No, non ne abbiamo.

GIANNA: Non ti piacciono gli animali?

SANDRA: Sì, mi piacciono, ma non posso tenerli. Non c'è abbastanza spazio nel giardino.

GIANNA: Avete giardino?

SANDRA: Un piccolissimo giardino dove io pianto qualche fiore durante l'estate.

GIANNA: Ma avete tutta la campagna, voi, intorno.

SANDRA: Sì, intorno abbiamo prati e boschi.

GIANNA: Grazie.

una vecchia casa di montagna an old house in the mountains
siamo in quattro there are four of us
mio marito e due figli my husband and two sons
Che età hanno…? How old are…?
il maggiore ha diciotto anni the oldest is 18
tutta la campagna, voi, intorno the whole countryside around you
abbiamo prati e boschi we've got fields and woods

4

And lastly Lucia talks to a man who works in a bookshop and lives right in the old centre of Vicenza.

LUCIA: Scusi, mi può descrivere la sua casa?

UOMO: Abito in un appartameno nel centro storico di Vicenza. Il mio appartamento è composto da cinque stanze: un ingresso, una cucina, una sala da pranzo, due camere da letto e il bagno.

LUCIA: E ha anche il garage?

UOMO: No. Non ho bisogno del garage perché non ho macchina. Non guido, non mi piacciono le macchine.

LUCIA: Lei vive solo o con la sua famiglia?

UOMO: Io vivo con la mia famiglia – con mia moglie e due figlie.

LUCIA: Quanti anni hanno le figlie?

UOMO: Dunque, una ha quindici anni e l'altra ne ha undici.

LUCIA: Che elettrodomestici avete in casa?

UOMO: Be', abbiamo un fornello a gas per cucinare, il congelatore, il frigorifero, la lavastoviglie, la lavatrice.

LUCIA: E avete il computer?

UOMO: Certo. Abbiamo un PC in casa e ho anche un computer portatile per il mio lavoro.

nel centro storico in the old centre
un ingresso, due camere da letto a hall, two bedrooms
Non ho bisogno del garage. I don't need a garage.
Non ho la macchina. I haven't got a car.
Non guido. I don't drive.
mia moglie e due figlie my wife and two daughters
Quanti anni hanno? How old are they?
un fornello a gas, congelatore a gas cooker, freezer
un computer portatile a laptop

5

In Vicenza Lucia talks to Massimo about his job as a designer.

LUCIA: **Massimo, parlami un po' del tuo lavoro.**

MASSIMO: **Be', io faccio il progettista di scale, una specie di designer… per una ditta che fa scale, qua a Vicenza.**

LUCIA: **Lavori al computer?**

MASSIMO: **Tutto il giorno. Uso programmi come il CAD.**

LUCIA: **E cos'altro fai?**

MASSIMO: **Viaggio molto, vado a prendere le misure nelle case e negli uffici, qualche volta anche all'estero.**

LUCIA: **E poi?**

MASSIMO: **Poi inserisco le misure delle stanze sul computer. E le misure delle scale. È un lavoro interessante.**

LUCIA: **Quante ore al giorno lavori, di solito?**

MASSIMO: **Troppe, troppe, veramente moltissime! Comincio verso le nove, mangio un panino alla scrivania e spesso non finisco prima delle sette di sera.**

LUCIA: **E le scale che vendete, costano molto?**

MASSIMO: **Dipende. Sono di ottima qualità, e anche molto belle.**

faccio il progettista di scale I'm a designer of staircases
viaggio… anche all'estero I travel… even abroad
vado a prendere le misure I go and take the measurements
inserisco… sul computer I put… into the computer
Quante ore al giorno? How many hours a day?
mangio un panino alla scrivania I eat a sandwich at my desk
spesso non finisco prima delle… I often don't finish until …

To ask how long something has been going on for:	
Da quanto tempo	lavora per l'albergo?
	abiti qui?
Da quanti anni	è sposato, -a?

6

Meanwhile Emilia meets Loredana, who works as a maid in a hotel in the centre of Orvieto.

EMILIA: **Buongiorno.**

LOREDANA: **Buongiorno, signora.**

EMILIA: **Che lavoro fa?**

LOREDANA: **Faccio la cameriera, faccio le camere dell'albergo Etruria, nel centro di Orvieto.**

EMILIA: **Da quanti anni lavora per l'albergo?**

LOREDANA: **Eh, più o meno, dieci, undici anni.**

EMILIA: **Lavora tutto l'anno?**

LOREDANA: **No, solo quando l'hotel è aperto, faccio la stagione.**

EMILIA: **E quanto dura la stagione?**

LOREDANA: **Da Pasqua a fine ottobre.**

EMILIA: **E cosa fa il resto dell'anno?**

LOREDANA: **Mi riposo, faccio la mamma e sto con mio marito.**

EMILIA: **Ma le piace il suo lavoro?**

LOREDANA: **Sì, abbastanza, ma è faticoso. Sono in piedi tutto il giorno e poi pulire e fare i letti, è un lavoro che ti stanca fisicamente.**

EMILIA: **Che cosa le piace di più del suo lavoro?**

LOREDANA: **Non è pagato benissimo, ma molti ospiti ti danno la mancia, soprattutto gli americani. E poi sei autonoma, puoi andare avanti con il tuo lavoro in pace, senza vedere molta gente. E per fortuna... la divisa dell'hotel è proprio orribile!**

Che lavoro fa? What job do you do?
faccio la stagione I work in the tourist season
da Pasqua a fine ottobre from Easter to the end of October
Le piace il suo lavoro? Do you like your job?
pulire e fare i letti cleaning and making the beds
molti ospiti ti danno la mancia many guests give you a tip
puoi andare avanti con... you can get on with...

Allora...

VOCABOLARIETTO

il padre	il figlio	la camera/la stanza	uscire
la madre	il fratello	da pranzo	guidare
la mamma	la sorella	da letto	ballare
il marito	il bambino	la cucina	vecchio
sposato	l'adulto	il frigorifero	moderno
fidanzato	il collega	il congelatore	famoso
maggiore	l'appartamento	il fornello	storico
minore	il soggiorno	usare	

TALKING ABOUT YOUR FAMILY AND YOUR HOME

To say 'my ...':

il mio appartamento		la mia casa	
i miei	documenti	le mie	valigie
	figli		sorelle

But if you're talking about one of your relatives:

mio		mia	
	padre		madre
	fratello		sorella
	marito		moglie

To say 'his...', 'her...' or 'your...' with someone you call lei:

il suo		la sua	
	appartamento		casa
	marito		moglie
i suoi	documenti	le sue	valigie
	figli		figlie

With someone you call tu, the words are: tuo, tua, tuoi, tue.

> **Want to know more?**
> For a list of the words for 'my', 'your', 'our', etc., see Grammatica 12 -17.

GIVING PERSONAL DETAILS

To tell people your marital status:

(non) sono	fidanzato, -a
	sposato, -a
	vedovo, -a

To ask someone's age:

Quanti anni	ha	(lei)?
Che età		tuo figlio?
		sua sorella?
		Giancarlo?

> If you're asked, you can just state your age as a number, e.g. venti, trenta
> or say: ho vent'anni, ho trent'anni.

USE OF 'NE'

Notice that ne is used to avoid repeating a word when talking about a number
or a quantity of something:

Il maggiore ha diciotto anni, il minore ne ha quattordici.
Avete del parmigiano? Sì, certo. Quanto ne desidera?
Quanti studenti avete? L'altr'anno ne abbiamo avuti quarantadue.
Tenete animali in casa? No, non ne abbiamo.

LEARN A VERB (OR TWO) A WEEK

volere (voluto) to want		dovere (dovuto) to have to	
voglio	vogliamo	devo	dobbiamo
vuoi	volete	devi	dovete
vuole	vogliono	deve	devono

> **Want to know more?** See Grammatica 2, 4; 12, 14; 15; 16; 52; 86.

PAROLE E USANZE

Un'inchiesta sugli italiani e la loro casa. Italians say 'a survey on Italians and their house', whereas in English you'd say 'their houses'.

Auto, frigo. Some long words like automobile, frigorifero, are shortened in colloquial speech.
la mia automobile – la mia auto
il mio frigorifero – il mio frigo

Bambino, bambini. If someone says ho un bambino, you know he's got a son; if he says ho una bambina, you know he's got a daughter; but if he says ho tre bambini you can't tell whether they're all boys or a mixture of boys and girls (but you do know they're not all girls!).

In the same way, fratello is brother, and fratelli could be either brothers or brothers and sisters. Figlio is son, figli could be sons or sons and daughters.

Vita Italiana

LA CASA ITALIANA

It's probably safe to say that the majority of Italians live in flats, appartamenti, and in the major cities these are in tall blocks, palazzi, or condomini. Leases are unheard of in Italy and most flats are owned freehold in condominio, a sort of co-ownership in conjunction with the owners of the other flats in the building, and the owner of the land on which the flats are built. There are flats for rent, but not many; if at all possible people buy their home.

On the outskirts of towns and in country areas, for those who can afford it, it has become fashionable to have a small house, una villetta, detached and with its own private garden. These are custom-built, individually designed by a local architect and built by local builders. Kitchens and bathrooms are tiled and there are tiled or stone floors. There is a vast choice of ceramic tiles on the market, ranging from plain colours to very elaborate designs.

A typical medium-sized family flat would have two or three bedrooms, a living/dining room, two bathrooms, kitchen, 'service' area (for storage, ironing, etc.) and a box room. Most flats have at least one balcony, terrazzo (or balcone), and many will have two. Plants are always abundant, even on the smallest terrazzino.

The names of reception rooms can be a bit confusing (English isn't much better!), and the variations are as much regional as a matter of size, formality and fashion. A large, rather formal drawing room would be un salone; a smaller one, though still fairly large, una sala, and a small sitting room un salotto.

Nowadays most people have what we might call a living room, **un soggiorno**.

Sala is basically another word for **stanza** (which is another for **camera**), and so you have **una sala da pranzo**, if you've got a separate dining room, and **una sala** (or **stanza**) **da bagno**, or just **un bagno**, is a bathroom.

Many modern homes – space being scarce and big family meals perhaps no longer the fashion – just have **un soggiorno-pranzo**, for living and eating in, but even a small flat might have what is called **doppi servizi**, two bathrooms, the second consisting of a toilet, sink, shower and the washing machine. And whereas once large kitchens were the norm, today it's more common to see small ones with barely space to swing a **spaghetto**. Not so different from modern urban living in any country after all...

Prova un po'

1

Fill the gaps in these sentences. You'll need to use lo, la, li, le, ci or ne.

1 Conosce Venezia? No, non _____ sono mai stata.
2 Avete animali in casa? Sì, _____ abbiamo tre: un cane, un gatto e un canarino.

3 Si chiama Gianna la tua amica? Non mi sembra di conoscer _

4 Mi piacciono queste scarpe ma sono un po' troppo care. Non _____ prendo.

5 Come sta Carla? Ma non so, non _____ vedo quasi mai.

6 Sapete che Tiziana si sposa? No non _____ ha detto niente.

7 Sono belli questi quadri! Dove _____ ha comprati?

8 Firenze è una bellissima città. _____ siamo stati due anni fa.

9 Tu quanti fratelli hai? _____ ho tre.

10 Avete del buon parmigiano? Certo. Quanto _____ desidera?

2 Can you join up the two halves of these questions to make sense?

1	Scusi, signore, mi può dire	**A**	i suoi figli?
2	Abita in una casa o	**B**	a scuola lì vicino?
3	L'appartamento è lontano	**C**	sua figlia?
4	Da quanti anni abita	**D**	dal suo lavoro?
5	I suoi figli vanno	**E**	in centro?
6	Quanti anni hanno	**F**	all'università?
7	Sua figlia va	**G**	dov'è la sua casa?
8	Cosa studia	**H**	in un appartamento?

3 Have another look at Dialogue 2, then answer these questions in Italian.

1 Dove lavora la signorina?

2 Dov'è l'agenzia?

3 E la signorina dove abita, in centro?

4 Abita in un appartamento?

5 C'è un giardino?

6 Ha fratelli la signorina?

7 Perché sua sorella non abita con lei?

8 Con chi vive allora la signorina?

9 Quante macchine hanno?

10 Pensi che la signorina vada al lavoro in macchina?

11 Con la grande o la piccola?

4 A group of you are comparing notes on the kind of homes you have. It's your turn to answer the questions.

DOMANDA: **Dove abita? In città o in campagna?**

YOU: _____

DOMANDA: **Ha una casa, o un appartamento?**

YOU: _____

DOMANDA: **A che piano?**

YOU: _____

DOMANDA: **È grande?**

YOU: _____

DOMANDA: **Quante camere ci sono?**

YOU: _____

DOMANDA: **In quanti siete?**

YOU: _____

ONE, WE, YOU

To say that 'people used to', 'one used to', without specifying 'I', 'we' or 'you', you use si:

Si andava	al caffè.
	a sciare.
Si viveva	bene a Vicenza.
	una vita molto semplice.
Si usciva	con amici.
	in gruppo.

Si can also be used to talk about the present:

La sera si va al caffè.

Per andare a Perugia si passa per Chiusi.

Non si può parcheggiare nel centro storico.

Si mangia molto bene qui.

And if you don't know what something's called in Italian, you can ask:

Come si dice 'weekend' in italiano?

Or: Come si chiama questo in italiano?

Want to know more? For use of the impersonal 'si', see Grammatica 83.

LEARN A VERB (OR TWO) A WEEK

sapere (saputo) to know	conoscere (conosciuto) to know
so	conosco
sai	conosci
sa	conosce
sappiamo	conosciamo
sapete	conoscete
sanno	conoscono

Want to know more? See Grammatica 4; 13; 27; 58; 65; 82, 83.

PAROLE E USANZE

Gente means 'people' in the general sense: C'è molta gente in centro oggi. And, unlike people in English, it's singular. (The plural genti as used in Dialogue 4 has the rather specialised meaning of tribes.) Popolo means people in the sense of a nation: il popolo etrusco occupava tutta questa zona; and in the sense of the ordinary people: in Italy, many towns have a square called Piazza del Popolo. When used with a specific number, people is persone: C'erano tre persone nel bar.

Vita Italiana

GLI ETRUSCHI

The Etruscans were a people who lived in the area that corresponds very closely to what is now Tuscany and northern Latium. They flourished between the seventh and third centuries BC. Rome was subdued by them early in its history and they imposed on the Romans a series of seven 'kings'. Later, the tables were turned and Rome conquered Etruria, so that the Etruscans slowly lost all political identity, for ever.

Their origin is something of a mystery. Some say that they came from one of the islands of the Aegean or from Asia Minor, by sea; others believe them to be the local descendants of iron-age prehistoric populations in Central Italy.

Many of the towns of that part of Etruria that bordered the sea dwindled slowly during the early Middle Ages to become mere villages with little-known names. It is thought that this happened because of the malaria that used to infest this region, the Maremma. These archaeological sites, in beautiful settings, have fascinated scholars, poets and tourists for centuries. The inland towns, on the other hand, flourished and grew to give the modern towns of Fiesole, Volterra, Arezzo, Perugia, Chiusi and Orvieto.

One of the most interesting features of Etruscan civilisation is the relationship between the sexes: the Etruscans, for instance, were much condemned by the Greeks for allowing men and women to eat together on equal footing at their banquets.

LA LINGUA

Another 'mystery' concerning the Etruscans is their language it is famous among scholars as the language that cannot be deciphered This task has in fact fascinated scholars since the 15th century, with experts rearing their heads at frequent intervals claiming to have found the solution. In fact, most of the inscriptions are fairly short and can be easily read, as they are very repetitive. It is only the two or three longer texts that have come down to us that are not understood with any certainty. What is lacking is a clear bilingual inscription of some length.

Among the many features of civilised life which the Romans took from the Etruscans is the alphabet: the Roman alphabet as we know it is adapted from the Etruscan, itself an adaptation of the Greek alphabet.

L'ARTE

The art of the Etruscan people is well known to us, for much of it has survived and now lies scattered in many of the large national museums of Europe and the USA: terracotta statues, bronzes large and small, vases, everyday metal or ceramic objects, but especially the frescoes found on the walls of tombs, as in Tarquinia.

Etruscan art is particularly attractive to modern tastes due to its element of realism, which gives it a very different feel from the predominantly idealistic works of art that have come down to us from the Greeks. This is especially noticeable in portraiture. Roman art was heavily influenced by the Etruscan style, and can be said to be a fusion of Greek and Etruscan elements.

ETRUSCAN FRESCO OF SWIMMERS, FROM THE SOUTHERN CEMETERY AT PAESTUM, 480–470 BC

Prova un po'

1 Complete these sentences, using either **so** or **conosco** as appropriate.

1 Maria è uscita e non _____ a che ora torna.
2 Mario è un vecchio amico. Lo _____ da molti anni.
3 Gianna? Non la _____ molto bene, ma _____ che parla benissimo l'inglese.

4 Non _____ a che ora arriva Giovanni, ma _____ che viene con una ragazza che
   _____

5 Roma? Sì, ci sono stato tre volte; la _____ molto bene.

6 Non trovo più il passaporto; non _____ dove l'ho lasciato.

7 L'Azienda di Turismo? Non _____ bene il centro, ma _____ che non
   è lontana dal duomo.

8 Verdi mi piace moltissimo; _____ tutte le sue opere.

9 La strada per Venezia? Non la _____ molto bene, ma _____
   che passa per Mestre.

10 Questo treno va a Roma, ma non _____ se si ferma a Orvieto.

2

Two friends are talking about their recent holidays. Can you fill in the gaps with
the appropriate -v- forms of the verbs in brackets?

PAOLO: **Dimmi un po', ma al mare, cosa facevi tutto il giorno?**

MARIO: **Ma io** *(alzarsi)* _____ **tutte le mattine molto presto,** *(andare)*
        _____ **in spiaggia e** *(fare)* _____ **il bagno prima di fare
        colazione. A quell'ora non c'** *(essere)* _____ **quasi mai nessuno.
        Dopo la colazione, invece,** *(arrivare)* _____ **le famiglie con tutti i
        bambini. Allora io** *(stare)* _____ **lì, così, per una mezz'ora, e a**
        (prendere) _____ **un po' di sole, ma poi** *(vestirsi)* _____
        e *(andare)* _____ **a fare delle lunghe passeggiate nella campagna lì
        intorno. Dopo pranzo** *(andare)* _____ **in camera e** *(dormire)*
        _____ **, oppure** *(leggere)* _____.

PAOLO: **Ma hai fatto anche qualche amicizia? Parlavi con qualcuno qualche
        volta?**

MARIO: **Sì, sì, certo! C'** *(essere)* _____ **una famiglia molto simpatica nel
        mio albergo – marito, moglie e due bambini. La sera, quando i bambini**
        (essere) _____ **a letto,** *(andare)* _____ **a fare delle
        passeggiate insieme lungo il mare, oppure** *(prendere)* _____
        un caffè in un bar oppure *(restare)* _____ **in albergo e**
        (guardare) _____ **la televisione.**

PAOLO: **È stata una bella vacanza, allora!**

MARIO: **Bellissima!**

3

Listen as Elena talks about her memories of weekends in her childhood.
Listen out for the following expressions:

la baracchina dei gelati ice-cream stall
la messa nella parrocchia vicina mass in the nearby church
un pastore tedesco a German shepherd dog

1 In what ways has Bologna changed since the old days?
2 Where did they used to go to play?
3 What did her family do every Sunday morning?
4 And after lunch?
5 Which of her grandmother's animals does Elena remember best?

5 Mio nonno è più giovane di mio padre.
6 Questa borsa in pelle è più economica di quella in plastica.
7 L'elefante è più grande del gatto.

5

Listen as Elena describes her schooldays when she was very young. Listen out for the following expressions:

dividevamo lo stesso banco we sat at the same desk
si facevano i compiti we did our homework
dopo la pubblicità alla televisione after the TV adverts

1 Did Elena and her cousin walk to school?
2 What does she remember doing in school?
3 Why didn't Elena didn't have dinner at school?
4 What did they do after lunch and before doing their homework?
5 What did her father use to do after supper?

20 Per il futuro

Talking about future plans

1

Giuliana is planning to take a holiday in Egypt next year. She tells Lucia about her plans.

GIULIANA: Lucia, lo sa che ho prenotato una vacanza?

LUCIA: Ah sì? E dove va di bello?

GIULIANA: Andrò in Egitto, in aprile dell'anno prossimo.

LUCIA: E andrà con suo marito?

GIULIANA: No, no, a lui non piace viaggiare. Andrò con un gruppo di Vicenza, di circa 20-25 persone. È una gita organizzata.

LUCIA: E quanto tempo si ferma in Egitto?

GIULIANA: Non sono sicura. È possibile restare una settimana o due settimane. Se sto due settimane, potrò visitare anche Alessandria... ma penso di restare solo per sette giorni. Non voglio lasciare mio marito da solo per più di una settimana.

LUCIA: Ma suo marito, sa cucinare?

GIULIANA: Be', non è proprio un vero cuoco, ma sa fare della pasta, cuocere una bistecca... Probabilmente andrà in pizzeria tutte le sere. Così non sarà necessario lavare i piatti!

LUCIA: Ma non le mancherà suo marito?

GIULIANA: No, per una settimana, non direi, e poi ci sono tante cose belle da vedere e da fare in Egitto!

LUCIA: Anche a me piacerebbe visitare l'Egitto. È... come dire, misterioso. Allora visiterà certamente le piramidi e la Valle dei Re.

GIULIANA: Sì, certo. Tutti i posti turistici – inclusa una mini crociera sul Nilo.

LUCIA: E una gita sul cammello?

GIULIANA: Oh, una gita sul cammello? Spero proprio di sì!

Andrò in Egitto. I shall go to Egypt.
Non sono sicura. I'm not sure.
potrò visitare I'll be able to visit
penso di restare I think I'll stay
Non le mancherà suo marito? Won't you miss your husband?
non sarà necessario it won't be necessary
Anche a me piacerebbe... I too would like...
una mini crociera a mini cruise
Spero proprio di sì! I really hope so!

2

What does Max want to do with his life? Emilia asks him about his ambitions and plans for the future.

EMILIA: Max, quest'anno stai per finire la scuola...

MAX: Penso proprio di sì. Non ho più voglia di studiare, di andare all'Università.

EMILIA: E cosa farai, allora?

MAX: Be', non sono ancora sicuro... Mi piacerebbe viaggiare... che so, visitare posti diversi e poi trovare un lavoro là, sul posto, per mantenermi.

EMILIA: Che posti ti piacerebbe visitare?

MAX: Tanti, troppi! Gli Stati Uniti naturalmente, e poi i Caraibi, il Sudamerica... mia zia abita in Venezuela... posso andare a trovarla.

EMILIA: Ma non ti mancherà Orvieto?

MAX: Orvieto è bellissima, ma è anche piccola, conosco tutti, i giovani almeno.

EMILIA: La tua famiglia però ti mancherà...

MAX: La mia famiglia, sicuro. E la mia squadra di calcio. Vado pazzo per la Ternana. Vado a vederli giocare da quando ero un bambino piccolo piccolo.

EMILIA: E quando ritorni dal tuo viaggio, cosa farai?

MAX: Credo che mi cercherò un lavoro. Papà ha un'officina, forse lavorerò con lui.

stai per finire you're about to finish

non ho più voglia di studiare I don't feel like studying any longer

Cosa farai? What will you do?

Mi piacerebbe... I'd like...

Non ti mancherà Orvieto? Won't you miss Orvieto?

Vado pazzo per... I'm crazy about...

Credo che mi cercherò un lavoro. I think I'll look for a job.

forse lavorerò perhaps I'll work

3

At a party Massimo meets Chiara, who has graduated from university and worked for a couple of years.

MASSIMO: Chiara, da quanti anni sei laureata?

CHIARA: Eh, saranno tre a luglio... tre esattamente il 20 luglio...

MASSIMO: E lavori?

CHIARA: Sì, da due anni faccio la receptionist in un hotel, qui a Orvieto, ma sono stufa...

MASSIMO: Perché sei stufa? Sembra un lavoro interessante.

CHIARA: Mah, magari non è così male, ma non guadagno abbastanza – poi ci sono i turni.

MASSIMO: I turni?

CHIARA: Sì, tre giorni a settimana lavoro dalle tre alle undici di sera, così non vedo il mio ragazzo...

MASSIMO: Come si chiama il tuo ragazzo?

CHIARA: Si chiama Tommaso.

MASSIMO: E Tommaso, lavora?

CHIARA: Sì, è ingegnere. Ha appena cominciato un nuovo lavoro, all'Acciaieria di Terni, guadagnerà proprio bene.

MASSIMO: E anche tu cerchi un nuovo lavoro?

CHIARA: In teoria sì, ma sarà difficile. Forse sarà necessario prendere un'altra qualifica... vorrei prendere il patentino di guida turistica.

MASSIMO: E poi?

CHIARA: Poi affittare un appartamento, anche comprare un appartamento se abbiamo abbastanza soldi. Io e Tommaso abitiamo ancora con i nostri genitori.

MASSIMO: **Hai tanti progetti per il futuro, progetti interessanti.**
Buona fortuna Chiara!
CHIARA: **Grazie, grazie... ti farò sapere.**

sei laureata you graduated
sono stufa I'm fed up
non guadagno abbastanza I don't earn enough
ha appena cominciato he has just started
il patentino di guida turistica tourist-guide licence
Hai tanti progetti. You have lots of plans.
ti farò sapere I'll let you know

4

Marco talks to Alice, who is a town planner and works for the Comune in Vicenza, about what differences she thinks there will be to city life in the future.

MARCO: **Lei, Alice, ha un lavoro con un nome curioso, un nome inglese...**
ALICE: **Ah, 'mobility manager'! Suona bene, no?**
MARCO: **È una professione nuova?**
ALICE: **Abbastanza nuova. È un lavoro molto, molto interessante.**
MARCO: **Ma lavora per il comune?**
ALICE: **Sì, lavoro nel municipio, vede? Quello lì di fronte a lei.**
MARCO: **Di che cosa si occupa per la precisione?**
ALICE: **Di tante cose, troppe forse... praticamente devo trovare un equilibrio tra il bisogno della gente di muoversi, che so, andare in centro, andare a lavorare, e i problemi ambientali... in particolare i problemi causati dal traffico.**
MARCO: **Non mi sembra facile.**
ALICE: **No, non è facile per niente... convincere gli abitanti a cambiare le vecchie abitudini... a dividere l'automobile con altre persone... a usare di più l'autobus, la bici...**
MARCO: **Ma cambieranno le cose?**
ALICE: **Certo che cambieranno – da settembre sarà impossibile venire in centro in macchina a certe ore – ma ci saranno due nuovi parcheggi in periferia, dove la gente potrà prendere l'autobus. Poi il comune metterà a disposizione delle biciclette da usare nel centro storico.**
MARCO: **Avete tanti progetti, allora.**
ALICE: **Tantissimi. La nostra città diventerà la più pulita d'Italia.**

Suona bene, no? It sounds good, doesn't it?
Certo che cambieranno. They'll certainly change.
diventerà la più pulita d'Italia will become the cleanest in Italy

Allora...

VOCABOLARIETTO

mancare	officina	progetto	spero di
gita organizzata	laurearsi	problemi	non sono sicuro di
crociera	essere stufo di	ambientali	forse
stare per	ingegnere	dividere	probabilmente
andare pazzo per	il patentino	l'automobile	
squadra di calcio	guida turistica	penso di	

TALKING ABOUT FUTURE PLANS AND INTENTIONS

To say what you intend or hope to do:

Penso di	andare in Egitto.
Spero di	girare su un cammello.

And to say what you're just about to do:

Sto per	cercare un posto nuovo.
Stai per	finire la scuola.

Another way is to use the future tense, particularly when probability is involved:

Visiterò le piramidi.

Forse lavorerò con mio padre.

Guadagnerà proprio bene.

Credo che cercherò un lavoro.

Probabilmente andrà in pizzeria.

> **Want to know more?**
> For the future tense, see Grammatica 53; 65.

TALKING ABOUT WHAT YOU'D LIKE TO DO

To say what you'd like to do:

Vorrei	prendere il patentino di guida turistica.
Mi piacerebbe	viaggiare.

And to ask what someone else would like to do:

Vorresti/Vorrebbe	prendere un'altra qualifica?
Ti/Le piacerebbe	fare l'ingegnere?

TALKING ABOUT EMOTIONS AND FEELINGS

To say you're crazy about something:

Vado pazzo per la mia squadra di calcio.

To say you'll miss something or someone:
Mi mancherà la squadra di calcio.

You may be asked if you'll miss something or someone:
Ti mancherà la tua famiglia?
Non le mancherà le suo marito?

To say you're fed up with something:
Sono stufo di fare la receptionist.

Or you no longer feel like doing something:
No ho più voglia di studiare.

> **Want to know more?** See Grammatica 53; 65; 84, 85.

PAROLE E USANZE

Avere voglia di, I feel like, follows the normal pattern of the verb avere, as in ho voglia di un gelato or Non avete voglia di andare al cinema?

Essere stufo, -a di can be used when you are fed up with a situation or a person, as in sono stufa di lavorare qui.

Andare pazzo per means that you love something very much, that you're crazy about it. In the second dialogue, Max is crazy about his local football team, in his words: Vado pazzo per la Ternana.

Vita Italiana

VITA IN FAMIGLIA

Of all Italian institutions, the family, la famiglia, is undoubtedly the one that has changed the most since the Second World War. Until about the middle of the century, Italy was primarily a rural society with a strong family structure. Following the war, the speedy advent of industrialisation drastically reduced the demand for farm labourers. From the 1950s until well into the 1970s, workers moved from the countryside to the industrial towns of the north, or emigrated to neighbouring European countries such as France, Belgium, Germany, or even further afield to the United States, South America and Australia. Although this trend affected several parts of Italy, it took place on a particularly large scale in the south, where poverty was extreme.

Urbanizzazione – the move from country to town – and emigration were to change the social structure of the country forever. The lives of women who relocated to the large towns of northern Italy became radically different; many of them started working outside the home for the first time. The wives of the temporary migrants, the so-called white widows, were left to fend for themselves and their children, with only the support of their husband's pay from abroad.

Emigration took place in waves. Not many of the families of emigrants who made a new life for themselves in the USA or Canada returned to Italy, whereas most of the temporary male migrants who moved to Belgium and France slowly filtered back once work opportunities abroad had dried up.

URBAN LIFE, PERUGIA

The late 1960s and 1970s brought dramatic changes to the still very conservative, Catholic Italian society: contraceptives became readily available, and divorce and abortion were legalised. Modern couples tend to marry in their late twenties and have only one child or none at all. (The famous Italian film director Nanni Moretti offers a humorous perspective on this social phenomenon in the second part of *Caro Diario*, when he visits a fictional island populated by Italian couples who take spoiling their only offspring to extremes.)

Reasons for the trend vary; some blame lack of State support for working parents – many of whom rely on the help of grandparents – others point out that the difficulty of finding jobs, or the type of jobs young people aspire to, means many of them still live with their parents until their early thirties, therefore starting their own families later and later.

On all these grounds, the Italian family has definitely changed its shape and it is no longer **allargata**, that is a large extended clan with dozens of siblings and cousins, but rather **allungata**, where the immediate family of parents and a couple of children live under the same roof for a long time. Despite these changes, family is still central to the Italian way of life.

Prova un po'

1

Giuliana is full of complaints. Can you help her out by making some suggestions? Choose a response to each of her ten moans from the list underneath.

1 Sono stanca!
2 Ho una fame tremenda.
3 Che sete!
4 Che noia!
5 Ma fa un caldo tropicale.
6 Quanto lavoro!
7 Ho mal di testa.
8 Ho la macchina rotta.
9 I bambini sono terribili.
10 Non ho un vestito per stasera!

A Vorresti prendere la mia auto!
B Hai voglia di andare al cinema?
C Vorresti un'aspirina?
D Ti piacerebbe fare un po' di shopping?
E Hai voglia di un'aranciata?

F Vorresti riposare un po'?
G Che ne pensi di accendere l'aria condizionata?
H Sto per portare i miei bambini al parco!
I Credo di potere fare un po' del tuo lavoro.
J Hai voglia di una bella pizza?

2

You're being asked lots of questions today. Can you give suitable reasons for your actions? Select an answer from the sentences below.

1 Perché prendi le chiavi della macchina?
2 Perché prendi l'ombrello?
3 Perché telefoni in ufficio?
4 Perché bevi il caffè?
5 Perché prendi un'aspirina?
6 Perché ti metti il cappotto?

A Ho mal di testa.
B Sta per piovere.
C Fa freddo fuori.
D Sto per uscire.
E Sono stanca
F Sono in ritardo.

3

Giorgia is in London doing an English course, and writes an e-mail to her boyfriend. Unfortunately the paragraphs have got mixed up. Can you rearrange them in the correct order?

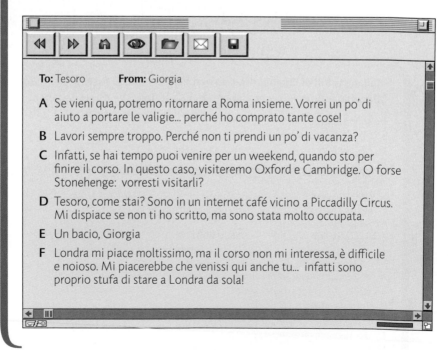

To: Tesoro   **From:** Giorgia

A Se vieni qua, potremo ritornare a Roma insieme. Vorrei un po' di aiuto a portare le valigie... perché ho comprato tante cose!

B Lavori sempre troppo. Perché non ti prendi un po' di vacanza?

C Infatti, se hai tempo puoi venire per un weekend, quando sto per finire il corso. In questo caso, visiteremo Oxford e Cambridge. O forse Stonehenge: vorresti visitarli?

D Tesoro, come stai? Sono in un internet café vicino a Piccadilly Circus. Mi dispiace se non ti ho scritto, ma sono stata molto occupata.

E Un bacio, Giorgia

F Londra mi piace moltissimo, ma il corso non mi interessa, è difficile e noioso. Mi piacerebbe che venissi qui anche tu... infatti sono proprio stufa di stare a Londra da sola!

4

Check the patterns of the future tense in Grammatica 53 at the end of the book, then fill in the gaps in the horoscope with the appropriate **voi** forms of the verbs in brackets.

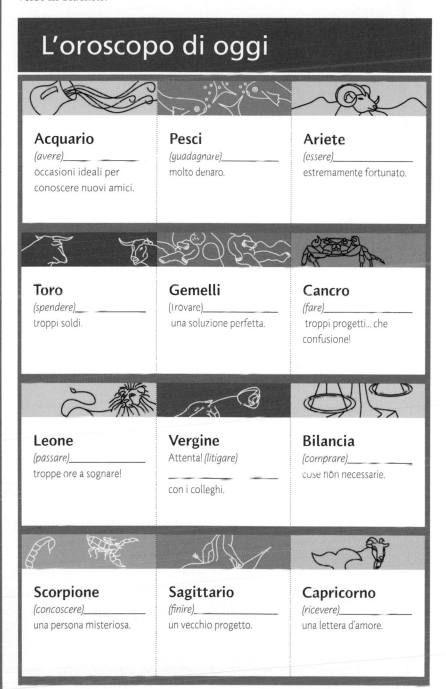

L'oroscopo di oggi

Acquario
*(avere)*___ ___
occasioni ideali per conoscere nuovi amici.

Pesci
*(guadagnare)*___ ___
molto denaro.

Ariete
*(essere)*___
estremamente fortunato.

Toro
*(spendere)*___ ___
troppi soldi.

Gemelli
*(trovare)*___
una soluzione perfetta.

Cancro
*(fare)*___
troppi progetti... che confusione!

Leone
*(passare)*___
troppe ore a sognare!

Vergine
Attenta! *(litigare)*
___
con i colleghi.

Bilancia
*(comprare)*___ ___
cose non necessarie.

Scorpione
*(concoscere)*___
una persona misteriosa.

Sagittario
(finire) ___
un vecchio progetto.

Capricorno
*(ricevere)*___
una lettera d'amore.

5

🎧

Listen as Nadia, a youthful former shopkeeper in her mid-sixties, reminisces about the extraordinary changes that have taken place in her native village near Imola, in Romagna. Here are a few phrases to help with your understanding as you listen.

fino a quindici anni fa until 15 years ago
centro termale spa
campi di grano wheat fields
non ci avrei mai creduto I wouldn't have believed it
pieno di zanzare full of mosquitoes
pista da pattinaggio skating rink
percorso da jogging running track
non sono più contadini they're no longer farmers
cittadini citizens, town dwellers

Now decide whether the following statements are true or false.

1 Castel San Pietro is only known for being a spa town.
2 There is a motorway nearby which enables you to get to Bologna in 15 minutes.
3 The village nowadays has no opportunities for sport.
4 The racing circuit in Imola is not far away.
5 When Nadia was small she could swim in the lake.
6 They are building an up-market bar beside the lake.
7 Houses in Castel San Pietro are more expensive than in Bologna.
8 Nadia preferred her village as it used to be.

13. COSA FARAI DA GRANDE?

This reading passage considers the topic of careers in Italy, in particular as far as young people are concerned, and touches light-heartedly on the current 'dream' jobs. The level of language is slightly more demanding than that of some of the previous letture, and so the questions are in English. There is plenty of vocabulary provided at the end of each one to help you.

1 What jobs do Italian children dream of doing?
2 What are the material advantages of becoming a famous footballer?
3 Why are some Italians against the scuola per veline?
4 What skills can the veline learn during their course?
5 Can you list some of the main problems faced by young Italians?
6 How do the new-style CVs differ from the old?
7 What are young people more prepared to do these days in order to get a job?

La maggior parte dei bambini italiani sogna di diventare calciatori - i maschietti - e star della televisione - le bambine. È forse perchè i calciatori di successo sposano le showgirls più belle e viceversa? Delle relazioni amorose tra supercalciatori e le star sono piene le pagine delle riviste scandalistiche. Un sito comico su Internet mette persino in vendita un 'kit' per diventare calciatori famosi al prezzo di €40. Il 'kit' garantisce un contratto con il Real Madrid, gettoni d'oro, una Ferrari testarossa e le chiavi di una villa in Sardegna. Compratelo a vostro rischio e pericolo.

La verità è che certe trasmissioni televisive sono così banali che, senza la decorazione di ragazze giovani e attraenti come le 'veline', il pubblico non perderebbe tempo a guardarle. La decisione di aprire una scuola di veline a Napoli ha causato moltissime polemiche. Prima di tutto, scuole di questo tipo rinforzano lo stereotipo della donna-oggetto. E poi, la scuola è in parte finanziata dalla Regione Campania, con fondi dell'Unione Europea. Ma ci sono anche persone che difendono 'l'università delle veline', perché offre corsi che insegnano qualità essenziali alle signorine che vogliono lavorare nel mondo dello spettacolo, come la danza, il canto, la dizione e il trucco. E il lavoro di velina può, dopotutto, essere il punto di partenza per una carriera in televisione. Del resto, le prospettive dei giovani italiani non sembrano proprio brillanti.

Le iniziative dell'Unione Europea non sono sufficienti a risolvere un problema che riguarda tutti i giovani europei, ma in particolare quelli italiani: l'insicurezza economica e, come conseguenza, la difficoltà a diventare autonomi. Molti ragazzi e ragazze italiani vivono ancora con la famiglia anche dopo i trent'anni. I giovani italiani entrano nel mondo del lavoro con vari anni di ritardo rispetto agli altri giovani dell'Unione. In ritardo rispetto agli altri paesi europei è anche la diffusione di agenzie specializzate nel trovare lavoro. Infatti, la diffusione di agenzie di questo tipo in Italia è un fenomeno abbastanza recente.

L'idea che una seria preparazione professionale è potenzialmente più vantaggiosa della conoscenza di persone importanti comincia a diffondersi anche nel Belpaese. Il curriculum vitae dei giovani italiani è diventato più interessante e ora include, oltre agli studi fatti, anche le esperienze di volontariato, gli stage in azienda e gli hobby. I giovani sono anche diventati più flessibili per quanto concerne la mobilità e molti preferiscono abitare in una città lontana da quella d'origine, e anche all'estero, piuttosto che essere disoccupati.

Cosa farai da grande? What will you do when you grow up?
gettoni d'oro gold tokens
non perderebbe tempo would not waste their time
veline attractive girls who appear in TV shows alongside male presenters
ha causato polemiche has caused controversy
dizione e trucco elocution and make-up skills
Belpaese nickname for Italy (lit. the beautiful country)
il volontariato voluntary work
gli stage in azienda work experience

14. TROVARE LAVORO

Read this transcript of a conversation between a university lecturer and a former student, Lewis, who after graduating, has moved to Italy to live with his Italian girlfriend. Lewis has succeeded in finding a job and makes some interesting observations about working in Italy.

ELENA: **Lewis, secondo te è facile trovare lavoro in Italia?**

LEWIS: **No, in generale no. C'è molta richiesta per madrelingua inglesi, ma contemporaneamente ci sono anche molti giovani inglesi e americani che cercano disperatamente un lavoro in Italia. C'è molta competizione, in particolare in certe aree geografiche. Io sono stato fortunato, perchè nella zona dove abito con la mia ragazza non ci sono molti inglesi.**

ELENA: **E hai già trovato un lavoro?**

LEWIS: **Sì, due infatti. Ho un contratto con una scuola di lingue, dove insegno inglese ai carabinieri locali. E poi lavoro part time per una scuola, come lettore madrelingua. Questo lavoro, però, nella scuola, lo ho trovato parlando con una persona che conoscevo.**

ELENA: **Credi che si ancora necessario conoscere qualcuno per trovare lavoro?**

LEWIS: **Be', non proprio necessario, ma è una buona idea. In Italia per trovare lavoro ci vuole pazienza... Non è come in Gran Bretagna, dove vai in un'agenzia e ti trovano qualche cosa da fare per il giorno dopo...**

PEOPLE GOING TO WORK,
IN FRONT OF THE COLOSSEUM, ROME

ELENA: **Hai qualche suggerimento per i giovani britannici che vogliono lavorare in Italia?**

LEWIS: **Sì, proprio tantissimi. Prima di tutto preparare un curriculum in italiano. In Italia i curriculum sono più formali dei nostri. Il formato è diverso. E poi, va sempre bene avere un curriculum pronto anche in inglese. Poi è importante avere il codice fiscale, una specie di National Insurance. E anche una macchina. Quando lavori, come me, in paesi nella stessa regione che non sono collegati molto bene dai mezzi di trasporto pubblici, è indispensabile avere un'automobile.**

ELENA: **E lo stipendio, è buono?**

LEWIS: **Non buonissimo, ma la vita non è cara come in Inghilterra, almeno nei piccoli centri. In ogni caso, lo stipendio aumenta con l'esperienza.**

ELENA: **Sei contento di vivere e lavorare in Italia, allora?**

LEWIS: **Contentissimo. Certo ho delle ragioni personali... ma il clima è buono e poi mi trovo in Italia centrale, sono vicino a tutto, alla Toscana, a Bologna, San Marino... e Roma non è lontana. La gente è ospitale e la cucina di mia suocera è incredibile. Cosa vuoi di più?**

richiesta per madrelingua inglese demand for native English-speakers
lettore language assistant
il codice fiscale tax code
Cosa vuoi di più? What more could you want?

Now, without looking at the transcript, listen to the recording and complete the following sentences:

1 Ci sono anche molti giovani inglesi e americani che cercano_____.
2 Ho un contratto con una scuola di lingue, dove insegno inglese_____.
3 Questo lavoro, lo ho trovato parlando con_____.
4 In Italia, i curriculum sono_____dei nostri.
5 È importante avere il_____, una specie di National Insurance.
6 La vita_____come in Inghilterra.
7 La cucina di mia suocera_____.

Now try to find phrases in the dialogue that mean the same as the ones below:

1 persone che parlano inglese come prima lingua
2 desiderano lavorare in Italia
3 occasionalmente insegno in una scuola
4 non ci sono autobus o treni che li collegano
5 ho dei motivi particolari

15. IL MONDO DEL CALCIO

When the 'old lady' scores a goal, 60,000 people stand up and cheer. The **vecchia signora** in this case is a nickname for Juventus, one of the best-known and eternally popular Italian football teams. The Italians' love affair with football never seems to cool, and in Italy, passion and money make the world of football go round.

In un certo senso, possiamo dire che il calcio rappresenta allo stesso tempo la faccia buona e cattiva dell'Italia: da un lato la passione e devozione dei tifosi, dall'altro il potere, la corruzione e gli episodi di razzismo. In Italia, la politica, il mondo degli affari e quello del calcio sono strettamente connessi. Silvio Berlusconi, primo ministro e magnate, è il proprietario del Milan. La dinastia Agnelli, fondatori della FIAT, finanzia una delle due squadre della città di Torino, la mitica Juventus.

Il calcio non produce solo soldi, ma anche notizie. In Italia esistono tre quotidiani dedicati allo sport, che durante la stagione calcistica si occupano prevelentemente di questo sport. Tutte le partite vengono analizzate nel dettaglio. Qualche volta I lettori hanno scritto ai giornali sportivi per criticare la performance di un giocatore e ne hanno ricevuto le scuse pubblicamente.

Come in Inghilterra e in Scozia, in Italia si fanno i derby tra squadre della stessa città. Tra i più famosi ci sono quello che si tiene a Milano tra il Milan e l'Inter e quello tra la Roma

JUVENTUS FANS WATCHING A MATCH ON AN OUTDOOR SCREEN

e la Lazio. Tutte le rivalità sono però abbandonate quando giocano gli Azzurri, la squadra nazionale italiana. Come in tutto il mondo, nelle squadre italiane ci sono molti giocatori stranieri che gli italiani adottano con entusiasmo. Tra questi, tuttavia, quello che è ancora nel cuore degli italiani e in particolare dei napoletani è Diego Maradona. La statua del giocatore argentino, infatti, intorno a Natale, appare persino in alcuni presepi di Napoli!

Anche in Italia purtroppo ci sono molti casi di violenza negli stadi e qualche volta il tifo è una scusa per mascherare sentimenti razzisti. Ma per il resto della nazione, dai bambini che scambiano le figurine dei calciatori con i compagni di classe ai vecchi che discutono con gusto al bar o in piazza, il calcio è una passione che dura tutta la vita.

Serie A League A equivalent to the English Premier League
gli Azzurri the Italian national team, literally 'the light blues' from the colour of their shirts

Read the following definitions of Italian words relating to the world of football and work out their English equivalents:

1 squadra: è composta da undici giocatori
2 stadio: dove giocano le due squadre
3 tifoso: persona che fa il tifo per una determinata squadra
4 pallone: la palla usata per giocare a calcio
5 arbitro: controlla le due squadre
6 partita: dura 90 minuti
7 stagione calcistica: periodo dell'anno quando si giocano le partite
8 serie: diverse categorie in cui giocano le squadre italiane

16. STRANIERO MA NON STRANO

Until the 1980s, Italy was a relatively homogenous population. Most people lived all their lives in the town or village where they were born. Foreigners arrived mostly in the summer, invaded Venice, Florence and Rome, and then left. Much has now changed, and not only in the large cities. Many Europeans, North Africans and Asians have moved to Italy to work; sometimes they marry Italians and become part of the sacred institution of the famiglia.

La fine del secolo scorso ha visto l'arrivo in Italia di migliaia di immigrati, attirati per la maggior parte dalla prospettiva di un lavoro e un buon guadagno. Qualche decennio dopo, gli immigrati dall'Europa dell'Est, dalla Cina, India, Algeria, Nigeria e tanti altri paesi, sono diventati parte della nuova società italiana. I cambiamenti necessari per convivere con nuove razze e culture sono stati numerosi, qualche volta difficili e sono avvenuti molto in fretta.

Il primo scossone lo ha preso la cucina italiana con la C maiuscola. Ristoranti cinesi, indiani, tailandesi sono comparsi come funghi nelle grandi città italiane e il palato dell'italiano medio si è abituato a sapori esotici. Anche se non è possibile prevedere con esattezza dove porterà questo contatto tra la cucina italiana tradizionale e spesso regionale, e la cucina etnica, i risultati saranno molto interessanti.

A causa della supremazia linguistica della lingua inglese, dell'appartenenza all'Unione Europea e del fatto che molti immigrati parlano inglese o francese come prima lingua, è aumentata l'importanza di conoscere le lingue straniere, che una volta erano indispensabili solo per gli uomini d'affari e per tutte le persone che lavoravano nel settore turistico. La diffusione dei voli economici ha dato a tutti gli italiani l'opportunità di passare i fine settimana nelle capitali europee e di conoscere culture e modi di vita diversi. I cittadini di altri paesi europei e di altri continenti hanno cominciato ad acquistare case in Italia; mentre altri lavorano per un certo numero di anni per le filiali italiane delle multinazionali.

Le scuole di inglese proliferano, mentre la nuova riforma scolastica ha reso obbligatorio lo studio di due lingue straniere nella scuola primaria. Ovviamente, sono nate anche molte scuole dove si insegna l'italiano agli immigrati e alle loro famiglie.

Nel frattempo, in tutta Europa sta crescendo la prima generazione bilingue dei 'bambini di Erasmus' i figli delle coppie di ex studenti che si sono conosciuti durante gli scambi universitari Erasmus tra paesi europei. Anche questi bambini, che guardano indifferentemente i DVD in inglese o italiano e chiaccherano al telefono con i nonni scozzesi o italiani nella loro lingua, sono i cittadini di un futuro dove parlare almeno due o tre lingue correntemente sarà sempre più importante.

Intanto, la lingua italiana assorbe senza problemi vocaboli stranieri, soprattutto inglesi. Alcuni puristi sono preoccupati dall'entrata di tante parole inglesi e americane nell'italiano.

In realtà l'italiano prende dall'inglese, ma adatta le parole alla propria realtà sociale. Come la storia ci dimostra, è più un caso di arricchimento culturale che di contaminazione linguistica.

il primo scossone lo ha preso the first shake up was in ...
con la C maiuscola with a capital C
sono comparsi come funghi sprung up like mushrooms
gli scambi universitari Erasmus exchanges between university students on Erasmus scholarships
guardano indifferentemente i DVD watch DVDs unconcernedly
parlare almeno... correntemente speak at least... fluently

The following section aims at checking your awareness of false friends. Some Latin words, which came into English through the Normans, now have quite a different meaning from their original Latin one, which is however often retained in Italian words that come directly from Latin. Answer the following questions to make sure you can spot the most common – and tricky – false friends:

1 'Parents' are not **parenti** – which refers not only to your mother and father, but _____.
2 'Educated' in Italian is **istruito**. The word **educato** means _____.
3 'Actually' is **effettivamente**, while **attualmente** signifies _____.
4 'Of course' has nothing to do with **di corsa** – that is, hurriedly - and can be translated as _____.
5 'Sympathetic' is nice enough, but not as friendly as _____.
6 'Comprehension' requires you to understand, which in Italian is _____.
7 'Exhibition' is not an **esibizione** – a performance – but is _____.
8 'Factory' is a place where things are made. **Fattoria** is where _____ is grown.
9 'Fabric' can be made in a **fabbrica** and in Italian is called _____.
10 'Popular' and **popolare** do not always mean the same thing, as in **quartiere popolare**, which is not necessarily a sought after part of town, but _____.

Pronuncia
Guide to pronunciation

The best way to develop good pronunciation is to listen to how Italian is spoken on the cassettes that accompany this course. Here we can only give a rough guide.

VOWELS

a	is similar to Southern English 'u' as in 'bunk': banca
e	is similar to 'e' as in 'met': mette
i	is similar to 'ea' as in 'easy': vino
o	is similar to 'o' as in 'soft': oggi
u	is similar to 'oo' as in 'fool': una

There is a variation in the sound of 'e': it can be 'open' as in caffè, bello, aperto; or 'closed' as in sera, mercato, inglese. The vowel 'o' also has two sounds: 'open' as in donna, però, oggi; or 'closed' as in sono, giorno, cotone.

CONSONANTS

c c followed by 'a', 'o', 'u', or a consonant, is 'hard' like the English 'c' in 'cat' or 'classic':

banca	bianco	camera	cultura	classico

When followed by e or i, the sound is 'soft', like the 'ch' in 'chat':

arrivederci	centro	cinque	cucina

g Similarly, g has a 'hard' sound when followed by 'a', 'o', 'u', or most consonants, like the English g in got:

albergo	fragola	pagare	guida	grazie

It's 'soft' like the 'j' in 'Jack' when followed by 'e' or 'i':

agenzia	Genova	giro

gn The letters gn are pronounced rather like the English 'ni' in 'onion':

signore	Gran Bretagna	giugno

gli The letters 'gli' are pronounced rather like the 'lli' of 'million':

gli	figlio	moglie

h h is not pronounced: ho, hai, ha, hanno; after 'c' and 'g', and before 'i' and 'e', it indicates a 'hard' sound:

chiesa	Inghilterra	banche	chiuso

ci, gi An 'i' is placed after 'c' and 'g' to indicate a 'soft' sound before 'a', 'o', or 'u':

giorno	Gianna	giugno	ciao

Where the 'i' is used like this to make the soft sound of the 'c' or the 'g', it isn't pronounced, and this is usually the case with the groups of letters cia, cio, ciu; gia, gio, giu and scia, scio, sciu (see below), though there are cases when the 'i' is pronounced, e.g. farmacia and sciare.

r 'r' is always rolled, or trilled, by letting the tongue flutter at the front of the mouth:

grazie   lavoro   circa

'r' is always clearly pronounced, including when it comes before another consonant:

parte   mercato   scarpe

z 'z' sometimes sounds like the English 'ts' in 'bits': prezzo, stazione, grazie; and sometimes like the 'ds' in 'birds': zucchero, zero, benzina. Unfortunately the spelling does not indicate which of the two sounds to pronounce.

sc The letters 'sc' before 'i' and 'e' are pronounced like the 'sh' in fish shop:

lasciare   ascensore   uscire

Before 'a', 'o' or 'u' they sound like the English 'sk' as in 'skirt':

scarpe   scozzese   scuola

'sche' and 'schi' also sound like 'sk': Ischia   scherzo

DOUBLE CONSONANTS

Double consonants are always more deliberately pronounced than single ones. If possible (as with -ff-, -ll-, -mm-, -nn-, -ss- etc.), hold on to the sound longer; if it is not possible to hold the sound (as with -bb-, -pp-, -tt- etc.), it will help if you shorten the preceding vowel and literally prepare to make the sound, though holding back briefly. E.g. in a word like mappa, close your lips ready to make the 'p' but then hold them closed for a split second before letting it happen.

STRESS

Some words are stressed on the last vowel, in which case this is shown in writing with an accent:

caffè   città   così   perché   però   più

Most words, though, are stressed on the last vowel but one:

abitare   costare   farmacia   Milano
palazzo   stazione   suo   via

With words that don't follow this rule, the stress is shown in the Vocabolario by a vowel in bold type:

abito   accademia   acqua   autobus
cinema   giovane   Padova   prendere

NB: Often words which are similar to English are stressed differently: macchina (machine, car); telefono (telephone); industria (industry); Venezia (Venice).

Words of recent foreign origin are usually pronounced approximately as they are in the original language, e.g. dépliant, garage, Pinot, brioche, all of French origin, are pronounced as if spelt 'deplian', 'garag(e)' (like the French), 'pinó', and 'briòsh' (rhymes with posh).

Grammatica

Synopsis of grammar in Buongiorno Italia!

ARTICLES

1 The form of an article is determined by whether the word that follows is masculine or feminine (its *gender*), singular or plural (its *number*) and by its initial letter(s); a preposition may also affect its form (see paragraph 6).

THE INDEFINITE ARTICLE (a, an)

FORMS

Masculine
un is used before vowels and most consonants: un albergo, un bar
uno is used before words beginning with s + consonant or z: uno scontrino, uno zoo

Feminine
un' is used before vowels: un'agenzia
una is used before consonants: una birra, una scatola, una zuppa

masculine		feminine	
un	albergo bar	un'agenzia	
uno	scontrino zoo	una	birra scatola zuppa

*A few rare consonant combinations also require **uno**, e.g **uno psicologo**.*

2 **USES**
Sometimes, a phrase that requires *a* or *an* in English doesn't need the article in Italian: avete garage?; avete giardino?

THE DEFINITE ARTICLE (the)

3 **SIMPLE FORMS**

Masculine singular
l' is used before vowels: l'albergo
lo is used before words beginning with s + consonant or with z: lo scontrino
il is used before consonants: il bar

Masculine plural

gli is used before vowels and before words beginning with s + consonant or z: gli alberghi, gli scontrini

i is used before consonants: i bar

Feminine singular

l' is used before vowels: l'agenzia

la is used before consonants: la scatola, la birra

Feminine plural

le is used before vowels and consonants: le agenzie, le scatole, le birre

	masculine		feminine	
singular	l'albergo		l'agenzia	
	lo scontrino		la	scatola
	il bar			birra
plural	gli	alberghi scontrini	le	agenzie scatole birre
	i bar			

The consonant combinations that require **uno** also require **lo**, e.g. **lo ps**icologo.

4 **USES**

Unlike English, the definite article is required in the following cases:

- with titles, like signore, signora, professore: **il** signor Rossi, **la** signora Rossi, **il** professor Torelli, etc;
- with countries: **l'**Italia, **la** Gran Bretagna, **gli** Stati Uniti, etc;
- with names of regions: **la** Toscana, **l'**Umbria, **il** Lazio, etc;
- with names of languages: **l'**italiano, **l'**inglese, etc. (with parlare *to speak* the article is optional: parlo (**l'**) italiano);
- with (school) subjects: **l'**aritmetica, **la** storia, **la** geografia, etc.
- with numerals, to tell the time: **l'**una, **le** due, le tre, etc, or to name a year: **il** 1982, **il** 2000, etc;
- with abstract nouns: **la** civiltà, **la** paura, **la** conservazione, etc;
- with concrete nouns used in a general sense: **il** burro è caro; non mi piace **il** caffè senza zucchero; mi piacciono molto **gli** animali.

The definite article is also used in expressions like: avere **la** macchina, **il** computer, **la** casa *to have a car, a computer, a house* where English uses *a* or *an*; in these expressions, the noun denotes an object which people may be expected to possess.

5 The definite article is not used in many idiomatic phrases, especially after the preposition **in** when referring to where something is or to where someone's going: in centro, in vetrina, in macchina, in frigorifero, in banca, in campagna, in città, in Italia.

Note also: a casa, con o senza latte, con bagno o con doccia, etc.

6 **CONTRACTED FORMS** (at the, from the, of the, in the, on the)
When the definite article is preceded by a, da, di, in, su, the two words combine to form one word as follows:

	il	lo	la	l'	i	gli	le
a	al	allo	alla	all'	ai	agli	alle
da	dal	dallo	dalla	dall'	dai	dagli	dalle
di	del	dello	della	dell'	dei	degli	delle
in	nel	nello	nella	nell'	nei	negli	nelle
su	sul	sullo	sulla	sull'	sui	sugli	sulle

con *with* may combine with the definite article to give col, collo, colla, etc, but they usually remain separate, especially in writing: con il, con lo, con la, etc.

7 **THE PARTITIVE ARTICLE**

The combination of **di** + definite article is used to express the idea of some or any: vorrei **dei** cannelloni; ha **della** mozzarella?; ho comprato **del** pane. The forms are as those indicated in 6 above.

DEMONSTRATIVES

8 **QUESTO** (this, this one)

	masculine	feminine
singular	**questo** cestino	**questa** cartolina
plural	**questi** cestini	**queste** cartoline

9   QUELLO (that, that one)

The forms of quello are like those of the definite article:

	masculine	feminine
singular	quell'albergo	quell'agenzia
	quello scontrino	quella scatola
	quel bar	quella birra
plural	quegli alberghi scontrini	quelle agenzie scatole birre
	quei bar	

The consonant combinations that require uno also require quello: quello psicologo.

When used as a pronoun (that one, etc), the forms of quello are simpler:

quello mi piace	quella mi piace
quelli non mi piacciono	quelle non mi piacciono

10   Questo, etc, may be used with qui and qua, and quello, etc, with lì and là, for emphasis: questa borsa qui non mi piace; preferisco quella là.

11   You use the masculine singular forms questo and quello when referring not to a particular word but to something abstract: chi ha detto questo? *who said this?*; vengo per quello *that's why I've come.*

POSSESSIVES

12   FORMS

Unlike English, the various possessives (*my, mine; your, yours*; etc.) agree with the thing(s) possessed:

	masculine		feminine	
	singular	plural	singular	plural
io noi	il mio il nostro	i miei i nostri	la mia la nostra	le mie le nostre
tu voi	il tuo il vostro	i tuoi i vostri	la tua la vostra	le tue le vostre
lei lui/lei loro	il suo il loro	i suoi i loro	la sua la loro	le sue le loro

13 Possessives are used either as adjectives (*my ..., your ...*, etc.) or as pronouns (*mine, yours*, etc): di che colore è **la sua macchina?**; **la mia** è blu. E **la sua?**

14 Possessives are preceded by the definite article, unless an indefinite article, a numeral or a demonstrative is used: **un mio** amico, **due miei** amici, **quel mio** amico.

The expressions un mio amico, due miei amici correspond to the English *a friend of mine, two friends of mine.*

The expressions: questa valigia è mia and questa valigia è la mia both mean *this suitcase is mine.*

15 When the noun following the possessive adjective is the word for a relative, the definite article is dropped: **mia madre** abita con noi; **suo marito** lavora con **mio padre.**

But when the word is for relatives, in the plural, the article is retained: **i miei fratelli** sono tutti sposati; **le mie sorelle** vivono a Milano.

It's also often retained with colloquial forms, e.g.: la mia mamma.

And with loro the definite article is always used, whether in the singular or the plural: Paolo e Maria vivono con **la loro madre**; Giovanna e Andrea vivono con **i loro figli.**

16 The possessive adjective normally comes before the noun, but it can come after it, especially for emphasis: la valigia mia è quella nera.

17 **USES**
The possessive adjective is not normally required in Italian when the context makes it obvious who the possessor is: quando prende le vacanze? *when do you take your holidays?*; può fare il biglietto alla stazione *you can get your ticket at the station*; mi dà un documento? *could I have some ID?*; vado con la mamma *I'm going with my mother.*

With reflexive verbs, the possessive isn't usually needed: mi lavo **la** faccia *I wash my face*; bisogna aiutarli a allacciarsi **le** scarpe *you have to help them to tie their shoes.*

NOUNS

GENDER

18 There are two genders in Italian, masculine and feminine. Most nouns that denote human males are masculine, most nouns that denote human females are feminine: un uomo, un pittore; una donna, una sorella. With the others, it is not possible to predict the gender: un elefante, una giraffa; un albero, una pianta; un albergo, una chiesa; un lavoro, un'idea.

19 The ending of a noun gives a clue as to its gender, but this is unreliable as there are many exceptions. Nevertheless, it is helpful to use the ending of the singular noun as a guide:

–o masculine, with a few exceptions, e.g. la mano, la radio
–a usually feminine; among the masculines, those ending in –ista form a
large group: un turista, un comunista, etc.
–e rather more masculines than feminines; those ending in –ore are usually
masculine: il colore; those in –ione feminine: la stazione
–i infrequent and ambiguous: la crisi, il brindisi.
–u non-existent.
–accented vowel (–à, –è, –ù, etc) often masculine: il caffè; but also many feminine:
la città.
–consonant mostly masculine: un bar, un vermut.

A few nouns are masculine in the singular and feminine in the plural: l'uovo –
la uova; il muro – le mura. For these, see paragraph 21.

NUMBER

20   To form the plural, singular nouns ending in:

–o (masc.) change to –i: un cestino – due cestini; un telefono – due telefoni; also:
la mano – le mani.
–e (masc. or fem.) also change to –i: un limone – due limoni; una stazione – due
stazioni.
–a (masc.) also change to –i: un turista – due turisti; un programma – due
programmi.
–a (fem.) changes to –e: una pera – due pere; una via – due vie.
–i, –accented vowel or consonant do not change: una crisi – due crisi; un caffè – due
caffè; una città – due città; un autobus – due autobus.

21   A few common words have irregular plurals: un uomo – due uomini; some also
change gender: l'uovo – le uova. A few have two plural forms, with meanings
that differ slightly: il muro *the wall* becomes i muri (masc.) *the walls* (e.g. of a
house) and le mura (fem.) *the walls* (e.g. of a town or fortress).

Foreign words tend not to change in the plural: una toilette – due toilette;
un garage – due garage; un dépliant – due dépliant; un computer – due computer,
un euro – due euro.

22   **SPELLING CHANGES**
In writing, most nouns ending in –co, –ca, –go or –ga insert an h in the plural
to show that the hard sound is preserved: un parco – due parchi; un albergo – due
alberghi; una banca – due banche. An exception is amico: un amico – due amici.
Nouns that are stressed on the last syllable but two are also exceptions: un
medico – due medici; uno psicologo – due psicologi.

Conversely, when a noun ends in –cio, –cia, –gio or –gia the i is not usually
written in the plural when it is not pronounced in the singular: un'arancia – due
arance; un formaggio – due formaggi. When the i is pronounced in the singular,
it is maintained in the plural: una farmacia – due farmacie.

Nouns ending in –io, where the i is pronounced but not stressed, form the
plural by dropping the –o: un binario – due binari.

23 DERIVED FORMS

For the use of diminutive endings, see Unit 11, p.132.

ADJECTIVES

---

24 AGREEMENT

Adjectives agree in gender and number with the nouns they qualify, e.g. for rosso:

un vino rosso   due vini rossi
una mela rossa due mele rosse

The masculine plural is used when an adjective qualifies a mixture of masculine and feminine nouns: un vino e una birra italiani.

25 There are three classes of adjectives:

  1 those with four forms, like italiano (or rosso, bianco, etc.):
     un ombrello italiano | degli ombrelli italiani
     una maglia italiana | delle maglie italiane

  2 those with two forms, like inglese (or verde, semplice, etc.):

| un ombrello | inglese | degli ombrelli | inglesi |
| una maglia | | delle maglie | |

  3 those with only one form, like blu (or rosa, marrone, etc.); several of the colour adjectives fall into this class:

un ombrello	
una maglia	blu
degli ombrelli	
delle maglie	

The spelling changes and irregularities applying to nouns (see paragraph 22) also apply to adjectives: un vino bianco – due vini bianchi; un oggetto simpatico – degli oggetti simpatici; un programma vario – dei programmi vari.

26 Buono, grande become buon, gran when placed before a masculine singular noun beginning with a consonant (other than s followed by another consonant, or z): del **buon** pecorino; un **gran** caffè.

When placed before a noun, bello has forms similar to those of the definite article:

un **bell'**albergo	dei **begli**	alberghi
		zoo
un **bello** zoo		
un **bel** bar	dei **bei** bar	

	azalea		azalee
una **bella**	scatola	delle **belle**	scatole
	chiesa		chiese

27 **POSITION**

Most adjectives follow the noun, or nouns, they qualify, but some,
e.g. grande, piccolo, buono, bello, can also precede the noun, with some
change of meaning:

un signore **grande** *a large gentleman*
un **gran** signore *a real gentleman*
una cosa **bella** *a beautiful thing*
una **bella** cosa *a fine thing*

And with some adjectives, the change of meaning can be very noticeable:

la cosa **stessa** *the thing itself*
la **stessa** cosa *the same thing*
una domanda **semplice** *a simple question*
una **semplice** domanda *just a question*

28 **DERIVED FORMS**

For the use of diminutive endings on adjectives, see Unit 11, p.132.

29 **ADJECTIVES AS NOUNS**

Adjectives may be used as nouns simply by placing an appropriate article or
demonstrative before them: **le grandi** costano 5 euro, **le piccole** 3 euro; 3 euro
le rosse, 2 euro **le gialle** e 1 euro **le rosa**.

30 **ADJECTIVES AS ADVERBS**

A number of adjectives, especially adjectives of quantity (poco, molto, troppo,
tanto) and distance (vicino, lontano), can also function as adverbs: c'è **molta** gente
(adj); mi piacciono **molto** (adv); è **lontana** la stazione? (adj); no, è qui **vicino**, a due
passi (adv).

31 Note the way **tutto** is used:

tutto il giorno *all day*   tutta la scuola *the whole school*
tutti i giorni *every day*   tutte le scuole *all schools*

32 **Più** *more, most* (or **meno** *less, least*) is placed immediately before the adjective:
qual è il **più** secco che avete?; il vino **più** venduto in Orvieto; il negozio **più** vecchio
della piazza. A common alternative to più buono is **migliore**.

33 There are two ways of expressing the idea *very*, or *extremely*:

1 by using **molto**: molto bello, molto cara, molto comode, etc.

2 by replacing the last vowel of the adjective with **–issimo/a/i/e**: bellissimo,
carissima, comodissime; this form is more emphatic than the form with molto.
A common alternative to buonissimo is **ottimo**.

PERSONAL PRONOUNS

34 THE SUBJECT PRONOUNS

		singular	plural
1st person	(I, we)	io	noi
2nd person	familiar (you)	tu	voi
	formal (you)	lei	
3rd person	masculine (he, they)	lui	loro
	feminine (she, they)	lei	

35   For when to use **tu** or **lei**, see Unit 2, p.22 and the first two interviews in Unit 19, pp.215-6. For when to use **voi** or **loro**, see Unit 10, p.111.

36   Subject pronouns are generally only used for the sake of emphasis, contrast, or clarity: **sono** di Londra, but **io sono** di Londra, **lui** (or **lei**) è di Birmingham.

37 STRESSED OBJECT PRONOUNS

		singular	plural
1st person	(me, us)	me	noi
2nd person	familiar (you)	te	voi
	formal (you)	lei	
3rd person	masculine (him, them)	lui	loro
	feminine (her, them)	lei	

The stressed pronouns are most commonly used after prepositions, e.g.: per **me** va bene; a **me**, mi porti ...; anche per **te**?; chi paga per **loro**?

RELATIVE PRONOUNS

48 **Che** (*that, which, who, whom*) is the all-purpose relative pronoun in Italian. It is used both as subject: c'è questa **che** comprende anche Stresa; and object: è l'ultimo paio **che** abbiamo.

49 **Chi** (*he who, she who, the one who*) is frequently used with the sense of some: **chi** va in giardino, **chi** va a fare una passeggiata ...

50 **Cui** is used when a preposition is needed: le persone con **cui** si ha un certo rapporto; i giorni in **cui** il bar è più frequentato.

Il quale, (la quale, i quali, le quali) is a fuller form which can be used instead of che or cui. Since it agrees in gender and number, it can help avoid ambiguity, though it's also used as a matter of style: un masso di tufo **sul quale** (su cui) gli uomini hanno fatto ...

OTHER ADJECTIVES AND PRONOUNS

51 **Uno, una** *one* are used in place of a noun so as to avoid repeating it: c'è un bar/ una banca qui vicino? Sì, ce n'è **uno/una** sulla destra.

52 **Qualche** *some* is always followed by a noun in the singular: qualche cosa *something*; qualche volta *sometimes*; dove io pianto qualche fiore.

Note the construction of **qualche cosa** with an adjective: era qualche cosa di simpatico it was something nice.

VERBS

53 **VERB FORMS**

Regular verbs are so called because their endings follow set patterns regularly. There are four types of regular verbs: one with infinitives ending in **–are**, one ending in **–ere** and two ending in **–ire**.

Infinitive (Past Participle)	parlare (parlato)	vendere (venduto)	servire (servito)	capire (capito)
Present	parlo	vendo	servo	capisco
	parli	vendi	servi	capisci
	parla	vende	serve	capisce
	parliamo	vendiamo	serviamo	capiamo
	parlate	vendete	servite	capite
	parlano	vendono	servono	capiscono

Perfect [1]	ho parlato etc.	ho venduto etc.	ho servito etc.	ho capito etc.
Imperfect	parlavo parlavi parlava parlavamo parlavate parlavano	vendevo vendevi vendeva vendevamo vendevate vendevano	servivo servivi serviva servivamo servivate servivano	capivo capivi capiva capivamo capivate capivano
Future	parlerò parlerai parlerà parleremo parlerete parleranno	venderò venderai venderà venderemo venderete venderanno	servirò servirai servirà serviremo servirete serviranno	capirò capirai capirà capiremo capirete capiranno

Irregular verbs are so called because they do not follow the set patterns – and some are more irregular than others. All irregular verbs are marked with a dagger in the glossary, e.g. avere† to have, but only the most frequent are given here. For the remainder (e.g. morire, produrre, salire, sciogliere, etc.) a reference grammar or a dictionary should be consulted.

essere (stato)	avere (avuto)	fare (fatto)	dare (dato)	stare (stato)
sono sei è siamo siete sono	ho hai ha abbiamo avete hanno	faccio fai fa facciamo fate fanno	do dai dà diamo date danno	sto stai sta stiamo state stanno
sono stato/a etc.	ho avuto etc.	ho fatto etc.	ho dato etc.	sono stato/a etc.
ero eri era eravamo eravate erano	avevo avevi aveva avevamo avevate avevano	facevo facevi faceva facevamo facevate facevano	davo davi dava davamo davate davano	stavo stavi stava stavamo stavate stavano
sarò sarai sarà saremo sarete saranno	avrò avrai avrà avremo avrete avranno	farò farai farà faremo farete faranno	darò darai darà daremo darete daranno	starò starai starà staremo starete staranno

59   THE PAST PARTICIPLE

This is the part of the verb that is used with avere or essere to form the perfect tense (see paragraph 54). It is also a verbal adjective that functions like other adjectives: quando è **aperto** il Teatro Olimpico? (from aprire); quando l'albergo è **chiuso** ... (from chiudere).

60   THE PRESENT

As in English, this is used when the time reference of the verb is that of the time of speaking: è buona questa porchetta?; quanto costa al chilo?; lei cura tutto il giardino?

On the other hand, Italian generally uses the present tense where English requires a present continuous (e.g. not *I do*, but *I'm doing*): è il primo anno che fai l'inglese? *is this the first year you're doing English?*; che cosa impari qui? *what are you learning here?*; va in prima o in seconda classe? *are you going first or second class?*

Also, Italian uses the present tense to express an intention or a suggestion in cases where English uses a future tense: le prendo, grazie *I'll take them, thanks*; li proviamo? *shall we try them on?*; andiamo? *shall we go?*

In much the same way, Italian uses the present when talking about an action that stretches from the past to the moment of speaking, whereas English uses a past tense: lavoro in questo negozio da circa quindici anni *I've been working in this shop for about fifteen years*.

61   THE PRESENT REFLEXIVE

A reflexive verb is essentially the special form of a verb used when the subject acts upon him or herself: lavare *to wash*, lavarsi *to get washed, to wash oneself*; or when two subjects act upon each other: lavarsi *to wash one another*, sposarsi *to get married*.

The main difference between English and Italian is that the reflexive or reciprocal idea is shown by a pronoun in Italian (the reflexive pronoun, see paragraph 40), whereas in English there's often no reflexive pronoun: non si alzano tutti alla stessa ora *they don't all get up at the same time*; il giorno che ci siamo sposati *the day we got married*.

There is sometimes only the merest shade of difference between the meanings of a verb used reflexively and non-reflexively, e.g. ricordare *to remember, to remind*: non ricordo altro *I don't remember anything else*; ricordarsi *to remember, to remind oneself*: non mi ricordo *I don't remember*.

62   THE PRESENT PASSIVE

This is used when the object of an action, e.g. il pane in the sentence faccio il pane, is made into the subject of another sentence: **il pane è fatto** da me.

The main difference between English and Italian is that venire and andare can be used to form the passive as well as essere. See Unit 13, p.148.

63   THE PERFECT

This is used when referring to a past action, ie one that is finished at the time of speaking. It corresponds to two tenses in English: 1/ the perfect: **ho comprato** un po' di tutto *I've bought a bit of everything*; **ho fatto** la spesa *I've done the shopping*, and 2/ the simple past: come **ho comprato** questa mattina *like (the kind) I bought this morning*; **siamo andati** in macchina *we went by car*; il sabato **ho lasciato** la città *on Saturday I left town*; **sono tornato** in Italia l'anno passato *I came back to Italy last year*.

64   THE IMPERFECT

This tense is used in describing past states, ie how people or things used to be, or were: allora Vicenza **era** più familiare *in those days Vicenza was more intimate*; gli etruschi **conoscevano** il vino *the Etruscans knew about wine*.

It is also used in describing past habitual actions, ie what people or things used to do: **venivo** a Vicenza moltissime volte *I used to come to Vicenza very frequently*; **facevamo** qualche viaggio *we used to make the occasional trip*; **si andava** a sciare in montagna *we used to go skiing in the mountains*.

65   THE FUTURE

The future tense in Italian is relatively easy to learn and its endings are the same for every conjugation. However, it tends not to be used very much, particularly in spoken Italian. Italians prefer to stick to the present tense, especially when talking about actions that will take place in the near future, often adding expressions of time such as domani or il mese prossimo to indicate when something will happen: domani **vado** a Londra.

The future tense is still used to talk about actions that will or may take place at some point in the future: **visiterò** le piramide, forse **lavorerò** con mio padre. It is also commonly used when you are guessing or presuming something, as in the English *'must'*: dov'è il mio cellulare? **sarà** nella tua borsa.

ADVERBS

66   The most common adverbs refer mainly to time: adesso, ora, oggi, domani, etc.; to place: qui, lì, vicino, lontano, etc.; to quantity: molto, poco, abbastanza, etc., or to manner: bene, meglio, male, peggio, etc.

Many adverbial phrases are formed by a preposition + noun: a parte, in fretta, in piedi, etc.

67   Most adjectives can be made into adverbs by the addition of the suffix –mente to the feminine forms of the adjective: vero – veramente; certo – certamente; apparente – apparentemente, etc. Adjectives that end in –le or –re drop the final e when adding –mente: naturale – naturalmente; maggiore – maggiormente, etc.

68   Qui and qua, lì and là. Qui and qua both mean *here*, qui with the meaning of *here, at this spot* and qua *over here*. The same difference underlies lì *there, at that spot*, and là *over there*.

Note also qui dentro *in here*, là fuori *out there*, etc., where the order of words is the reverse of the order in English.

69 Certain adverbs can be modified by another adverb, like più, meno, molto, poco, to produce comparative forms: più tardi *later*; meno tardi *not so late*; molto tardi *very late*; poco tardi *not very late* (see the comparison of adjectives, paragraphs 32, 33).

And to be more emphatic still you can use the suffix –issimo: molto tardi *very late*, tardissimo *very very late*; similarly molto poco, pochissimo.

Molto and tanto have only the emphatic form: moltissimo, tantissimo.

70 Bene *well* and male *badly* cannot be used with più: there are the special forms meglio *better*, peggio *worse*.

PREPOSITIONS

71 Most Italian prepositions closely match their equivalents in English in meaning and usage: **con** limone *with lemon*, **senza** zucchero *without sugar*, **per** tutti e quattro *for all four of us*, **sulla** tavola *on the table*, etc.

A few very common prepositions, though, have a variety of usages and are best learned with the words they accompany. The most important uses of these common prepositions are set out below.

NB The most frequently used prepositions combine with the various forms of the definite article to form one word. The full table is given in paragraph 6.

72 **A**

Place 1/ – with names of towns where English uses *to, in, at* or nothing at all: vado **a** Firenze; abito **a** Firenze; devo cambiare **a** Firenze; vorrei telefonare **a** Firenze.

Place 2/ – in certain expressions without an article: vado **a casa**; andiamo **a scuola**.

Time – *at, when, until*: **alle** due, **alle** tre, etc.; **alle** sette e cinque; **al** mattino, **alla** mattina; **a** che ora ...? dalle nove **alle** diciannove.

Distance – **a** cento metri; **a** due passi.

Unit cost and frequency – where English uses *a, an* or *per*: due euro **all'**etto; sei e trenta **alla** bottiglia; due volte **alla** settimana; una volta **all'**anno; un litro **al** giorno.

Cooked in, served with, or prepared in a certain style, in names of dishes, etc. – un tè **al** latte, **al** limone; spinaci **all'**agro; ravioli **al** ragù; cotoletta **alla** parmigiana; bistecca **ai** ferri; lasagne al forno.

Working by means of – fornello **a** gas.

+ noun, to form adverbs – **a** destra, **a** sinistra, **a** piedi, **a** parte, **a** rovescio, **a** volte, **a** posto.

+ adjective, to form adverbs: **a** lungo, **a** poco **a** poco.

a often changes to ad before a word beginning with a vowel, especially if the vowel is a: anche **ad** altre persone; la stazione è **ad** Orvieto Scalo.

73 DA

From a place – è lontano **da** qui?; posso telefonare **da** qui?; è in arrivo il treno **da** Venezia ...

To somebody's place – vado **da** Giovanni; sono andate **dal** macellaio; ci siamo fermati **da** un antiquario; **da** noi ...

Time since – **da** molti anni; **da** anni.

Value – un biglietto **da** cinque euro; due francobolli **da** sessantadue.

Capacity – una caffettiera **da** tre tazze; un servizio **da** sei; una pellicola **da** dodici pose.

Usage – what for: una tazza **da** caffè; un servizio **da** tè; where for: un orologio **da** polso, **da** tavolo, **da** muro; who for: un orologio **da** uomo; un paio di scarpe **da** donna; cappelli **da** uomo.

+ noun or adjective – **da** bambina; **da** ragazzo; **da** giovane; **da** solo.

+ verb – cosa c'è **da** vedere?; ha i bagagli **da** prendere?; prendiamo qualcosa **da** bere; abbiamo fatto (qualcosa) **da** mangiare.

74 DI

DI has a variety of uses. It can express.

Possession – il negozio **del** signor Balzarin; l'amico **di** Giovanni; i monumenti **della** città.

Provenance – sono **di** Venezia; **di** dov'è?; è **di** qui, **della** zona?

Contents – un bicchiere **di** vino; un elenco **degli** alberghi; una guida **di** Stresa; una mappa **della** città.

Time when – **d'**estate, **d'**inverno; **di** mattina, **di** notte.

Another use of di is that of linking two nouns when the second qualifies the first and is therefore rather like an adjective: un biglietto **di** andata; un giorno **di** riposo; cinque minuti **di** ritardo; una casa **di** montagna; l'Italia **del** Sud.

Note the expression cosa + di + adjective: cos'ha mangiato **di** buono?; che cosa hai visto **di** bello?; qualche cosa **di** simpatico.

Di is also used in the sense of *than* when making comparisons: la gente era molto più numerosa **di** ora; queste scarpe sono più comode **di** quelle.

Di is also used in the sense of *in* in sentences like: il negozio più vecchio **della** piazza; la città più grande **d'**Italia.

For the partitive use of di, see paragraph 7.

Di is often shortened to d' before a word beginning with a vowel, especially if the vowel is i: **d'**inverno.

75 IN

As in English, the typical use of **in** is in expressions of time and place.

It is used with names of countries, where English uses *in*, *to*, or nothing: vado **in** Italia; devo telefonare **in** Svizzera; abito **in** Scozia.

It is also used in a number of expressions without the definite article where English would use *in, at, to,* or nothing, + *the*:

in | centro, piazza, città, campagna, montagna
camera, albergo, farmacia, banca
ufficio, fabbrica, negozio, vetrina

Time – **in** inverno; **in** stagione; **in** che giorno?

Means of transport – vado **in** treno, **in** macchina, **in** aereo.

Note the expressions: essere **in** vacanza *to be on holiday*; **in** arrivo *now arriving*; essere **in** orario *to be on time*; siamo **in** due, tre, nove ... *there are two, three, nine of us ...*

76 As in English, prepositions are sometimes needed to introduce an object after a verb: parlare **a/con** qualcuno *to speak to/with someone.*

But English and Italian do often differ: telefonare **a** qualcuno *to phone someone*; dipende **dai** posti e **dai** concerti *it depends on the seats and on the concerts*; ricordarsi **di** qualcosa *to remember something*. It is best to learn which preposition goes with a verb when you first learn it.

77   CONJUNCTIONS

The Italian conjunctions e, ma, o, però, oppure, etc., are reasonably matched by the equivalent words in English. E *and* can change to ed before a word beginning with a vowel, especially if the vowel is e: francese, tedesco **ed** inglese. O *or* can be reinforced to oppure: **oppure** nei paesi limitrofi. *Either ... or ...* is **o** ... **o** ...: **o** la mia **o** quella delle mie amiche.

SOME BASIC CONSTRUCTIONS

NEGATIVE STATEMENTS

78 A statement is made negative by placing **non** before the verb: **non** è qui; **non sono** molto comodi; **non costa** molto.

When there is an unstressed object pronoun, this is placed between **non** and the verb: mi dispiace, ma non **le** prendo; non **lo** so; non **lo** conosco.

79 Unlike English, non is still required when negatives like mai, *never*, are used: Capri, **non** l'ho **mai** visitata; no, **non** ci sono **mai** stato.

QUESTIONS

80 Yes/no questions (ie questions that can be answered by *yes, no, perhaps*, etc.): the order of words can remain the same as that for statements, but the query is expressed in the tone of voice: è lontano – è lontano?; c'è una banca qui vicino – c'è una banca qui vicino?; lei cura tutto il giardino – lei cura tutto il giardino?

It is also quite common to change the order of words by placing the subject at the end of the sentence: **Binda** è lontana – è lontana **Binda**?; **questa porchetta** è buona – è buona **questa porchetta**?; **il treno** è diretto – è diretto **il treno**?

When you're sure of the answer and you're simply asking for confirmation, you add no? or vero? to your statement: voi siete di Venezia, **no?**; il vino è caro, **vero?**

81 For questions starting with words like *who, what, where* (which can't be answered with *yes, no*, etc.), the most common words in Italian are:

chi? *who?* chi paga per loro?
che? *what?* che desidera?
cosa? *what?* cosa desidera?
che cosa? *what?* che cosa impari qui?
quale? *which?* (**qual** before è): qual è il suo lavoro?; in quali ore della giornata ...?
dove? *where?* (**dov'** before è): dov'è l'imbarcadero?
quando? *when?* quando parte il pullman?
quanto? *how much?, how many?* (**quant'** before è): quant'è?; quanto costa il biglietto?; quanti ci sono?
come? *how?* come sta?
perché? *why?* perché preferisci dare del tu?

Notice that in questions of this kind, the subject of the verb, if expressed at all, comes after the verb: quando parte **il pullman**?; che lavoro fa **lei**?

82 **PUTTING THE OBJECT FIRST**

A frequent trick in spoken Italian is to change the normal word order of a sentence and put the grammatical object at the front of the whole sentence. A normal sentence like serviamo la colazione dalle 7.30 alle 10 thus becomes la colazione la serviamo dalle 7.30 alle 10. When this is done, the object is repeated by the appropriate pronoun, in the above example: ... la serviamo ...

Other examples are: il rosso lo consiglio con delle carni rosse; Capri non l'ho mai visitata; l'Italia la conosco molto bene.

Note also: di gatti ce ne sono diverse qualità, where the normal order would be ci sono diverse qualità di gatti.

SPECIAL CONSTRUCTIONS

83 **THE SI CONSTRUCTION**

The pronoun si is used with a verb in the 3rd person with the meaning of the English *one* as in *one can't breathe in here* (see Unit 18, p.210). The odd thing about this construction is that the verb becomes plural if there's a plural direct object; otherwise the verb is always singular: **si andava** a sciare in montagna (no direct object); per andare a Padova **si prende** l'autobus (singular direct object); **si andavano** a fare delle belle passeggiate (plural direct object).

84 **PIACERE**

Mi piace: questa borsa **mi piace** *I like this bag* is literally *this bag pleases me*; queste scarpe **mi piacciono** *I like these shoes* is literally *these shoes please me*. Similarly, **le piace** ...? *does ... please you?*; **le piacciono** ...? *do ... please you?*

An emphatic way of saying mi piace, le piace is to say a me piace, a lei piace: a me piace e vengo per quello *I like it and that's why I come here* (literally *it is pleasing to me*).

Other verbs that work like **piacere** include **dispiacere** – mi dispiace; **sembrare** – mi sembra facile; **interessare** – mi interessa molto la musica; **succedere** – a volte mi succede che ... and **mancare** - ti mancherà la tua famiglia?

85 **VORREI, VORRESTI AND MI/TI PIACEREBBE**

These are conditional tense forms, used to say what you would like and what you would like to do. Mi piacerebbe is usually followed by a verb: **mi piacerebbe** viaggiare, whereas vorrei can be used either with an object – **vorrei** una birra, or with a verb – **vorrei** prendere il patentino da guida turistica; **vorresti** riposare un po'?

86 **POSSESSION**

When several possessors own one item each, the noun for the item is in the singular in Italian, unlike English: un'inchiesta sugli italiani **e la loro casa** *a survey on the Italians and their homes*. A plural in Italian (... e le loro case) would imply that each person owned more than one home.

87 **TIMES, DAYS, SEASONS, ETC.**

Note how the following constructions differ from their equivalents in English:

all'una, alle due, alle tre ... *at one, at two, at three o'clock ...*
la or alla mattina, la or alla sera *in the morning, in the evening*
in or d'estate, in or d'inverno *in summer, in winter*
la domenica, il lunedì ... *on Sundays, on Mondays ...*
domenica, lunedì ... *on Sunday, on Monday ...*

SPELLING CONVENTIONS

88 Adjectives and nouns of nationality are spelt with a small initial letter in Italian: una scuola italiana; lavoro con degli inglesi. The same applies to languages: parlo inglese; studio l'italiano.

89 The names of the days of the week and of the months of the year are usually spelt with a small initial letter: il lunedì, il martedì, etc.; gennaio, febbraio, etc.

90 A number of expressions made up of several words are often spelt as one: buongiorno, buonasera, buonanotte; centoventi euro; millesettecento euro, etc. However, they are sometimes spelt as two or more words: buon giorno, etc.; cento venti lire, etc.

With numerals, multiples of hundreds and thousands (duecento, tremila, etc.) are never split.

Chiave esercizi

Answers to the activities

Words that are optional are shown in brackets, e.g: È lontano (da qui)?
Alternative answers are shown thus: in (or nella) macchina;
Quant'è (or Quanto costa) la camera?

UNIT 1

1 **1** toilette **2** pasta **3** una **4** bicchiere; bianco **5** supermercato **6** aranciata
   7 agenzia di viaggi **8** guida

2 Buonasera. / Un tè per favore. / Al latte o limone? / Limone, grazie. / Va bene. Un
   euro e cinquanta. / Ecco, un euro... e cinquanta. / Grazie.

3 A coffee and a glass of red wine. €4. C'è una farmacia qui vicino?

4 Scusi, c'è un bar qui vicino? / Grazie. / Buongiorno. Una birra, per favore. / Grazie.
   / Scusi, c'è un bancomat qui (vicino)? / Grazie.
   The cash machine is just after the supermarket.

5 **1** banca **2** supermercato **3** telefono **4** ristorante **5** bar **6** chiesa **7** agenzia
   8 albergo **9** farmacia **10** buonasera

UNIT 2

1 **1**B **2**D **3**A **4**C

   1 Come ti chiami? **2** Sei di Venezia? **3** Di dove sei? **4** Sei irlandese?

2 **1** Dov'è il duomo? / È lontano (da qui)?
   2 Scusi, dov'è la stazione? / È lontana (da qui)? / Dov'è la fermata?
   3 Scusi, dov'è il Teatro dell'Opera? / È lontano (da qui)?

3 **1** Scusi, c'è una banca qui vicino?
   2 Scusi, c'è un bar qui vicino?
   3 Dov'è (il Caffè Greco)?
   4 È lontano (da qui)?
   5 Scusi, dov'è la fermata dell'autobus?
   6 Scusi, dov'è il Caffè Greco?
   7 Un caffè, per favore.

4 **1** Il Teatro Nuovo **2** La stazione (ferroviaria) **3** L'Azienda di Turismo
   4 La fermata dell'autobus

5 **1** No, she has directed you to the Albergo Venezia.
   2 No, she has directed you to the tourist office.

6 **1** Scusi, dov'è l'Albergo Venezia?
   2 Scusi, c'è un bar qui vicino?
   3 Scusi, dov'è il Teatro Olimpico?
   4 Scusi, dov'è l'Azienda di Turismo?
   5 Scusi, c'è una toilette qui?

6 Scusi, dov'è la stazione?

7 Scusi, dov'è Corso Palladio?

8 Scusi, dov'è il Bar Gigi?

9 Scusi, c'è una banca qui vicino?

10 Scusi, c'è una piantina di Vicenza?

7 Scusi dov'è il mercato? / Dov'è Piazza Garibaldi? / Grazie. Buongiorno.

UNIT 3

1 1 grandi 2 italiana 3 piccole; grandi 4 inglesi 5 rossi italiani 6 questa 7 questo
8 italiana, inglese, irlandese, tedesca

2 1 fragole 2 francobolli 3 borsa 4 cartoline 5 vino rosso 6 pomodori 7 francobollo
8 biglietto

3 1 Quanto costa questo ombrello? E
   2 Quanto costa questa borsa? C
   3 Quanto costa questa piantina? A
   4 Quanto costano le cartoline? G
   5 Quanto costano queste mele? B
   6 Quanto costano le fragole? H
   7 Quanto costano i pomodori? D
   8 Quanto costa questo pompelmo? F

4 No. 412

5 1 false (€1,05) 2 true 3 false (€6,68) 4 true

6 Buongiorno. / Buongiorno. Desidera? / Quanto costano le cartoline? / 45 centesimi
l'una. / Allora, queste tre e tre francobolli, per favore. / Per l'Italia? / No, per la
Francia. / Allora tre da sessantadue. / Grazie. Quant'è? / Tre euro e ventuno in
tutto. / Ecco cinque euro. / Un euro e settantanove di resto. / Grazie. Buongiorno.
/ Grazie a lei. Buongiorno.

7 Quanto costano i pomodori? / E queste pere, quanto costano?/ Bene. Mi dà mezzo
chilo di pomodori, per favore. / No, grazie. Quant'è?

8 Buongiorno. Mi dà un chilo di patate, per favore? / Quanto costano? / Quanto
costano le cipolle? / Mi dà un chilo di queste, per favore. / Mezzo chilo di carote,
per favore. / No, grazie. Quant'è? / Ecco a lei.

UNIT 4

1 1C 2D 3E 4B 5F 6A

   1 Cosa fai? 2 Sei cuoco? 3 Ti piace il tuo lavoro? 4 Come stai? 5 Dove abiti?
   6 Di dove sei?

2 1 Non mi piace molto questo vino bianco.
   2 Non mi piacciono molto queste scarpe.
   3 Non mi piace molto l'ombrello verde.
   4 Mi piacciono i sandali blu.
   5 Mi piace la porchetta.
   6 Mi piace Stresa.
   7 Mi piace molto la borsa ma è un po' troppo cara.

8 Mi piacciono molto le fragole ma sono un po' troppo care.

9 Mi piace molto questo ristorante ma è un po' troppo caro.

10 Mi piacciono moltissimo queste scarpe nere.

11 Mi piace moltissimo l'Italia.

12 Mi piace moltissimo questa pizza.

3 1 false (she wants a black bag) 2 false (it's too big) 3 true 4 false (it costs €95)

4 paio; scarpe; nere; queste; mi piacciono; comode; comode; strette; quarantacinque; comode; abbastanza; mi piacciono; nero

5 una borsa di pelle; due etti di porchetta; un paio di scarpe; un cestino di fragole; un'agenzia di viaggi; tre chili di pomodori; un professore di francese; un biglietto di entrata; trenta centesimi di resto; una bottiglia di vino bianco

6 Un cappuccino, per favore. Scusi, (lei) di dov'è? / Le piace Londra? / (Io) sono gallese di Cardiff. Ma Londra mi piace molto. / Grazie. Quant'è?

UNIT 5

1 In this unit page references are given so that you can look up and revise anything you're not too sure about. 1 un (p.11) 2 Lo (p.43) 3 strette (p.32) 4 piacciono (p.43) 5 quel (p.42) 6 l' (p.21) 7 sono (p.43) 8 costano (p.32) 9 piacciono (p.43) 10 Questo (p.31) 11 tu? (p.22) 12 è (p.22)

2 1 duomo 2 arrivederla 3 borsa 4 chiesa 5 prosciutto 6 stretto 7 funivia 8 fruttivendolo 9 bene, grazie 10 scarpe 11 uno scozzese 12 porchetta

3 1 Mi chiamo… (or Sono…)
2 Sono inglese e sono di Norwich.
3 Sono qui in vacanza.
4 Mi piace molto questo ristorante.
5 Quella borsa in vetrina è molto pratica.
6 Mi piace il bar in Via Verdi.
7 C'è una farmacia in Piazza Garibaldi.
8 Vorrei vedere Capri.
9 Mi dispiace.
10 Scusi!

4 1 Di dov'è (lei)?
2 Qual è il suo lavoro? (or che lavoro fa?).
3 È qui in vacanza o per lavoro?
4 Le piace il suo lavoro?
5 Le piace questo ristorante?
6 Le piacciono i vini francesi?
7 È buono questo vino rosso?
8 Le scarpe italiane sono care? (or Sono care le scarpe italiane?)

5 1 Scusi, c'è una banca qui vicino?
Scusi, c'è un tabaccaio qui vicino?
Scusi, c'è una farmacia qui vicino?

2 Scusi, dov'è la fermata dell'autobus?
Scusi, dov'è il mercato?
Scusi, dov'è l'Azienda di Turismo?

3   Mi dà un francobollo per l'Italia, per favore?
    Mi dà due francobolli da sessantadue (centesimi), per favore?
    Mi dà tre francobolli per la Gran Bretagna, per favore?

4   Mi dà mezzo chilo di mele, per favore?
    Mi dà tre cestini di fragole, per favore?
    Mi dà quattro banane, per favore?

5   Mi dà cento grammi (or un etto) di burro, per favore?
    Mi dà 150 grammi (or un etto e mezzo) di porchetta, per favore?
    Mi dà 200 grammi (or due etti) di prosciutto cotto, per favore?

6   Quanto costa un etto di prosciutto crudo?
    Quanto costa questa guida di Orvieto?
    Quanto costano quelle scarpe nere in vetrina?

7   Vorrei provare le scarpe nere.
    Sono molto comode.
    Le prendo.

8   Mi piace quella borsa di pelle.
    Ma è troppo cara.
    Non la prendo.

LETTURE A

1   **1** Fewer than 5,000 people **2** 90% **3** Yes, it's easily accessible, on the main
    Paris-Milan and Milan-Zurich railway lines and only 20km from Milan Malpensa
    airport. **4** No, it's a separate tour. **5** Yes!

2   **1** In the countryside very close to Stresa **2** Studio flats and one-bedroom flats
    3 Yes, there are games for children. **4** A few kilometres away **5** Yes **6** A bottle of
    champagne and flowers.

    piscina; equitazione; biciclette.

    libero; 250; maggio; equitazione; lunedì; nelle vicinanze; a piedi; ci vuole.

3   battello; giardini; autobus; pesce; enoteche; negozi; museo; musica

4   sci nautico – waterskiing; trekking – hiking; ciclismo – cycling; nuoto – swimming;
    barca a vela – sailing; sci – skiing; parapendio – paragliding;
    equitazione – horse riding

UNIT 6

1   **1** Parte alle... otto e quarantacinque; ... dieci e trenta; ... tredici e due; ... diciassette
    e diciassette. **2** Arriva alle... tredici e cinquantatré; ... quindici e quarantasette; ...
    ventuno e nove; ... ventidue e cinquantanove.

2   ora; prossimo; Alle; Quanto; un'ora; a; alle; biglietto; Andata; Prima; mi dà; di; per

3   **1** Venice **2** No **3** Verona **4** Yes **5** Change at Verona **6** No **7** Platform two **8** No, it's
    about 15 minutes late.

4   Buongiorno. Il sabato, c'è un treno per Firenze verso le undici? / Prendo l'intercity.
    Quando arriva a Firenze? / Va bene. Mi dà un'andata, seconda classe, per favore.
    / Grazie. Arrivederci.

5 1 departure; arrival; duration. 2 the 11 o'clock train 3 prezzo; viaggio; numero di fermate

6 Scusi. Questa fermata è Bassano? / È lontano? / No, sono scozzese. / Abito a Londra. / Sì, ma lavoro a Londra. / Lei di dov'è (or Di dov'è lei?) / Sì, per due settimane. / Grazie mille. Arrivederla.

UNIT 7

1 di; della; degli; delle; dei; dei; del; di; degli; di

2 1E 2D 3F 4A 5B 6C

3 1 No 2 10 o'clock Wednesday morning 3 Yes 4 It's only open between 11.00–13.00. 5 For restoration 6 No, it's closed. 7 Friday morning 8 12.30.

4 1D 2I 3E 4H 5A 6J 7B 8F 9C 10G

5 Buongiorno. / Per andare a Desenzano, per favore? / È lontano? / Allora, devo girare a destra e poi a sinistra? / Grazie mille.

6 Buongiorno. Avete una piantina della città? / Grazie. Che cosa c'è da vedere in due o tre ore? / È lontano il pozzo? / È aperto adesso?

UNIT 8

1 1 grande – piccolo 2 tranquillo – rumoroso 3 stretto – ampio 4 moderno – vecchio 5 buono – cattivo 6 pulito – sporco 7 caro – economico 8 eccellente – terribile 9 comodo – duro

Possible answers: La mia camera è grande, pulita e molto tranquilla. Il letto è comodo. La mia camera è piccolissima. Il letto è stretto e duro.

? 1 No, it's noisy. 2 very small 3 heavy traffic 4 a baby crying all night 5 No, they're hard. 6 at the bar opposite 7 It's too expensive in the hotel. 8 quite good 9 The rooms are clean. 10 nothing 11 Yes, and go to the Hotel Milano.

3 1 lasciare 2 prenotare 3 pagare 4 chiudere 5 parlare 6 prendere 7 partire 8 aprire

4 Buonasera. Prego? / Ha una camera, per favore? / Sì, come la desidera? / Matrimoniale. / Con bagno o con doccia? / Va bene con doccia. / Benissimo. Per quante notti? / Per due notti. / Va bene, sì. Camera 240 al secondo piano. / Quanto costa la camera? / Cento euro per notte. / La colazione è compresa? / No, la colazione è a parte. / Benissimo. / Ha un documento, per favore? / Sì, certo. / Grazie. Ha i bagagli da prendere? / Sì, sono in macchina.

5 Buonasera. Ha una camera doppia, per favore? / Per una notte. / Matrimoniale con bagno. / Quanto costa la camera? / Va bene. La prendiamo. / Grazie mille.

6 Avete una camera, per favore? / Sì, per una notte. / Doppia. / Quanto costa la camera? / Va bene una camera con doccia. / Vuole i due passaporti?

UNIT 9

1 petti di pollo; zuppa di verdura; spaghetti al ragù; pecorino stagionata; pizza al piatto; spinaci all'agro; frutta assortita; agnello arrosto; cotoletta alla milanese; patate fritte

2 1 La Grotta 2 Il Canarino 3 Il Canarino 4 Da Peppe has a view over the lake. 5 Da Mario – has a disco. 6 Tuscan specialities 7 La Taverna 8 Da Peppe – it's closed from October to March 9 Da Mario – is open only in the evening. 10 Moretti – has rooms.

3 del; dei; dei; del; del; del; del; delle; di; dello

4 1 true 2 false (with mushrooms) 3 true 4 false (grilled lamb) 5 false (he orders spinach) 6 false (half a bottle of red wine)

5 Avete degli gnocchi oggi? / Va bene. Degli gnocchi alla panna. / Fegato alla veneziana, per piacere. / Zucchini. / Una bottiglia di vino rosso della casa.

6 Ha delle tagliatelle, oggi? / Va bene. Delle tagliatelle al ragù. / Avete una cotoletta alla milanese? / Eh... zucchini? No, degli spinaci al burro. / Mezza bottiglia di vino rosso. / No, grazie, vino della casa. / Mezza bottiglia. / Benissimo, grazie. / No, grazie. Un caffè... e il conto, per favore.

UNIT 10

1 As before, page references are given so that you can look up and revise anything you're not certain of. 1 all' (p.71) 2 parte (p.70) 3 c'è (p.82) 4 Ha (p.90) 5 nella (pp.82; 247) 6 Io (p.102) 7 Questi (p.103) 8 dell' (p.82) 9 degli (p.82) 10 prende (p.102) 11 lavoro (p.71) 12 pagare (p.90)

2 1 pollo 2 zucchini 3 tortellini 4 gassata 5 maiale 6 tavolo 7 ascensore 8 forno 9 alla brace 10 patente 11 aliscafo 12 antipasto

3 1 C'è un treno per Milano alle dieci (della mattina)?
      C'è un treno per Milano alle tredici?
      C'è un treno per Milano alle diciassette?

   2 A che ora parte il prossimo treno per Roma?
      A che ora arriva a Roma?
      C'è (la) vettura ristorante?

   3 A che ora parte il prossimo battello per Locarno?
      Quanto (tempo) ci mette (or vuole)?
      Devo prenotare i posti?

   4 Vorrei una camera singola con doccia.
      Vorrei una camera a due letti con bagno.
      Vorrei una camera matrimoniale con bagno o doccia.

   5 Quant'è (or Quanto costa) la camera?
      La (prima) colazione è compresa?
      Avete (il) garage?

   6 Posso avere una camera (or stanza) tranquilla?
      C'è l'aria condizionata in camera?
      Posso pagare con la (or una) carta di credito?

7 Per primo, le tagliatelle.
Per secondo, una bistecca ai ferri (or alla griglia)
E come contorno, delle patate fritte e dei fagiolini.

8 Posso avere un'insalata mista?
Avete delle fragole?
Il ristorante è aperto domani?

9 Quali sono le chiese più interessanti da vedere?
A che ora (in)comincia a lavorare la mattina?
Le piacciono i ravioli?

4 Across: 1 difficile 4 pratico 9 interessante 10 buono 11 bianco 13 comodo 14 necessario

Down: 2 inglese 3 facile 5 rosso 6 ottimo 7 caro 8 bello 12 nero

LETTURE B

5 1 Lorenzo Maitani 2 Jesus 3 Grapes for wine 4 Hand-painted ceramic and terracotta dishes and vases 5 Politics

6 vicino; mezzo; autostrada; giardino; piccola; tranquilla; salotto; quattro; bagno; appuntamento.
piccolo – grande; tranquillo – rumoroso; conveniente – caro; lontano – vicino

7 1 enoteca 2 bottiglia and bicchiere 3 secco is dry, abboccato is medium sweet 4 la cantina 5 vigneto

8 1 falso (cominciano la mattina della domenica) 2 vero 3 falso (usano ancora le tecniche del passato) 4 vero 5 falso (il Corteo esce dal duomo con la reliquia, seguito da autorità varie, la banda di Orvieto, ed i bambini) 6 falso (si tiene il giorno precedente al Corpus Domini.) 7 vero

UNIT 11

1 1C 2E 3B 4A 5D

2 1 tu 2 She wants to visit Maria. 3 at the hairdresser's

3 1 Ciao. Sono Anna. 2 Ciao. Come stai? 3 Devi uscire questa mattina? 4 Posso passare di lì? 5 Sono fuori tutta la mattina. 6 Incontro Carlo per un aperitivo. 7 Andiamo a mangiare al Ristorante del Pino. 8 Vengo alle quattro. 9 Ti aspetto alle quattro.

4 Scusi, signora, che numero prendo per l'Hotel Italia? / È questa la fermata? / Quanto costa il biglietto?

5 Sì. / Senta, l'Albergo Italia, è vicino alla piazza? / Grazie. / No, sono inglese. / Di Leeds. / Sono qui per lavoro. / Ho un negozio a Leeds. / Un negozio di scarpe. E lei che lavoro fa? (or Che lavoro fa lei? or Qual è il suo lavoro?) / Le piace far niente?

6 Across: 2 espresso 4 binario 7 vettura 10 ristorante 1 treno 13 nove 14 sabato 17 seconda 18 orario 19 arrivare

Down: 1 prima 3 stazione 4 biglietto 5 ritardo 6 parte 7 via 8 ritorno 9 arrivo 12 fermata 15 andata 16 linea

UNIT 12

1   una borsa di pelle; una sciarpa di seta; un vaso di vetro; un giocattolo di legno; dei guanti di lana

2   Buongiorno. Desidera? / Buongiorno. Cerco una maglietta di cotone. / Che taglia? / Quarantadue. / E che colore? Abbiamo questo modello in blu, nero e verde. / Posso vedere il blu? / Sì. Oh, mi dispiace. Il blu ce l'abbiamo soltanto nella quarantaquattro.Vuole vedere il verde? / Sì, grazie. Posso provarla? / Sì. I camerini sono lì in fondo.... Le piace? / Molto. Quanto costa?/ Venticinque euro. / Allora, la prendo.

3   Cerco una maglia per un amico. / Quarantasei. / No, non mi piace il colore. / Quella rossa mi piace. Posso vederla? / Sì, mi piace. Quanto costa? / È troppo cara. / Va bene. La prendo.

4   1 vero 2 falso (deve fare la babysitter) 3 vero 4 vero 5 falso (stasera)

5   puoi; possono; posso; può; potete; possiamo; possono; possiamo (or può)

6   1 Facciamo una piccola cena. 2 Deve fare la babysitter per sua sorella. 3 Facciamo sabato, allora? 4 Sabato niente. 5 Sono via per il weekend. 6 Devo chiedere a Roberta. 7 Mi richiami tu? 8 Ti telefono stasera.

UNIT 13

1   1 È fatto in casa il pane? 2 Sono fatti in casa i gelati? 3 Sono fatti in casa i ravioli? 4 Sono fatte in casa le tagliatelle? 5 È fatta a mano la ceramica? 6 Sono fatti a mano i piatti? 7 Sono fatti a mano i giocattoli?

2   1 venduti 2 conosciuti; apprezzati 3 lasciato; bevuti 4 servito; bevuto 5 serviti; consigliati 6 imbottigliati

3   Mi piace molto. / Interessante. Allora, è un vino locale? / Fate anche del vino rosso? / È venduto solo qui? / È buonissimo! / Perché no?

4   Ha un vino rosso della regione? / Va bene. È secco? / Perché 'classico'? / L'Orvieto Classico viene (or è) bevuto giovane? / Sì, ma non so se prendiamo il secco o l'abboccato. / Molto bene. Prendiamo mezza bottiglia di abboccato subito. / E poi una bottiglia di secco.

5   lavoro...; prendo...; torno...; vado...; compro...; faccio...; gioco...; prendo...; mangio...; guardo...; navigo...; followed by your own phrases.

UNIT 14

1   1 ho passato... 2 ho telefonato... 3 ho navigato... 4 ho studiato... 5 ho bevuto... 6 ho ascoltato...

2   ho; ho; sono; ho; ho; sono; ho; sono; è; è; ho; ha; ha

3   1 vero 2 falso (è andata alla stazione a piedi, poi ha preso il treno) 3 falso (è arrivato in ritardo) 4 falso (alle nove e mezzo) 5 falso (è stato un giorno stressante) 6 vero

4   your own answers

5   1 Tanto tempo che non ci vediamo! 2 Come vanno le cose? 3 Non telefona mai. 4 non ci manda mai un'e-mail. 5 Mio figlio non lo vedo quasi mai. 6 Non torna mai prima di mezzanotte.

6   Molto bene, grazie. E tu, come stai?/ Sì. Sono stata/stato in Francia per due anni, a Parigi. / La settimana scorsa. / Ho studiato il francese e ho fatto anche la cameriera. / Cerco un lavoro in ufficio, ma è abbastanza difficile. / Sì. Perché no!

7   Sto bene, grazie. E tu, come stai? / Dove sei stato? / Quando sei tornato? /Davvero! E cos'hai fatto a Madrid? / Interessante! E cosa fai adesso?

UNIT 15

1   1   abbiamo visitato; Abbiamo visto; abbiamo camminato; Siamo andati; abbiamo comprato; abbiamo speso; siamo tornati; sono alzato; sono andato; ha dormito; È arrivata

      2   Hanno visitato; hanno visto; Hanno camminato; sono andate; Hanno comprato; hanno speso; sono tornate; è alzata; è andata; ha dormito; È arrivata

2   1 falso (è arrivata ed è andata via da sola) 2 vero 3 falso (sono andati via verso le nove) 4 falso (ha parlato con una ragazza di Verona) 5 vero 6 vero

3   1 Non ha detto niente. 2 Non hanno parlato con nessuno. 3 Non mi ricordo come si chiama. 4 Deve aver fatto colpo. 5 Ha detto poco. 6 Ma abbiamo bevuto, chiacchierato, ballato...

4   1   Sono qui da due giorni.
      2   Sono arrivato martedì.
      3   Sono andato al cinema.
      4   No, sono andato con Enrico e Antonella.
      5   No, siamo tornati dopo mezzanotte.
      6   Mi sono alzato presto e sono andato a fare la spesa.
      7   Ho comprato del pane, burro e latte fresco.
      8   No, l'ha preparato Antonella.
      9   Ottimo!
     10   Iole e Valeria, due ragazze molto simpatiche.
     11   Le ho incontrate in spiaggia.
     12   Sì, tutto il giorno.
     13   No, abbiamo comprato delle pizze e del vino e abbiamo mangiato in spiaggia.
     14   Sì, è arrivato più tardi da Roma.
     15   Abbiamo mangiato tutti insieme alla Trattoria dei pescatori.
     16   Abbiamo mangiato spaghetti alle vongole, pesce con insalata e frutta fresca.
     17   Abbiamo bevuto del buon vino locale.
     18   No, stamattina ho dormito fino alle undici!

5   Conosco Milano. / Non conosco Roma molto bene. / Ma ho visitato Napoli. / Sono stato in Sardegna or Sono stata in Sardegna. / E mi è piaciuta molto. / Non sono mai stato a Firenze or Non sono mai stata a Firenze.

6   No, sono inglese. / No, questa è la prima volta. / Moltissimo. / No, sono con mio marito... / ... ma è andato a comprare un gelato. / Da ragazza, ho visitato Firenze con la scuola. / No, non la conosco. Siamo arrivati ieri sera a Fiumicino... / ... e da lì siamo venuti qui in macchina. / Mio marito è venuto a Roma l'anno scorso. / No, in vacanza. / No, è venuto con un amico. / No, io sono andata in Scozia con un'amica. / Questo è Rob. / Rob non parla italiano. / Ci siamo sposati la settimana scorsa.

UNIT 16

1 **1** due volte alla settimana **2** sette anni **3** al sabato e domenica **4** vita di tutti i giorni **5** occasionalmente

2 As before, page references are given so that you can look up and revise anything you're not certain of. **1** vado (p.148) **2** stata (p.167) **3** vi (p.168) **4** siamo (p.157) **5** venite (p.148) **6** andiamo (p.148) **7** trovato (p.157) **8** Posso (p.140) **9** servite (p.148) **10** faccio; fai (p.168) **11** ci (p.167) **12** ci siamo (p.168) **13** fatti (p.148) **14** ha (p.157) **15** può (p.139)

3 **1** pesce **2** funghi **3** gelato **4** parcheggiare **5** agricoltore **6** tazzina **7** celeste **8** sposarsi **9** aceto **10** biglietti da dieci euro

4 **1** Può controllare (or Mi può controllare) le gomme?
Può comprarmi (or Mi può comprare) dei francobolli?
Può darmi (or Mi può dare) il giornale?

2 Cerco una sciarpa rossa e blu per un amico.
Cerco una borsa per la moglie di un amico.
Cerco una camicia per me.

3 Ha una taglia più grande?
Ha una taglia più piccola?
Ha una camicia meno cara?

4 Avete altri colori?
Avete altri tipi?
Avete questo colore, ma in cotone?

5 **1** Questa mattina mi sono alzato (or alzata) alle otto.
Ho fatto colazione alle otto e mezzo (or mezza).
Sono andato (or andata) a fare una bella passeggiata.
Ho visitato tre chiese.

2 Questo pomeriggio sono andato (or andata) in centro.
Ho cercato un paio di scarpe.
Ho comprato una camicia.
Sono ritornato (or ritornata / tornato / tornata) in autobus.

3 Non sono mai stato (or stata) a Palermo.
Sono stato (or stata) a Firenze tre volte.
Vengo spesso in Italia.
Ma non conosco Roma molto bene.

LETTURE C

9 **1** testa **2** capelli **3** occhio **4** orecchio **5** naso **6** collo **7** spalla **8** braccio **9** mano **10** gomito **11** torace **12** gamba **13** ginocchio **14** piede

10 **1** false (she found it on the Internet) **2** true **3** false (only in the mornings) **4** false (a minimum of six people) **5** false (Signora Valli does the cooking) **6** true **7** true **8** false (you have to send a deposit of 30% of the total price)

11 **1** Easter Sunday and Christmas Day. **2** 9am to 4pm. **3** 8am to 5pm. **4** Adults €12, children and disabled €6. **5** There are discounts for families and groups. **6** A visit to the medieval castle. **7** Yes **8** The walks are 2, 5 and 10 km. **9** It's a fire risk. **10** Put it in the bins provided.

12   cenone di Capodanno, pensione completa, biliardo, noleggio sci e snowboard, sauna

UNIT 17

1   **1** ci **2** ne **3** conoscerla **4** le **5** la **6** ci **7** li **8** ci **9** ne **10** ne

2   1G 2H 3D 4E 5F 6A 7B 8C

3   **1** Lavora in un'agenzia di viaggi. **2** A Vicenza, in centro. **3** No, abita in campagna. **4** No, abita in una villetta. **5** Sì, c'è. **6** Ha una sorella. **7** Perché è sposata. **8** Vive con la famiglia (con suo padre e sua madre). **9** Ne hanno due. **10** Sì. **11** Con la piccola.

4   Possible answers: Abito in città. / Ho un appartamento. / Al terzo piano. / No, è piccolo. / (Ci sono) due camere da letto, un piccolo soggiorno (or un salotto), cucina e bagno. / Siamo in tre: io, mia moglie e mio figlio. / No, in un appartamento in città non è possibile. / No, ma c'è un parco vicino. / Be', sì, abbastanza. / No, di notte è abbastanza tranquillo. / No, non molto. / Ci devo abitare per il mio lavoro.

5   **1** hostess **2** programmatore **3** maestro d'asilo **4** tassista **5** giardiniere **6** veterinario **7** giornalista **8** istruttore di nuoto **9** traduttore

6   **1** vero **2** falso (l'orario di lavoro è flessibile) **3** falso (non è necessario) **4** falso (una buona conoscenza dell'italiano è essenziale) **5** vero **6** vero **7** falso (si prega di contattare il signor Piccolomini ore pasti)

7   Benissimo, grazie! E tu? / Sì, ho un nuovo lavoro. / In un'agenzia di viaggi. / Mi piace moltissimo. / Ho cambiato casa. / Sì, ho comprato una casa. Picolissima ma davvero carina.

UNIT 18

1   **1** so **2** conosco **3** conosco; so **4** so; so; conosco **5** conosco **6** so **7** conosco; so **8** conosco **9** conosco; so **10** so

2   mi alzavo; andavo; facevo; era; arrivavano; stavo; prendevo; mi vestivo; andavo; andavo; dormivo; leggevo; era; erano; andavamo; prendevamo; restavamo; guardavamo

3   **1** It's bigger, there's more traffic and more houses. **2** They went to the park and in summer they would buy ice creams. **3** They used to dress in their best clothes and go to church. **4** They used to drive to the country to visit her grandmother. **5** Her grandmother's German shepherd dog, Dutch, who loved children.

4   Nella mia ditta si lavora dalle nove fino alle cinque e mezzo (or mezza). / No, non tutti i giorni. Non si lavora il sabato. / Dipende. Si prende la macchina per fare la spesa. Oppure si rimane (or si resta) a casa. Si legge il giornale, si guarda la tv, si naviga sul Web, oppure, se il tempo è bello, si lavora nel (or in) giardino, si lava la macchina. ... E la domenica a mezzogiorno si va al pub e si chiacchiera con gli amici. È un tipo di bar. / Si beve molta birra ma si può anche bere whisky, vino o semplicemente un'aranciata. / No, non si può bere il tè in un pub! / No, non è vero. E in Inghilterra si dice che gli italiani mangiano spaghetti mattina, mezzogiorno e sera!

UNIT 19

1   1 da 2 di 3 di; della 4 da 5 di 6 da 7 del 8 di; da 9 dal 10 da 11 di 12 dei; di 13 da 14 di; di 15 del; della 16 da 17 da

2   siamo arrivati; avete fatto; è andato; siete stati; era; ci siamo divertiti; era; era; giocavano; era; è; abbiamo fatto; abbiamo parlato; siete rimasti; avete visto; abbiamo visitato; siamo stati; erano (or sono)

3   1C, lui 2D, io; loro 3A, voi; noi 4E, io; lei 5F, lui 6G, io; lei 7B lei, lui

4   1 vero 2 falso (Londra è più grande di Firenze) 3 vero 4 vero 5 falso (mio nonno è più vecchio di mio padre) 6 falso (questa borsa in pelle è più cara di quella di plastica) 7 vero

5   1 No, they went on the school bus. 2 Studying, singing, playing and gardening. 3 Because school finished at one o'clock. 4 They went to bed for an hour or two. 5 He'd smoke a cigarette and drink a liqueur.

UNIT 20

1   1F 2J 3E 4B 5G 6I 7C 8A 9H 10D

2   1D 2B 3F 4E 5A 6C

3   D, F, B, C, A, E

4   avrete; guadagnerete; sarete; spenderete; troverete; farete; passerete; litiguerete; comprerete; conoscerete; finirete; ricevrete

5   1 false (nowadays there are many other attractions) 2 true 3 false (football and baseball grounds, skating rink, swimming pool, running track and golf course) 4 true 5 true 6 true 7 false (they're cheaper) 8 false (she likes it more)

LETTURE D

13   1 To become footballers or TV showgirls. 2 Marrying a beautiful girl, making money, buying a Ferrari and a villa in Sardinia. 3 Dancing, singing, elocution and make-up skills. 4 It is partly funded by the State and reinforces an old gender stereotype. 5 They take longer than their European counterparts to find a job and therefore have difficulties in becoming financially independent and moving a way from home. 6 Nowadays they also include extra-curricular experience, such as voluntary work, work placements, interests and hobbies. 7 Move away from their home town; sometimes even move abroad.

14   1 disperatamente un lavoro in Italia. 2 ai carabinieri locali. 3 una persona che conoscevo. 4 più formali. 5 codice fiscale. 6 non è costosa. 7 è incredibile.

   1 i madrelingua inglesi 2 cercano disperatamente un lavoro in Italia 3 lavoro part time per una scuola 4 non sono collegati molto bene dai mezzi di trasporto pubblici 5 ho delle ragioni personali

15   1 squadra – team 2 stadio – football ground 3 tifoso – supporter 4 pallone – football 5 arbitro – referee 6 partita – match 7 stagione calcistica – football season 8 serie – Divisions

16   1 genitori 2 well mannered 3 currently 4 naturalmente 5 simpatico 6 capire (not comprendere) 7 esposizione 8 farm produce 9 stoffa 10 a populous area with council housing, often high-rise blocks

Vocabolario

Italian–English glossary

NOTES

1. The English translations given apply to the words as they are used in this book.
2. Abbreviations: *(f)* feminine *(m)* masculine *(s)* singular *(pl)* plural *(pp)* past participle.
3. Verbs shown thus: partire*, usually form the past tense with essere.
4. Irregular past participles are shown thus: bere† *(pp* bevuto).
5. A letter in bold type indicates where to stress the word when it does not follow the pattern given on p.244.
6. Verbs marked † are irregular; a page reference is given for those set out in more detail.
7. Verbs that perform like capire (rather than servire – see p.256) are shown thus: preferire (-isco) to prefer.

A

a to, at, in (see Grammatica, para. 72)
abbandonato abandoned, deserted
abbastanza fairly, quite, enough
abbia: che abbia fatto that it reached (lit. made)
abbiamo (see avere)
l' abbigliamento clothing negozio di abbigliamento clothes shop
abboccato sweet (of wine)
l' abete *(m)* fir
l' abitante *(m) or (f)* inhabitant
abitare to live
abitato inhabited una città abitata a town that's lived in
l' abitazione *(f)* house
l' abito costume, dress
abituare to accustom
l' abitudine custom, habit
l' accademia academy, art gallery
accadere* to happen
accanto next door, just here
accendere to light
l' accento accent
accomodarsi* to make oneself comfortable s'accomodi please go ahead, please do, do sit down s'accomodi alla cassa please pay at the cash desk
accompagnare to accompany
l' accordo agreement d'accordo fine essere* d'accordo to agree
l' aceto vinegar
l' acqua water minerale mineral water
ad to, at, in (form of a when followed by a word beginning with a vowel)

adattare to adapt
addirittura really
adesso now, nowadays
l' adorazione *(f)* adoration
adottivo adopted
l' adulto adult
l' aereo plane, aircraft
l' aeroporto airport
gli affari *(pl)* business
affascinante fascinating
affermarsi* to become established
l' affetto affection
affittare to let, rent
l' affresco fresco
affumicato smoked
l' agente *(m) or (f)* agent
l' agenzia agency
agenzia di viaggi travel agency
aggiungere to add
agio: a suo agio comfortable, at ease
agli (see al)
l' aglio garlic
l' agnello lamb
gli agnolotti stuffed pasta shapes
agosto August
agricolo agricultural
l' agricoltore *(m)* farmer
l' agriturismo holiday farm
agro: all'agro with oil and lemon
ai (see al)
l' aiutante *(m) or (f)* assistant
aiutare to help
l' aiuto help
al, all', alla, etc. to/at/in the; with

alato winged
l' albergatore *(m)* hotelier
l' albergo hotel
l' albero tree
  albero da frutta fruit tree
  albero di Natale Christmas tree
alcuni some
l' aliscafo hydrofoil
allacciarsi* to tie, to do up
allegro merry, happy
allestito staged
allevare to raise, to breed
allora so, then, right then, well now
almeno at least
l' alpaca alpaca
alto high in alto high up
altro other altro? anything else?
  non altro nothing else
  qualcosa d'altro something else
  senz'altro certainly, of course
l' altro the other (one)
altrove elsewhere
alzarsi* to get up
amabile sweet (of wine)
amare to love
l' amaro after-dinner liqueur
ambientale environmental
l' ambiente *(m)* environment
  temperatura ambiente room
  temperature
  ambulante: venditore ambulante
  travelling street-vendor
l' amenità *(f)* amenity
americano American
l' amica friend *(f)*
l' amicizia friendship fare amicizia
  to make friends
l' amico *(pl gli amici)* friend *(m)*
ammantato covered
ammazzarsi* to kill oneself
ammirare to admire
analcolico non-alcoholic
anche also, too, as well, even
ancora again, yet, more
  ancora meno less still
andare*† to go (see p.258)
  andare a casa to go home
  andare bene to suit
  andare a trovare to visit (a person)
  andare pazzo per to be mad about
  andare a vedere to go and see, have a look
  andarsene* to go away, to be off
l' andata single (ticket)
  andata e ritorno return ticket
l' angelo angel
l' anima soul
l' animale *(m)* animal
  animarsi* to come to life
  analizzare to analyse
l' annata year (e.g. of crop)
l' anniversario anniversary
l' anno year
  anno scolastico school year

all'anno per year altr'anno, l'anno
  scorso, l'anno passato last year
quanti anni ha? how old are you?
l' antichità *(f)* thing of the distant past
antico old, ancient
l' antipasto hors d'œuvre
l' antiquario antique dealer
anzi as a matter of fact
anziano elderly
gli anziani *(pl)* the aged, elderly
l' ape *(f)* bee
l' aperitivo aperitif
aperto open
l' apertura friendliness, openness, opening
apparentemente apparently
l' appartamento flat
appartenenza: di appartenenza
  that they belong to
appartenere* to belong
gli appassionati enthusiasts
appena as soon as, barely
  appena appena only just
l' appetito appetite buon appetito!
  enjoy your meal!
apposta specially
l' apprendista *(m) or (f)* apprentice
apprezzare to appreciate, to enjoy
appunto in fact per l'appunto as a
  matter of fact
aprile *(m)* April
aprire *(pp aperto)* to open
aprirsi* to open, to give on to
l' aquila eagle
l' aranciata orange
l' arazzo tapestry
archeologico archaeological
l' architetto architect
l' arco arch
l' area area
l' argento silver
l' aria air
  aria condizionata air conditioning
l' aritmetica arithmetic
armato armed
arrabbiarsi* to get angry
l' arredamento furniture, interior design
arredato furnished
l' arrichimento enrichment
arrivare* to arrive
arrivederci, arrivederla goodbye
l' arrivo arrival in arrivo (now) arriving
l' arrosto roast
arrotolato rolled
l' articolo item
artificiale artificial
artigianale craft-type (of work, industry)
l' artigiano craftsman
l' artista *(m) or (f)* artist
artistico artistic
l' ascensore *(m)* lift
ascoltare to listen to
asfaltato asphalted
aspettare to wait

l' aspetto aspect
l' aspirapolvere *(m)* vacuum cleaner
assaggiare to taste
assai very much, a lot
assieme together
l' assistente *(m) or (f)* assistant
l' assistenza assistance
l' associazione *(f)* association
assolutamente absolutely
assomigliare to resemble
assortito mixed
l' atmosfera atmosphere
l' attenzione *(f)* attention
attenzione! attention please!
attesa: la lista d'attesa waiting list
attico Attic (ie of Athens)
l' attimo moment un attimo just a
moment
attirare to attract
l' attività *(f)* activity
l' atto act, action
attraversando crossing
attraversare to cross
attraverso through
attuale present day, current
attualmente at present
Augusto Augustus
aumentare* to go up, increase
l' Austria Austria
l' auto *(f) (pl* le auto*)* car
l' autobus *(m) (pl* gli autobus*)* bus
automatico automatic
l' automobile *(f)* car
l' automobilista *(m) or (f)* driver
l' autorità *(f)* authority
l' autostrada motorway
l' autunno Autumn
avanti: avanti Cristo before Christ (AD)
avere† to have (see p.257)
avere bisogno di to need
avere paura to be afraid
avere ragione to be right
avere voglia di to feel like
avete, avevi (see avere)
l' avorio ivory
avremo: avremo tutto ottobre
we'll be at it the whole of October
avvenire*† *(pp* avvenuto*)* to occur,
to happen
avviato established
l' avvocato lawyer
l' azalea azalea
l' azienda business, firm
azzurro pale blue

B

il babbo dad, daddy
la babysitter babysitter
il baccano noise, row
il bagaglio luggage
il bagno bathroom
ballare to dance

la ballerina, il ballerino dancer *(m)* or *(f)*
la bambina little girl
da bambina as a little girl
il bambino child, little boy
la bambola doll
la banana banana
la banca bank
la bancarotta bankruptcy
il banchetto banquet
il bancomat cash machine
la banda band
il bar *(pl* i bar*)* bar
il barbaro barbarian
la barca boat
barca a vela sailing; sailing boat
il barman *(pl* i barman*)* bartender
barocco baroque
la base base
la basilica basilica
il basilico basil
basso low
in basso down below
il bassorilievo bas relief
bassotto: cane bassotto basset hound
bastare* to be enough
basta! (that's) enough!
basta così that's all, enough
basta così? is that all?
il battello boat
la batteria (car) battery
battezzare to christen
be' well
beige beige
bel (see bello)
il belga *(pl* i belgi*)* Belgian
il Belgio Belgium
bello beautiful, lovely cosa avete
fatto/visto di bello? did you do/see
anything nice?
bene right, fine, well
ben caldo nice and hot
ben cotto well done, well-cooked
va bene fine, certainly, all right
benedettino Benedictine
la beneficenza charity
beneficio: a beneficio di in support of
benvenuto welcome
la benzina petrol
benzina verde unleaded petrol
il benzinaio petrol-pump attendant
bere† *(pp* bevuto*)* to drink (qualcosa)
da bere? (something) to drink?
il bestiame cattle
la bevanda drink (usually hot)
beve, bevete (see bere†)
bianco white settimana bianca
skiing holiday
in bianco with butter
la bibita (soft) drink
il bicchiere glass
la bicicletta bicycle
la bigliettaia, il bigliettaio ticket
clerk *(m) or (f)*

la biglietteria automatica ticket machine
il biglietto ticket; banknote
il binario (railway stn) platform, track
  biondo fair, blond
la birra beer
    birra alla spina draught beer
il biscotto biscuit
il bisnonno great grandfather
  bisogna you've got to, one must
  bisogno (see avere): quando c'è bisogno
    when necessary
  bisognoso poor, needy
la bistecca steak
il bivio fork (in road)
il blocco block
  blu (pl blu) blue
la bocca mouth;
    in bocca al lupo! Good luck!
  bollente boiling
  bollire to boil
il bollito boiled meat dish
la borsa handbag
il bosco wood
  botanico botanical
la bottega workshop
la bottiglia bottle
la brace: bistecca alla brace
    barbecued steak
il braccio arm
la braciola chop
  bravo! very good!, well done!, good for you!
  breve short
  brillante brilliant
il brindisi (pl i brindisi) toast (drink)
la brioche plain bun or croissant
il brodo broth, stock
  bucato full of holes
  buon (see buono)
  buonanotte good night
  buonasera good evening
  buongiorno good morning/afternoon
  buono good
    a buon prezzo cheap
  buon appetito! enjoy your meal!
  buon divertimento! enjoy yourself!
  buon lavoro! hope the work goes well!
  buona vacanza! have a good holiday!
  cosa ha mangiato di buono? had
  anything nice to eat?
il burro butter

C

la cabina telephone booth
la cacciagione game (of food)
il caffè coffee; café
la caffettiera coffee machine, coffee pot
il calamaro squid
il calcio football
il calciatore footballer
  caldo hot
    ben caldo nice and hot
    tavola calda self-service snack bar/
    restaurant
  calmo quiet
  calpestrare to tread on
la calza sock, stocking
  calzare to wear, to put on (footwear)
il calzolaio shoemender
  cambiare to change
il cambio exchange (rate)
  Collegio del Cambio medieval
    Exchange Bank
la camelia camellia
la camera (bed)room
  camera da letto bedroom
  camera da pranzo dining-room
la cameriera waitress
il cameriere waiter
il camerino fitting room
la camicia shirt
il caminetto fireplace
  camminare to walk
il cammino walk
il camoscio Alpine chamois, antelope
la campagna country(side)
    in campagna in/to the country, on
    the farm
la campana bell
il campeggio camp site
il campo field
  campo da gioco playground
  campo da tennis tennis court
il Canada Canada
  canadese Canadian
il canale canal Canal Grande Grand
  Canal, Venice
il canarino canary
il cane dog
i cannelloni stuffed rolls of pasta
  (see also p.149)
la cantina cellar
il capannone shed
i capelli hair
il capitano captain
  capire (-isco) to understand ho capito
  I see, I've understood far capire to
  make people understand
il Capitano del Popolo military governor
  of medieval commune
il capogiardiniere head gardener
il capolavoro masterpiece
la cappella chapel
il cappello hat
il cappero caper
la capra goat
il carabiniere policeman
  carbonara: spaghetti alla carbonara
    spaghetti dish (see also p.97)
il carciofo artichoke
il cardellino goldfinch
  caricare to load
  carico heavy
  carino pretty, attractive
la carne meat
  caro dear, expensive

la carota carrot
la carriera career
la carta paper
    carta di credito credit card
la carta SIM SIM card
la cartolina postcard
    caruccio lovable; rather expensive
la casa home, house, firm a casa (at) home
    fatto in casa homemade
    in casa at home
    casa di riposo old people's home
    casa editrice publishing house
    casareccio homemade (e.g. bread)
la cascata waterfall
il caso case
per caso by chance
la cassa cash desk
la cassiera, il cassiere cashier (m) or (f)
il castello castle
la categoria class (of hotel), category
la catena chain
    cattivo bad
    causa owing to, because of
    causando causing
il cavallerizzo riding instructor
il cavallo horse
il cavo electric cable
la cavità cavity
    ce see ci
il cedro cedar
    cedro atlantico Atlantic cedar
    celeste pale blue
il cellulare mobile phone
la cena dinner, supper
    cenare to have dinner/supper
il centesimo cent, hundredth
    cento hundred
      cento per cento hundred per cent
il centro centre
    centro storico old part of city
    in centro in/to the centre (of town)
la ceramica pottery
il ceramista potter
    cercare to look for; to try
    cercasi wanted
    certamente certainly
    certo certainly
un certo a certain (kind of)
    certe, certi certain, some
    certosino Carthusian
il cervo stag
il cestino punnet
    che which, that che ...? che cosa ...?
    what ...? a che ora? at what time?
    che ora è?/che ore sono? what's the
    time?
    che than più che more than
lo chef
    chi(?) who(?) chi va ... some go ...
    chiacchierare to talk, to chat
    chiamare to call
    chiamarsi* to be called
    come si chiama? what is your name?

    what is he/she/it called? come ti
    chiami? what is your name? mi
    chiamo ... my name is ...
la chiave key
    chiedere (pp chiesto) to ask
la chiesa church
il chilo kilo
il chilometro kilometre
il chiostro cloister
    chiudere (pp chiuso) to close
    chiuso shut, closed
    chiuso per turno closed (by rota)
ci here, there c'è there is ce n'è there is
    (one, some) ce l'abbiamo we've got one
    ce ne sono there are (some) ci sono
    there are ci stanno there are non ci
    sono mai stato I've never been there ci
    vogliono you need (lit. are needed) ci
    vuole you need (lit. is needed)
ci us, ourselves, each other ci può
    portare ...? could you bring us ...? ci
    siamo divertiti we enjoyed ourselves
    ci siamo sposati we got married
    ci vediamo dopo see you later
    ciao hello, goodbye
    ciascuno each
il cibo food
Il Cile Chile
la cima summit, top
il cimitero cemetery
il cinema (pl i cinema) cinema
il cinghiale boar
    cinquanta fifty
    cinque five
    cinquecento five hundred
Il Cinquecento 16th century
    cioè that is, in other words
la cipolla onion
    circa about, around
il circo circus
    circondare to surround
il circondario surrounding area
    circostante surrounding
la città town, city
la cittadina small town
i cittadini citizens
il ciuffo tuft
    civile civic
la civiltà civilisation
la classe form, class
    classico classic
il cliente customer
la clientela clientèle, customers
il cognato brother-in-law
il cognome surname, family name
    col with the
la colazione breakfast, lunch
    prima colazione breakfast (see p.180)
il colle hill
il collega, la collega colleague (m) or (f)
    collegare to join
il collegio college
la collezione collection

il disco record
la discoteca discoteque
  discutere to discuss
  disegnare to design
il disegnatore designer, draughtsman
il disegno design
  dietro disegni di based on drawings by
  diminuire* to diminish
  disoccupato unemployed
  disorganizzato disorganised
  dispiace: mi dispiace I'm sorry
  dispiacersi*† to be upset, to mind
la disponibilità availability
la disposizione disposition
  disposto set out, arranged
la distinzione distinction
  distruggere (pp distrutto) to destroy
la ditta firm, company
  diventare* to become
  diverso different
  diversi several, quite a few, various, all
    sorts
  divertente amusing
il divertimento entertainment buon
    divertimento! have a good time!
  divertirsi* to enjoy oneself, to have a
    good time
  dividere (pp diviso) to divide
la divisa uniform
la dizione elocution, speaking
  do (see dare)
  DOC a wine classification (see also p.113)
la doccia shower
  documentario documentary
il documento document
  dolce sweet, gentle
il dolce dessert, sweet, pudding
la dolcezza sweetness, warmth
la domanda question
  domandare to ask
  domani tomorrow
la domenica Sunday
  dominare to dominate
il dominio dominion
la donna woman
    da donna woman's
  dopo after, then
    dopo di che after which
  doppio double
  dormire to sleep
  dove? where?
  dov'è where is (it)?
    di dov'è where are you (is he/she/it) from?
  dovere† (see p.258) to have to
  drammatico dramatic
  dritto straight (on)
il dubbio doubt
  ducale ducal
  due two
  duemila two thousand
  dunque well, so
il duomo cathedral
  durante during

durare to last
duro hard

E

e and
è (see essere)
eccetto except
eccezionale exceptional
ecco here (it) is, here (they) are, there,
  well, that's what I mean eccoci here we
  are eccolo,-a here he/she/it is
l' economia economy
  economico economic, cheap
  ed and (form of e, when followed by a
    word beginning with a vowel)
l' edificio building
l' effetto effect
l' Egitto Egypt
  elegante elegant, smart
  elementare elementary, primary
l' elemento element
l' elenco list
l' elettrodomestico (pl gli
    elettrodomestici) household appliance
l' elmetto helmet
l' e-mail e-mail
  embè well (regional)
  emblematico emblematic
l' enoteca wine bar
l' entrata entrance
  entro within, by
l' episodio episode
l' epoca period, era
l' equilibrio balance
  era, eravamo, eravate (see essere)
l' erba herb alle erbe (cooked) with herbs
l' eremito hermit
l' erosione (f) erosion
l' esame (m) exam
  esatto exact, exactly, that's right
  esce, esci etc. (see uscire)
  esclusivamente exclusively
  escluso except, excluding
l' escursione (f) excursion
  eseguire to execute, to carry out
l' esempio example per esempio for
    example
  esercitare to practise, to exercise
l' esercizio exercise
  esistente existing
  esistere* (pp esistito) to exist
l' esperienza experience
l' esperto expert
  esplorare to explore
l' esposizione (f) displaying
  esposto exposed
  espressamente specially, specifically
  esprimere (pp espresso) to express
  essenziale essential
  essere*† (pp stato) to be (see p.257) c'è
    there is ce n'è there is (some) ci sono
    there are ce ne sono there are (some)

ce ne sono stati there have been
esso,-a he, she, it
l' est (m) east
l' estate (f) summer
d'estate in, during the summer
estemporaneo extemporary, improvised
estendere (pp esteso) to extend
nell'estendere in extending
l' esterno outside
estero foreign all'estero abroad
esteso extensive
estivo: nel periodo estivo during the
summer
l' età (f) age che età hanno ...? how old are ...?
etnico ethnic
etrusco Etruscan all'etrusca in the
Etruscan style
l' ettaro hectare (10,000m²)
l' etto hectogram (100 grams) all'etto per
100 grams
l' ettolitro hectolitre (100 litres)
l' eucaristia eucharist
l' euro euro (inv)
l' Europa Europe
europeo european
evoluto sophisticated

F

fa (see fare) un anno fa a year ago, last year
la fabbrica factory
la faccia (pl le facce) face
la facciata façade
facendo: stiamo facendo we are making
faccio, facciamo, facevo, facevamo,
facevano (see fare)
facile easy
il fagiolino green bean
il fagiolo bean
fai (see fare)
il falegname carpenter
il fallimento failure
la famiglia family
familiare as (it is) at home; intimate,
friendly
familiari: i miei familiari my family
famoso famous
i fanghi mud baths
fanno (see fare)
la fantasia fantasy
fare† (pp fatto) to do, to make (see p.257)
fare benzina to get some petrol
fare il biglietto to buy/get your ticket
fare colazione to have breakfast
fare dei viaggi to travel
fare dello sci to ski
fare un esame to take an exam
fare fotografie to take photos
fare il cuoco, l'insegnante to work as a
cook, a teacher
fare la valigia to pack
far parte di to be part of

fare ragioneria to study accountancy
fare riposo to take a day off/a rest
fare una passeggiata to go for a walk
cosa ci possiamo fare? what can we do
about it?
la farmacia chemist's
la fascia (pl le fasce) band: bandage
fate (see fare)
faticoso tiring
fatto (see fare)
fatto a mano handmade
fatto in casa homemade
fatto cucinare left to cook
il favore favour per favore please
favorire (-isco) to favour
febbraio February
fedele faithful
il fegato liver (see p.97)
fegato alla veneziana liver cooked
with onions
femminile female
le ferie (pl) holidays
fermare to stop?
fermarsi* to stop (oneself)
la fermata stop
la fermentazione fermentation
il ferro iron ai ferri grilled
ferro battuto wrought iron
ferroviario: stazione ferroviaria railway
station
la festa fête, party
festeggiare to celebrate
la fetta slice
fiammingo Flemish
fianco: a fianco beside, next to
il fico fig
la fidanzata, il fidanzato fiancé(e)
fidanzato engaged
la fiera fair
Fiesole hill town near Florence
il figlio son
i figli sons, sons and daughters
la figura figure
figurati! it's no trouble!
la filiale branch
il filoncino long-shaped loaf of bread
la filosofia philosophy
finale final
la fine end
il fine settimana weekend
la finestra window
finire (-isco) to finish
fino a until, up to
fino a che è necessario as long as it's
necessary
il finocchio fennel
finora up to now
il fioraio florist
il fiore flower
fiorente flourishing
fiorire (-isco) to flower
Firenze Florence
la fisarmonica accordion

fisico *(pl* fisici*)* physical
fisso fixed prezzi fissi fixed prices
il fiume river
la foglia leaf
il foglio sheet (of paper)
la fogna sewer
fognaria: rete fognaria sewerage system
fondamentale fundamental
fondare to found, to set up
fondazione: alla fondazione when we
started
fondo: in fondo at the end/bottom, at
the far end là in fondo down there
il fondo background: fund
la fontana fountain
la forma shape, type; whole cheese una
forma di a kind of
il formaggio cheese
formare to shape, to throw (of pottery)
il fornello (a gas) (gas) cooker
il forno oven messo/cotto al forno baked
il foro forum
forse perhaps, maybe
la fortuna fortune per fortuna fortunately,
luckily
fortunato fortunate, lucky
la fotografia photograph, print
fra between
la fragola strawberry
il frammento fragment
la frana landslide
francescano Franciscan
francese French
la Francia France
il francobollo stamp
il fratello brother
la frazione village, part of a country district
freddo cold
il freezer freezer
frequentare to frequent, to be with,
to know
frequentato popular
fresco fresh, chilled, cold
fretta: in fretta quickly, in a hurry
il frigo fridge
il frigorifero refrigerator
fritto fried
fronte: di fronte opposite di fronte a in
front of
il frullato milkshake, smoothie
la frutta fruit albero da frutta fruit tree
il fruttivendolo, la fruttivendola
greengrocer *(m)* or *(f)*
fruttuoso fruitful
la fuga flight, escape
fumare to smoke
il fungo mushroom
la funivia cable car
funzionare to work
il fuoco fire
fuori out, outside al di fuori di outside,
beyond

G

la galleria gallery Galleria degli Uffizi
Uffizi Gallery, Florence
gallese Welsh
la gallina chicken
il gallo cockerel
la gamba leg
il garage garage
garantire (-isco) to guarantee
il gas gas
gassato sparkling, fizzy non gassato
non-fizzy (of drinks)
il gatto cat
il gelato ice-cream
generale general
in generale generally
generalmente generally, usually
il genere kind, type cosa del genere this/
that sort of thing
in genere generally
il genitore parent
gennaio January
genova Genoa
la gente people
le genti peoples, tribes
gentile kind molto gentile! very kind
of you!
la gentilezza kindness per gentilezza please
la geografia geography
la Germania Germany
gestire (-isco) to run, to manage
già already
già in piedi? up already
già, è vero yes, that's true
giallo yellow
il giardinaggio gardening
il giardiniere gardener
il giardino garden
giardino all'italiana Italian-style garden
Ginevra Geneva
il ginocchio knee
giocare to play
il giocattore player
il giocattolo toy
il gioco game, play
la gioia joy
il giornale newspaper il/la giornalista
journalist
la giornata day
il giorno day al giorno per day tutti i
giorni every day
giovane young
da giovane as a young man
il giovane young man
il giovedì Thursday
girare to turn
il girarrosto spit (for roasting)
giri turn
il giro tour, trip
in giro around, out and about
la gita trip, excursion
giù down
giù di qui down here

giudiziario judicial
giugno June
la giustizia justice
giusto right
il gladiolo (or gladiolo) gladiola
gli the
gli to him
  gli dica tell him
glielo: glielo incarto? shall I wrap it
  for you?
globale global
gli gnocchi gnocchi
il gomito elbow
le gomme tyres
la gondola gondola
il gonfaloniere standard bearer
  gonfaloniere di Giustizia chief
    magistrate of medieval commune
il gorgonzola gorgonzola cheese
gotico-francese French Gothic
il governatore governor
  graffito sgraffito tutto graffito all
    decorated in sgraffito (incised)
il grafico (pl i grafici) graphic artist
la grammatica grammar
il grammo gram
gran (see grande)
la Gran Bretagna Great Britain
grande big, large
grandino fairly large
il granito granite
il grano wheat
il grappolo bunch (e.g. of grapes)
grattugiare to grate
gratuitamente free of charge
gratuito (or gratuito) free
grazie thank you
  grazie mille many thanks
grazioso charming
greco (pl greci) Greek
grigio grey
la griglia grill alla griglia grilled
  grosso large, big il lavoro più grosso
  the most work; the busiest time
la grotta cave
la groviera gruyère cheese
il gruppo group
guadagnare to earn
il guadagno wage
il guanto glove
  guardare to look, watch
  guardi! you know!, look! mi guarda ...?
  will you check ... for me?
la guerra war
il guerriero warrior
il gufo owl
la guida guide
  guidare to drive; to guide visita guidata
    guided tour
il gusto taste

H

ho, hai, ha, hanno (see avere)

l' hobby (m) hobby
l' hotel (m) hotel

I

i the
l' idea idea
ideale ideal
il the
  illustrato illustrated
  imballare to pack, to package
l' imbarcadero landing stage
  imbottigliare to bottle
  immaginare to imagine
  s'immagini! not at all!, don't mention it!
  immenso huge
l' immigrato immigrant
  immodestamente immodestly
  imparare to learn
  impegnativo demanding
l' imperatore (m) emperor
  imperiale imperial
  impiegare to employ
l' impiegata, l'impiegato clerk, employee
  (m) or (f)
  importante important
  imprevisto unexpected
  imprigionato imprisoned
  improvvisare to improvise
  in in, to (see Grammatica, para. 75)
  incantevole enchanting
  incartare to wrap
  glielo incarto? shall I wrap it up for you?
l' incendio fire
l' inchiesta survey
  incirca about all'incirca round about
  incluso included
  incominciare to begin
  incompleto incomplete
  incontrarsi to meet
  incredibile incredible, unbelievable
l' incrocio crossroads, junction
  indicare to indicate, to direct
  indipendente independent
  indubbiamente undoubtedly
l' industria industry
  industriale industrial
l' inesattezza inaccuracy
l' inesperienza lack of experience
  infatti as a matter of fact, in fact
  infilare to thread
  infilare allo spiedo to skewer
  infine finally
l' inflazione (f) inflation
l' informatica IT, computers
l' informazione (f) (piece of) information
l' ingegnere engineer
l' Inghilterra England
  inglese English
l' ingrediente (m) ingredient
l' ingresso entrance
  iniziare to begin, start
gli innamorati people in love, lovers

l' insalata salad
l' insegna standard
l' insegnante *(m) or (f)* teacher
insegnare to teach
inseparabile inseparable
inserire to insert
l' insicurezza insecurity
insieme together
insomma in other words
l' intaglio carving
intanto to begin with, in the meantime
l' intarsio inlay, marquetry
integrato made up, subsidised
l' intelligenza intelligence
intelligenza pronta lively intelligence
intendere *(pp inteso)* to mean
interamente entirely
interessante interesting
l' interesse *(m)* interest
internazionale international
interno interior, inside
intero full (price)
interrato underground
l' intervento intervention, repair
intorno around
intricato intricate
l' intuito intuition
invalido disabled
invecchiare to age
invece on the other hand, instead
l' inverno winter
d'inverno in winter
invitare to invite
l' invitato guest
io I
irlandese Irish
l' iscrizione *(f)* inscription
l' isola island, isle
isolato isolated
villetta isolata small detached house
ispirare to inspire
l' Italia Italy
l'Italia del Sud Southern Italy
italiano Italian

J

il jazz jazz

L

la, l' the; you, her, it
là there
là in fondo down there, at the end
il laboratorio workshop
il lago lake
la lana wool di lana woollen
il lardo bacon fat
le lasagne baked pasta dish
lasciare to leave
lasciare libero to vacate se mi può
lasciare ... if you could leave ... with me
latino Latin

il lato side, aspect
il latte milk
laurearsi* to graduate
la lavanderia laundry lavanderia a secco
dry cleaners
lavare to wash lavare i piatti to wash up
lavarsi* to wash (oneself)
la lavastoviglie dishwasher
la lavatrice washing machine
lavorare to work
il lavoratore worker
la lavorazione: - delle ceramiche pottery
- del ferro ironwork
- del legno woodwork
- del metallo metalwork
il lavoro work, job buon lavoro! hope the
work goes well! che lavoro fa? what
(work) do you do? qual è il suo lavoro?
what's your job?
le the; le to/for you le piace? do you like
it? le piacciono? do you like them?
il leccio holm oak
il legame link, bond
legato connected, tied
la legge law
leggere *(pp letto)* to read
il legno wood
lei you *(sing.)*, she, her e lei? and for you
(sing.)?
lentamente slowly
il leone lion
il letto bed camera da letto bedroom
levar: il levar del sole sunrise
levigare to (make) smooth
li them
lì there è lì it's (over) there
libero free
la libreria bookcase
limitato limited
limitrofo neighbouring
il limone lemon
la linea line
la lingua language
il liquore liqueur
la lista list
lista d'attesa waiting list
litigare to argue
il litro litre
il livello level
lo the; him, it
locale local
la località locality, area
la locanda small hotel, boarding house
la loggia loggia
Londra London
lontano far, far away, distant
loro you *(pl)*, they, them
il loro, la loro, etc your, yours *(pl)*,
their, theirs
loro stessi, -e they themselves
il loto lotus
la lotta struggle
lucidare to polish

la lucidatrice floor polisher
luglio July
lui he, him
il lunedì Monday
lungo long caffè lungo diluted black
  coffee a lungo a long time
il lungolago lakefront
il lungomare seafront
il luogo place
la lupa she-wolf
  lupa di Roma mythical she-wolf of Rome
il lupo wolf
il lusso luxury

M
ma but, well
la macchina car, machine
  in macchina by car, in the car
  macchina fotografica camera
la macedonia fruit salad
il macellaio butcher
la madre mother
  madre superiora mother superior
il maestro teacher
magari I'd love to; if only; perhaps
maggio May
la maggiorana marjoram
maggiore elder, eldest, major
in maggior modo above all
in maggior parte for the most part
maggiormente above all, mostly
i magi the three kings, the magi
la maglia sweater, strip, top
magnifico splendid
magro lean di magro pasta filling of
  cheese and spinach
mai never; ever
il maiale pork
il maialino da latte sucking pig
la maionese mayonnaise
la majorette majorette
la malattia disease, illness
la mamma mummy
  mamma mia! goodness me
manca: manca un po' it's a bit low
mancare to be lacking, missing; to miss
la mancia tip
mandare to send
mangiare to eat
la mano (pl le mani) hand
  fatto a mano handmade
la mansione duty, task
il mantello mantle, cloak
mantenere† to maintain, to retain
mantenersi* to support oneself
il manzo beef
il mappa map
il mare sea
la marea tide
la marionetta puppet
marino sea (adj)
il marito husband

il marmo marble
marrone brown
il marsala marsala wine (see also p.112)
il martedì Tuesday
marzo March
mascherare to mask
maschile male
il maschio boy, male
massimo maximum, at the most
il masso rock, mass
la matematica mathematics
la materia subject
il materiale material
  matrimoniale matrimonial camera
    matrimoniale hotel room with
    double bed
il matrimonio wedding anniversario
  di matrimonio wedding anniversary
la mattina morning
la mattina/alla mattina in the morning
  mattinata: che mattinata! what a morning!
il mattino morning al mattino in the
  morning
il mattone brick
maturo ripe
il mazzo bunch (of flowers)
me me, for me a me piace I like it
il meccanico mechanic
media: in media on average
il medico (pl i medici) doctor
medievale medieval
medio average
il Medioevo Middle Ages
meglio better
  in meglio for the better
la mela apple
la melanzana aubergine
il melone melon
il membro member
meno less, fewer, least ancora meno
  less still più o meno more or less
mentale mental
mentre while
il menù menu
meraviglioso wonderful
il mercato market
il mercoledì Wednesday
il merletto lace
mescolare to stir
il mese month
il messaggio message
messicano Mexican
il mestiere craft, job
Mestre industrial town near Venice
la metà half
la metafora metaphor
il metallo metal
il metro metre
  mettere (pp messo) to put
    mettere al forno to bake
    mettere da parte to put aside
    quanto ci mette? how long does it take?
  mettersi* to put on (of clothing), to wear

il meublé hotel without restaurant service
la mezzanotte midnight
mezzo half
in mezzo in the middle
mezzo chilo half a kilo
il mezzogiorno midday
mi me, to/for me, myself
il miele honey
migliaia di thousands of
milanese Milanese cotoletta alla
milanese veal escalope in egg and
breadcrumbs
il miliardo one thousand million
militare military
mille (pl mila) thousand grazie
mille many thanks
il Millecento twelfth century
minerale mineral
il minestrone minestrone
minimo at the very least, minimal
il minore youngest (of children), minor
il minuto minute
mio, mia, etc. my, mine
il miracolo miracle
misto mixed
la misura size (of clothing); measurement
mite mild
il mobile piece of furniture
la mobilia furniture
la mobilità mobility
la moda fashion di moda fashionable
il modello type
moderatamente in moderation
moderno modern
modesto modest
il modo manner
in modo particolare particularly
in maggior modo above all
la moglie wife
molto a lot (of), many, very, very much
il momento moment
il monachesimo monasticism
il monastero monastery
il mondo world in tutto il mondo all
over the world
la moneta coin
la montagna mountain(s)
il monte mountain, mount
monte di Pietà pawnshop
il monumento monument
morbido soft
morto dead stanco morto dead tired
morire*† (pp morto) to die
il mosaico (pl mosaici) mosaic
il mosto must, unfermented new wine
la mostra exhibition
il motivo reason
la moto motorbike
la motocicletta motorcycle
il motoscafo motorboat
il movimento movement, exercise
la mozzarella type of cheese (see also p.53)
il mulino mill

il municipio town hall
muoversi* (pp mosso) to move (oneself)
il muro wall orologio da muro wall-clock
le mura (pl) city walls
il museo museum
la musica music
il mutamento change

N

Napoli Naples
nascere* (pp nato) to be born
la nascita birth
il naso nose
il Natale Christmas
naturalmente of course, naturally
navigare sul Web to surf the Web
nazionale national
ne some/any (of it/them) ce n'è there is
ce ne sono there are
né ... né neither ... nor
neanche neither, not either, not even
la nebbia fog
necessario necessary
la necessità necessity
la necropoli (pl le necropoli) necropolis,
burial place
negativo negative
il negoziante shopkeeper, dealer
il negozio shop
nel, nella, nei, etc. in the
nemmeno neither, not either, not even
neppure neither, not either, not even
nero black bianco e nero black and white
nessuno no, none
niente nothing, anything, no ...
nient'altro? nothing else?
no no
la noce nut, walnut
noi we
da noi at our place, in our part of
the world
noia: che noia! how boring!
noioso boring
noleggiare to hire, rent a noleggio
for hire
il nome name
non not
non più not any more
non proprio not exactly
non tanto not particularly
nonché as well as
i nonni grandparents
il nonno grandfather
il nord north
nord-ovest north-west
normale normal
normalmente all the time, usually
nostro our, ours
la notte night
nove nine
il Novecento 20th century
novembre (m) November

nudo naked
nulla anything, nothing
il numero number; size (of shoes)
numeroso numerous
il nuoto swimming
nuovo new di nuovo again

O

o or
l' obelisco obelisk
obbligatorio obligatory
occasionalmente occasionally
l' occhio eye
occupare to occupy
occuparsi* to look after, to take care of
occupato busy
odiare to hate
l' officina workshop
offrire (pp offerto) to offer
l' oggetto thing, object
oggi today, these days
   oggi pomeriggio this afternoon
ogni every
   ogni tanto every now and then
olimpico olympic, olympian
l' olio oil
   olio d'oliva olive oil
l' oliva olive
oltre a besides, as well as
l' ombrello umbrella
l' opera opera, work
l' operaio worker, employee
oppure or else
l' opuscolo booklet, leaflet
ora now
l' ora hour a che ora? at what time?
   che ora è?, che ore sono? what's
   the time?
oralmente orally
l' orario timetable in orario on time
   orario di visita opening times
l' orchestra orchestra
l' orecchio ear
l' orefice (m) goldsmith
l' oreficeria jeweller's shop
l' organista (m) or (f) organist
organizzare to organise
l' organo organ
orgoglioso proud
originariamente originally
l' origine (f) origin
l' oro gold
l' orologio watch, clock
   -da muro wall-clock
   -da polso wrist-watch
   -da tavolo mantel clock
orvietano of/from Orvieto
oscuro obscure
l' ospedale (m) hospital
ospitare to put up
l' ospite (m) or (f) guest
osservare to watch, to observe

ossia that is, in other words
l' osso (pl le ossa) bone (human bones)
gli ossi animal bones
l' ostello per la gioventù youth hostel
l' osteria inn
ottenere to obtain
ottimo excellent, superb
otto eight
ottobre (m) October
l' Ottocento 19th century
ovest west
ovviamente obviously
l' ozio idleness

P

il pacchetto parcel
Padova Padua
il padre father
il paesaggio landscape, scenery
il paese country; village
la paga pay
pagare to pay
il paggio page boy
la pagnotta large round loaf of bread
il paio (pl le paia) pair
il palazzo palace
il palcoscenico stage
la palestra gym
palladiano Palladian
la palma palm tree
il pallone football
la panchina park bench
il pane bread
il panettiere baker
il panino bread roll, sandwich
la panna cream alla panna with cream
il panorama view
i pantaloni trousers
il papa pope Palazzo dei Papi Papal Palace
parallelo parallel
il parasole parasol
parcheggiare to park
il parcheggio car park
il parco park
   parco zoologico zoological gardens
   parco giochi playground
parecchio quite a lot, several
il parente relative, relation
Parigi Paris
parlare to speak, to talk
il parmigiano parmesan cheese alla
   parmigiana with parmesan cheese
   sauce
la parola word
la parrocchia parish
la parrucca wig
il parrucchiere hairdresser
la parte part a parte separately da parte
   di on the part of
   in gran/ maggior parte for the most
   part
   in parte partly, some (of them) mettere

293

da parte to put to one side
la partenza departure; start-up (of a
　　business)
il punto di partenza point of departure
　　particolare particular, special
　　particolarmente particularly
　　partire* to leave, to depart a partire
　　da ... from as early as ...
la partita match
la Pasqua Easter
　　passaggio: zona di passaggio place
　　with a lot of passing trade
il passante passer-by
il passaporto passport
　　passare to spend (time), to transfer
　　passare* to pass, to pass through,
　　to call by
il passaggero passenger
　　passeggiare to walk, to go for a walk
la passeggiata walk
la passione passion, enthusiasm
il passo step (a) due passi very near
la pasta cake, pastry; pasta
　　pasta verde pasta made with spinach
il pasto meal
la patata potato
la patente driving licence
il patrimonio heritage patrimonio
　　artistico artistic heritage
la paura fear
il pavimento floor
il pavone peacock
la pazienza patience
la pazzia madness
　　peccato: che peccato! what a pity!
la pecora sheep
il pecorino sheep's cheese (see also p.104)
　　pedonale pedestrian
　　peggio worse
　　in peggio for the worse
la pelle leather
il pellegrinaggio pilgrimage
la pellicola film
　　pena: vale la pena it's worth (it)
　　pensare to think
il pensionato pensioner
la pensione small hotel, boarding
　　house; pension
la pentola pot, pan
il pepe pepper (spice)
il peperone pepper (vegetable)
　　per for
la pera pear
　　perché because
　　perché? why?
　　perciò therefore
　　perdere (pp perduto or perso) to lose
　　perfetto perfect
　　perfezionare to perfect, improve
il pericolo danger
　　pericoloso dangerous
la periferia outskirts, suburbs
il periodo period

permettere (pp permesso) to allow,
　　to permit
però but, however
persino even
la persona person
le persone people
il personaggio figure, personality
　　personale personal
　　personalmente personally
　　pesante heavy
　　pesare to weigh
la pesca peach; fishing
　　pescare to fish
il pescatore fisherman
il pesce fish
　　pesce d'acqua dolce fresh-water fish
　　peschiero fishing (adj)
il petto chest, breast
il pezzo piece
　　piace, piacciono (see piacere)
　　piacere*† to please le/ti piace?
　　/piacciono? do you like it/them?
　　mi piace/piacciono I like it/them a me
　　piace I like it mi piacerebbe I would like
il piacere pleasure per piacere please
　　piacere! pleased to meet you!
　　piacevole pleasant
　　piallare to plane (carpentry)
　　piangere† (pp pianto) to cry
　　piano: piano piano little by little
il piano floor, storey
　　piano urbanistico town plan
il pianoforte piano
la pianta plant; (town) map
la piantagione plantation
　　piantare to plant
il pianterreno ground floor
la piantina small map, map of small town
la pianura plain
il piatto plate, dish primo/secondo
　　piatto first/second course
la piazza square
il piazzale square
　　piccante strong (of flavour)
　　piccolissimo tiny
　　piccolo small
il piede foot
　　a piedi on foot
　　in piedi up and about
la pietà pity monte di Pietà pawnshop
la pietra stone
la pila battery
la pinacoteca art gallery
il pino pine tree
il Pinot grigio type of white wine
　　(see also p.112)
la pioggia rain
　　piovere* (or piovere) to rain
la piscina swimming pool
il pisello pea
la pista (ski) run
　　pista da fondo cross country run
　　pista da discesa downhill run

Pitti: Palazzo Pitti Pitti Palace, art
gallery in Florence
il pittore painter
pittoresco picturesque
la pittura painting
pittura ad acquerello watercolour
painting
più more, most di più most of all
in più more, extra, in addition non
più not any more più che more than
più o meno more or less
piuttosto rather
la pizza pizza
il pizzaiolo pizza cook
la pizzeria snack-bar, pizza shop
il pizzo lace
la plastica plastic
il Po River Po
po': un po' a little (bit)
un po' di più a little more
un po' di tutto a bit of everything
è un po' di più it's a bit over
pochi not many, few
pochino: un pochino a little bit
poco: un poco a little a poco a poco
little by little non poco! not a little!
Il podere farm, small-holding
il podestà mayor (medieval)
poi then
la polenta dish made with maize
la politica politics
politico political
il pollo chicken pollo alla cacciatora
chicken chasseur petti di pollo
chicken breasts
il polso wrist orologio da polso
wrist-watch
il pomeriggio afternoon
oggi pomeriggio this afternoon
il pomodoro tomato
il pompelmo grapefruit
il pompiere fireman
il ponte bridge
Ponte dei Sospiri Bridge of Sighs
popolare popular
la popolazione population
il popolo the people
la porchetta whole roast pig
porpora purple
la porta door
il portabagagli porter
il portafoglio wallet
portare to bring, to take, to carry
–al consumo to put on the market
il portiere (hotel) porter, receptionist
possibile possible
la possibilità possibility
posso, possiamo (see potere)
il posto place, seat a posto in order, OK
sul posto locally non c'è posto there's
no room
potente powerful
il potere power

potere† to be able to (see p.258)
povero poor
poveri noi! poor us!
il pozzo well
pozzo di San Patrizio St Patrick's Well
in Orvieto
pranzare to have lunch, to dine
il pranzo lunch camera/sala da pranzo
dining room
praticamente practically
pratico practical
il prato meadow, field
la precarietà precariousness
precisamente precisely
preciso precise
la predilezione predilection, liking
preferenziale preferential
preferire (-isco) to prefer
preferito favourite
il prefisso dialling code
pregiato exceptional, outstanding
prego that's all right, not at all,
don't mention it
prego? what would you like?, yes?
prenda take
prendere (pp preso) to take, to have,
to fetch, to catch
prendere moglie/marito to get
married
prenotare to book
preparare to prepare i preparativi
preparations
presentare to present, to offer (for sale)
il presepe crib
il presidente president
pressappoco roughly
prestare to lend
presto early, soon
la pretesa pretension
il prete priest
prevalentemente mainly
prevedere to foresee
previsto expected
prezioso precious
il prezzemolo parsley
il prezzo price a buon prezzo cheap
la prigionia imprisonment
prima (di) before
la primavera Spring
primo first dai primi del secolo since
the beginning of the century i primi
di luglio early July per primo to start
with (first course) prima cosa first of all
principale main
il/la principiante beginner
il priore prior palazzo dei Priori
Prior's Palace
privato private
probabilmente probably
la processione procession
il processo process
il prodotto product
produco, produce (see produrre)

produrre† *(pp* prodotto*)* to produce
il produttore producer, grower
   produttrice: casa produttrice firm,
    production company, grower
la produzione production
   professionale professional
la professione profession
il professionista professional person
il professore teacher
il profiterole profiterole (pastry)
il/la progettista designer
il programma programme
il progresso progress
   proibito forbidden
   pronto ready pronto! certainly! ready!
    here it is!; hello! (on phone only)
la pronuncia pronunciation
il proprietario owner
   proprio: proprio dietro just behind
    proprio qui/lì just here/there non
    proprio not exactly
    proprio: il proprio one's own
il prosciutto ham
il prospetto leaflet, prospectus
   prossimo next
la prova evidence, proof
   provare to try, to try on
   prova un po' have a go, give it a try
   provetto experienced
la provincia province
   provvedere *(pp* provvisto*)* to provide
lo psicologo *(pl* gli psicologi*)* psychologist
la pubblicità advertisement, advertising
il pubblico public
   pulire to clean
   pulito clean
il pullman *(pl* i pullman*)* coach, bus
il pulmino school bus
la punta point a punta pointed
   scarpette a punta ballet shoes
   può, puoi (see potere)
   pure too, also
   puro puro
   purtroppo unfortunately, sadly

Q

   qua here
il quadro picture
   qual ... ? (see quale)
   qualche some
    qualche cosa something, anything
    qualche volta sometimes
   qualcosa something
    qualcosa d'altro something else
   qualcuno someone
il quale, la quale, etc. which
   qual ...? quale ...? what?, which (one)?
la qualifica qualification
   qualificato qualified
la qualità quality
   quando when da quando since
   quanto, -a, -i, -e? how much?, how many?

   quant'è? how much does that come to?
   da quanto? what value?
   in quanti siete? how many of you
   are there?
il quartiere district, part of a town
il quarto quarter
   quarto d'ora quarter of an hour
   quasi nearly, almost
   quattro four
il Quattrocento 15th century
   quel, quell', quella, quei, etc. that, those
   quello, quella, quelli, quelle that *(*one*)*,
    those (ones)
la quercia oak tree
   questo, questa, questi, queste this (one),
    these (ones)
   qui here
    giù di qui down here
    qui vicino near here
   quindi so, well, therefore
il quintale 100 kilos
   quinto fifth
   quotidianamente every day, daily
   quotidiano daily
il quotidiano daily newspaper

R

   raccogliere† *(pp* raccolto*)* to pick up
la raccolta harvest
la radio *(pl* le radio*)* radio
la ragazza girl, girlfriend da ragazza as a girl
il ragazzo boy, boyfriend da ragazzo as
    a boy
   raggiungere *(pp* raggiunto*)* to get to,
    to reach
la ragione reason avere ragione to be right
la ragioneria accountancy
il ragioniere, la ragioniera accountant
il ragù meat sauce
   randagio stray
   rapido fast
il rapporto relationship
   rappresentando representing
   rappresentare to represent
i ravioli ravioli
la razza race
il razzismo racism
   reale royal
   realizzare to carry out
la realtà reality
   recente recent
   recitare to act
il Redentore Saviour
   regalare to give (a present)
il regalo present
la regione region
   regolarsi* to work something out
    (for oneself)
   religioso religious
il reliquiario reliquary
   Remo Remus, twin brother of
    Romulus, mythical founders of Rome

rendere *(pp* reso*)* to pay, to be profitable, to render
la rendita income
il reparto department
    reparto macchine machine shop
il reperto archeological find
il repertorio repertory
la repubblica republic
il residente resident
il respiro breath, breathing
    restare* to stay, to remain
    restaurare to restore
il restauro restoration work
i resti ruins, remains
il resto change, rest
la rete net
    rete fognaria sewerage system
il retro back dà sul retro it gives onto the back
il ricamo embroidery
    ricco rich
la ricetta recipe
    ricevere to receive
il ricevimento reception
    richiamare to recall, to call back
    richiedere *(pp* richiesto*)* to require
    ricominciare to start again
    ricoprire *(pp* ricoperto*)* to cover up again
    ricordare to remember, to commemorate
    ricordarsi* to remember
il ricordo memory
    ricostruire (-isco) to rebuild
    ridotto reduced
    riesco (see riuscire)
i rifiuti rubbish
    rifinire to finish off
il rifugio refuge
la riga line
    riguardare to concern, affect
    rilassarsi* to relax
il rimanente rest
la rimanenza change, remainder
    rimanere*† *(pp* rimasto*)* to remain, to stay (see p.258)
    rimangono (see rimanere†)
    rimodernato modernised
    rinascimentale of the Renaissance
il Rinascimento Renaissance
    rinforzare to reinforce
    rinomato renowned
il rintocco chime
    riparare to repair
    ripartire* to leave (again)
    ripassare to revise
    ripido steep
    ripieno stuffed
il ripieno filling, stuffing
    riportare to transfer, to reproduce
    riposarsi* to (have a) rest
il riposo rest giorno di riposo day off
il ripostiglio store room
la riproduzione reproduction
    ripulire to clean up

    risalire a*† to date back to
    risanare to repair
la riserva reserve
    riservato reserved
il riso rice
    risi e bisi rice and peas dish
il risotto risotto
    rispetto a compared with
    rispondere *(pp* risposto*)* to reply
la risposta answer
il ristorante restaurant
    ristrutturato restored, re-built
il risultato result
il ritardo delay, lateness
in ritardo late
    ritemprante restorative
    ritenere† to think, to believe (see p.258)
    ritirare to take in
il ritmo rhythm
    ritornare* to come/go back, to return
il ritorno return andata e ritorno return ticket
    ritrovare to find, to meet ti ritrovo? shall we meet up
    riuscire*† to succeed, to be able to (see riuscire p.258)
la riva shore, bank
    rivediamo: rivediamo un po' let's have another look
la rivista magazine
la rocca small castle
la roccia rock
il rododendro rhododendron
    romanico-lombardo Lombard-Romanesque
    romano Roman alla romana Roman style
    Romolo Romulus (see Remo)
    rosa pink
la rosa rose
    rosato rosé
il rosmarino rosemary
il rosone rose window (e.g. of cathedral)
    rosso red
    rotondo round
    rovescio: a rovescio inside out
    rovina: in rovina in ruins
    rullare to roll (of drums)
il rumore noise
la rupe mound, steep rock
    rustico rustic, country-style

S

    sa? you know?
    sa, sai (see sapere)
il sabato Saturday
il sacchetto carrier bag
il sacrificio sacrifice
    sacro sacred
la sala sitting-room
    sala da pranzo dining-room
    sala da ballo ballroom
il salame salami

salato salted
il sale salt
salire*† to go up
il salmone salmon
  salmone affumicato smoked salmon
il salone large reception room
il salotto sitting-room
la salsa sauce
il saltimbocca alla romana veal
  cooked in white wine
il salto jump; drop
il salumiere grocer
salute! cheers!
la salvia sage
il sandalo sandal
sano healthy
santo holy
sapere† to know, to know how
  to (see p.258)
il sapore flavour, taste
sappiamo (see sapere)
il sarcofago sarcophagus
la scala stairs, staircase
la scaloppina escalope
lo scambio exchange
gli scampi (pl) scampi
  scaricarsi* to go flat (of battery)
la scarpa shoe
  scarpetta: le scarpette da punto
    ballet shoes
la scatola box
lo scatto unit (of telephone call)
  scavare to dig
lo scavo excavation
la scheda di ricarica top-up phone card
la scena scene
  scendere* (pp sceso) to get off; descend
lo scherzo joke
  schiacciato crushed, squashed
lo sci ski
  sci nautico water-skiing
  sciare to ski
la sciarpa scarf
il sciatore skier
la scienza science
lo scienziato scientist
la scimmia monkey
  sciogliere† (pp sciolto) to melt
  sciogliersi*† (pp sciolto) to loosen
    (oneself) up
  scolastico: anno scolastico school year
  scolpito engraved, sculpted
  scommettere (pp scommesso) to bet
lo sconto discount
lo scontrino bill, receipt
  scoprire (pp scoperto) to discover
lo scopo purpose, aim
  scorso last
    l'anno scorso last year
la scorta escort
la Scozia Scotland
  scozzese Scottish
il scrittore writer

la scrittura notation, written form
la scrivania desk
  scrivere (pp scritto) to write
lo scudiero foot-soldier
lo scudo shield
lo scultore sculptor
la scultura sculpture
la scuola school
  scusa! excuse me! I'm sorry (tu form)
  scusi! excuse me (please)! I beg your
    pardon (lei form)
  se if, unless
    se no ... otherwise ...
  sé yourself, himself, herself, itself
  seccare to dry
  secco dry
il secolo century
  secondo second
    secondo (piatto) main course
  secondo depending on, according to
    secondo lui in his own opinion
la sede head office
  sedicesimo sixteenth
la segnalazione (road) sign
il segno sign
la segretaria, il segretario secretary
il segreto secret
  seguente following
  seguire to follow
  sei (see essere)
  sei six
il Seicento 17th century
  selvatico wild
  sembrare* to seem
  mi sembra I think, I believe (lit.
    it seems to me)
  seminare to sow
  semplice simple, single
  semplicemente simply
  sempre always
la sensazione feeling
il senso sense
  senta!, senti!, sentite! listen!
  sentirsi* to feel
  senza without
  senz'altro certainly
la sera evening
  di sera in the evening
la serata evening
la serie (pl le serie) series
  serio serious
  servire to serve
il servizio service, set
la seta silk
  sette seven
  settembre (m) September
  settentrionale northern
il settore sector
la settimana week
  si oneself, yourself, yourselves,
    herself, himself, themselves; one
    (you, we, they)
    si spera one hopes, we hope, it is hoped

si lavora male you can't work properly
sì yes
sia: penso che sia I think it is
siamo see essere)
la Sicilia Sicily
sicuro sure, certain
siete (see essere)
il significato meaning, intention
la signora lady, Mrs, madam
il signor(e) gentleman, Mr, sir
la signorina young lady, Miss
silenzioso quiet
il simbolo symbol
simpatico (pl simpatici) nice,
  likeable, friendly, pleasant
il sindaco (pl i sindaci) mayor
singola single
sinistra left a/sulla sinistra to/on the left
situato situated
smettere (pp smesso) to stop
  (doing something)
so (see sapere)
so' = sono (see essere)
il Soave dry white wine (see also p.112)
sobrio sober
socievole sociable
il socio partner
soddisfatto satisfied
la soddisfazione satisfaction
la soffitta attic, loft (of house)
soggiornare to stay
il soggiorno living room; stay
sognare to dream
il solaio attic area (of apartment block)
solamente only
i soldi (pl) money
il sole sun
solito usual
  di solito usually
solo only, alone
  da solo on one's own
  uno solo just one
soltanto only
il sommelier wine waiter
sono (see essere)
sopportare to bear
sopra above
il soprannome nickname
soprattutto above all, especially
sopravvivere* to survive
sorgere* (pp sorto) to rise
la sorella sister
la sosta pause, break
il sostegno support
sostenere† to maintain
sotto under, beneath
spaccato half and half, split
la spada sword
gli spaghetti (pl) spaghetti
lo spago string
la spalla shoulder
lo spazio space, room
spazioso spacious

lo specchio mirror, glass
speciale special
la specialità speciality
specializzato specialized
la specie: una specie di a sort of
spendere (pp speso) to spend
sperare to hope
spero di sì I hope so
sperimentare to try out
la spesa shopping
spesso often
lo spettacolo show business
lo spettatore spectator
la spiaggia beach
spiegare to explain
gli spinaci (pl) spinach
la sponda shore
spontaneamente spontaneously
lo sport sport
sposarsi* to get married
la spremuta fresh fruit juice
spruzzare to spray
la squadra di calcio football team
sta, stai (see stare)
staccare to detach
stagionato matured, seasoned
la stagione season
la stalla stable
stamattina this morning
stancarsi* to get tired
stanco tired
  stanco morto dead tired
stanno (see stare)
la stanza room
stanza da letto bedroom
stanziare to assign
stare*† (pp stato) to be (when referring
  to health or place), to stay (see p.257)
  come sta?/stai? how are you?
  sono stato a I've been to, I went to
  stare per to be about to
stasera this evening
statale of the state, national
gli Stati Uniti United States
stato (see essere)
la statua statue
la stazione station
la stella star
la sterlina pound sterling
stesso myself, yourself, etc.
lo stesso (the) same
stiamo (see stare)
lo stile style
lo stipendio salary
lo stivale boot
sto (see stare)
la stoffa material
la storia story, history
storico historic, ancient
la strada road, street
lo straniero foreigner
strano strange che strano! how strange!
lo strato layer a strati in layers

stressante stressful
stretto tight, narrow
lo strumento instrument
lo studente student
studiare to study
lo studio office, studio, study
lo stufato stew
stufo fed up
stupendo wonderful
su on, up
subito right away, immediately
succedere* (pp successo) to happen
il succo di frutta fruit juice
il sud south Italia del sud Southern Italy
sufficiente sufficient
il suggerimento tip
suggestivo evocative
il sugo sauce
sul, sulla, sui, etc. on the
suo, sua, suoi, sue your/yours, his, her
/hers, its
la suocera mother in law
suonare to play (music); to sound
la suora nun
superiore superior madre superiora
mother superior
il supermercato supermarket
la supremazia supremacy
surgelato frozen (food)
svegliarsi* to wake up
sviluppare to develop
svilupparsi* to develop (oneself)
lo sviluppo development
la Svizzera Switzerland
svizzero Swiss

T

la tabaccaia, il tabaccaio tobacconist
(m) or (f)
il tabacco tobacco
il tacchino turkey
la taglia size (of clothes)
tagliare to cut
le tagliatelle (pl) tagliatelle
i tagliolini (pl) vey fine tagliatelle
il tamburo drum
tanto a lot, lots (of) non tanto not much,
not particularly tardi late più tardi later
la taverna tavern
il tavolino small table, café table
il tavolo, la tavola table tavola calda
self-service snack bar/restaurant
la tazza cup
la tazzina coffee-cup, small cup
te you
il tè tea
il teatro theatre
la tecnica technique
tedesco German
il tegame saucepan
la tela linen, cloth
telefonare (a...) to telephone, to ring (...)

la telefonata telephone call
il telefono telephone
la televisione television
la temperatura temperature temperatura
ambientale room temperature
il tempio temple
il tempo time
in questi ultimi tempi recently
più vivace di un tempo livelier than
it used to be
quanto tempo ci mette/ci vuole?
how long does it take?
la tendenza tendency
tenere† to keep, to have (see p.258)
tengo moltissimo a che ...
I'm very keen that ...
tenersi*: tenersi per mano to hold hands
tengo, tengono (see tenere)
la tenuta (country) estate, farm
terapeutico therapeutic
le terme (pl) spa, baths
la terra land, earth
la terrazza terrace
il terrazzo small terrace/balcony
il terreno land
terribile terrible
il territorio territory
terzo third
tesoro darling
la tessitura weaving
la testa head
il testo text, lyric (of song)
il tetto roof
il Tevere Tiber (river)
ti you, to/for you, yourself
ti sei divertito? did you enjoy yourself?
tiene (see tenere)
il tifoso supporter, fan
tipico (pl tipici) typical
il tipo type, kind
tipo artigianale/industriale on a craft/
mass production scale
il toast toasted sandwich
il Tocai white wine (see also p.112)
il tocco touch
la toilette toilet, lavatory
la tomba tomb, grave
tondo round
il tonno tuna fish
il torace chest
Torino Turin
tornando going back, coming back
tornare* to come/go back, to return
il toro bull
la torre tower
la torta gateau, cake
torta della casa homemade gateau
(in restaunt)
i tortellini (pl) small stuffed pasta shapes
tortelloni di magro as above, with
spinach and cheese filling
la Toscana Tuscany
toscano Tuscan

il totale total
    in totale in all
tra amongst, between
la traccia trace
    tradizionale traditional
la tradizione tradition
il traffico traffic
    tramandare to pass on
    tranne except
    tranquillamente quite happily/easily
    tranquillo quiet
    trascorrere to spend, pass
    trasferirsi* to move (away)
    trasformato transformed
la trasmissione transmission
    trasportare to transport
    trattare to treat, to deal with è stato
        trattato bene? were you treated well?
il trattore tractor
la trattoria restaurant, country inn
    tre three
il Trecento 14th century
il treno train
in treno by train
    tre quarti three quarters
    triste sad
il tritacarne mincer
la tromba trumpet
il trombettiere trumpeter
    troppo too, too much
la trota trout
    trovare to find
    trovarsi* to find oneself, to be situated
il trucco make-up
    tu you (sing.)
il tufo rock of volcanic origin
    tuo, tua, tuoi, tue your/yours
il turismo tourism
    turismo bianco skiing holidays
la turista, il turista tourist (m) or (f)
    turistico (pl turistici) tourist
    i turni shifts
    turno: a turno in turn chiuso per turno
        closed by rota
    tutti, e all, everyone
    tutti e due both
    per tutti e quattro for all four of us
    tutto all, everything
    in tutto in all
    tutto quanto the whole lot
    tutto a posto all in order a tutt'oggi
        up till now
    tutto every, all; everything
    tutti i giorni every day
    tutta la settimana all week

U

    ubriacarsi* to get drunk
l' uccello bird
l' ufficio office
    ufficio postale post office
    uguale equal

    ugualmente equally
l' ulivo olive
    ultimo last
    umano human
le umbrichelle (pl) long, thick pasta
    umbro Umbrian, of the region of Umbria
    un, un', uno, una a, an, one all'una at one
        o'clock
l' uno, -a each
    uno solo just one
l' uncinetto crochet
    unico just one, only
    unire (-isco) to join, combine
l' uomo (pl gli uomini) man da uomo man's
    uomo d'affari businessman
l' uovo (m) (pl le uova f) egg
l' urbanista (m) or (f) town-planner
    usare to use
    uscendo: sta uscendo it's coming on
    uscire*† to go out, to come out
l' uso usage
l' utensile (m) tool
    utile useful
l' uva (f) grapes

V

    va (see andare)
    va bene fine, OK, certainly
    va bene così? is that all right?
    ma va! go on with you!
la vacanza holiday
    buona vacanza! have a good holiday!
    in vacanza on holiday
la vacca cow
    vada go
    vado, vai (see andare)
    vale: vale la pena it's worth (the effort)
la valigia suitcase
la valle valley
    valle del Po Po Valley
il valore value
    vanno (see andare)
    come vanno? how are they?, do they fit?
    come vanno le cose? how are things?
    vanno bene? are they all right?
    vantaggioso advantageous
    vantare to boast
il vapore steam
il vaporetto pleasure boat
    vaporizzare to vaporise
    vari several
    vario varied, different
il vaso vase
la vecchietta, il vecchietto little old lady, man
    vecchio old
    vedere (pp veduto or visto) see
    vediamo ... let's see ... ci vediamo! see
        you later!
    era bello a vedersi it was lovely to see
la vedova/il vedovo widow/widower
la velina TV showgirl
il velluto velvet

la vendemmia grape harvest, vintage
  vendere to sell
la vendita sale
  in vendita for sale
  venditore: il venditore ambulante
    travelling street vendor
  venendo coming
il venerdì Friday
il Veneto region of North-East Italy
  Venezia Venice
  veneziano Venetian
  vengo, veniamo, vengono (see venire)
  venire*† (pp venuto) to come (see p.258)
  venti twenty
il vento wind
  ventunesimo twenty-first
  venuto (see venire)
  veramente really
  verde green
il Verdicchio dry white wine (see p.112)
la verdura vegetable, vegetables
  vergine virgin olio extra vergine di oliva
    olive oil obtained from first pressing
il vermut (pl i vermut) vermouth
  verniciare to varnish
  vero real, true
  vero? isn't it? aren't they? etc.,
    isn't that so?
  veronese from Verona
  verosimile likely
  verso about
il vessillo flag, standard
  vestirsi* to get dressed
il vestito dress
il Vesuvio Vesuvius
la vetrina window
  vettura: la vettura ristorante
    restaurant-car
  vi yourselves
  vi sono there are
  via away
la via street, route
  viaggiare to travel
il viaggiatore traveller
il viaggio travel, journey, trip agenzia di
    viaggi(o) travel agency buon viaggio!
    have a good journey!
  viaggio di nozze honeymoon
  vice deputy
la vicinanza vicinity
  vicino near(by), close
il vicino, la vicina neighbour (m) or (f)
  viene, vieni (see venire†)
  vietato forbidden
il vigile, la vigilessa policeman/woman
il vigneto vineyard
la villa villa
il villaggio village
la villetta small house
il vino wine
la violenza violence
la visita visit
  orario di visita opening times

(of museums, etc)
  visitare to visit
il visitatore visitor
  vissuto (see vivere)
la vista view
  visto (see vedere)
la vita life, living
il vitello veal
  vitello tonnato veal dish with
    tuna fish sauce
  vivace lively
  vivendo living
  vivere* (pp vissuto) to live
il vocabolario vocabulary, dictionary
il vocabolarietto little word list
il vocabolo word
  vogliamo, vogliono (see volere)
  voi you (pl)
  volare to fly
  volere† to want, to like (to have) (see p258)
    ci vuole you need (lit. is needed)
    ci vogliono you need (lit. are needed)
    cosa vuole/voleva? what can I get you?
    quanto ci vuole? how long does it take?
    voler bene a to like, to be fond of
    (a person)
    voleva (see volere)
    cosa voleva? what can I get you?
il volo flight
la volontà eagerness, enthusiasm
il volt (pl i volt) volt
la volta time, occasion una volta once
    a/alcune volte sometimes, occasionally
    a sua volta in (his/her/its) turn qualche
    volta sometimes un po' per volta bit by
    bit una volta alla settimana once a week
il voltaggio voltage
la vongola claim
  vorrei I'd like
  vorresti? would you like?
  vostro your, yours
  vulcanico volcanic
  vuoi, vuole (see volere)

W

il weekend (pl i weekend) weekend

Z

lo zabaglione a dessert (see also p.97)
  zero zero
la zona area, district della zona from
    this area, from around here zona di
    passaggio place having a lot of passing
    trade
    zona pedonale pedestrian area
  zoologico (pl zoologici) zoological
la zuccheriera sugar bowl
lo zucchero sugar
lo zucchino courgette
la zuppa soup
  Zurigo Zurich

PICTURE CREDITS

Now you're talking!

If you'd like to start speaking other languages, from Spanish to Mandarin Chinese, BBC Active offers a wide range of innovative resources to help you.

Designed by language-teaching experts, our courses include audio-only, interactive CD-ROMs and long courses for beginners and the more advanced.

We also offer a series of phrasebooks and travel guides to help your holiday go more smoothly.